사서가 말하는

사서

기획 & 진행 장선화 서울경제신문 백상경제연구원 연구위원

지은이들 이용훈 서울도서관 관장 겸 도서관문화비평가 | 김은미 서울 강서도서관 사서 | 박완 KBS 방송국 사서 | 김수정 국립중앙도서관 사서 | 이지선 서울 도봉어린이문화정보센터 사서 | 송영희 포항시립도서관 사서 | 윤지현 농심식문화전문도서관 사서 | 김희정 국제백신연구소 정보자료실장 | 신정아 경기도사이버도서관 사서 | 장금연 한국교육학술정보원(KERIS) 책임연구원 | 이덕주 서울 송곡여자고등학교 사서교사 | 김휘출 한양대 백남학술정보관 사서 | 강미경 하버드대학 하버드옌칭도서관 한국관 총괄사서 | 임근혜 국가기록원 사서사무관 | 노경란 한국과학기술정보연구원(KISTI) 책임연구원 | 이재준 한국학중앙연구원 장서각 고문헌 전문사서 | 이지영 다음커뮤니케이션 데이터 기획자 | 배경재 동덕여대 문헌정보학과 교수 | 이정수 서울 서대문구립이진아기념도서관 관장 | 임미경 국회도서관 이사관 | 장선화 서울경제신문 백상경제연구원 연구위원 (이상 원고 게재 순)

사서가 말하는 사서

2012년 12월 20일 초판 1쇄 발행
2021년 9월 1일 초판 6쇄 발행

지은이 이용훈 외 20인 | 펴낸곳 부키(주) | 펴낸이 박윤우
등록일 2012년 9월 27일 | 등록번호 제312-2012-000045호
주소 03785 서울 서대문구 신촌로3길 15 산성빌딩 6층
전화 02) 325-0846 | 팩스 02) 3141-4066
홈페이지 www.bookie.co.kr | 이메일 webmaster@bookie.co.kr
제작대행 올인피앤비 bobys1@nate.com
ISBN 978-89-6051-267-2 14300
ISBN 978-89-85989-61-9(세트)

부키 전문직 리포트 15

사서가 말하는 사서

21명의 사서들이
솔직하게 털어놓은
사서의 세계

부·키

사서란 누구인가

| 이용훈 |

1982년 연세대 도서관학과를 졸업했다. 서강대 로욜라도서관, 국제민간경제협의회 정보자료실, 대외경제정책연구원 정보자료실 사서를 거쳐 1997년부터 (사)한국도서관협회에서 15년간 도서관 정책 관련 업무를 했다. 2012년 서울시 대표도서관건립추진반장으로서 서울시의 대표 도서관인 서울도서관을 개관하고 현재 서울도서관 관장 겸 도서관문화비평가로 활동하고 있다.

우리나라에서 도서관을 이용하는 사람이 연 2~3억 명이 넘는다. 하지만 대개의 사람들은 사서를 도서관에서 일하는 사람 정도로 안다. 맞다. 그런데 사서는 도서관에서 무슨 일을 할까? 도대체 어떤 사람들이 사서가 되는 걸까?

도서관 사서 인생 30년. 나를 사서라고 소개하면 사람들은 판에 박은 듯 "책을 참 좋아하시는가 봐요." 한다. 사서는 '책을 좋아하는 사람'일 수 있다. 나 역시 책을 좋아한다. 그래서 사서가 되었다. 하지만 사서로서의 지난 30년 삶을 돌아보면 사서란 '사람들과 이야기하기를 좋아하고 사람들 돕기를 즐겨 하는 사람'이 더 맞는 답일 듯하다. 다시 말해 사서는 스스로 자기 삶을 만들어 가는 사람이나 사회에 필요한 정보와 자료, 지식과 지혜를 딱 맞게 제공함으로써 그들의 과제를 해결하

도록 돕는, 그래서 그들에게 해결했다는 만족감과 함께 기쁨을 주는 정
보 전문가다.

좋은 사서가 좋은 도서관을 만든다

사서란 어떤 사람인가를 논의하기 전에 도서관에 대해 조금 이야기
를 해 보자.

대한민국 도서관법을 보면 도서관은 '도서관 자료를 수집, 정리, 분
석, 보존하여 공중에게 제공함으로써 정보 이용, 조사, 연구, 학습, 교
양, 평생교육 등에 이바지하는 시설'로 규정되어 있다.

도서관은 시설(건물), 장서(책) 그리고 사서(사람)로 구성돼 있으며
이용자들이 자신의 궁금증을 해결할 수 있는 '지식 해우소'다. '왜?'라
는 궁금증으로 사방이 꽉 막힌 사람들에게 정보와 지식을 제공해 복잡
한 문제를 해결하는 지혜를 갖게 하는 길잡이 역할을 하기 때문이다. 도
서관을 구성하는 이 3요소 중에서도 나는 감히 사서가 가장 중요하다고
말하고 싶다. 사서가 있어야 도서관을 찾는 이용자를 따뜻하게 맞을 수
있고 이용자의 지적 궁금증을 해소시켜 줄 수 있다. 전문적인 지식으로
무장하고 이용자를 따뜻하게 대하며 프로다운 서비스를 제공하는 사서
는 도서관의 수준을 평가하는 주요한 잣대이기도 하다.

도서관법에 규정된 것처럼 도서관이 제 역할을 하려면 사서의 전문
적인 서비스는 필수다. 도서관을 어려운 문제를 해결하고 연구하는 데
필요한 자료를 찾는 정보의 보고(寶庫)가 아니라 그저 시험공부를 하는
독서실 정도로 이해하는 이용자가 있다면, 도서관은 교양과 지식의 폭

을 넓히는 평생 학습의 장으로서 사회적인 가치가 높다는 것을 그들에게 알려 주어야 한다.

도서관에서 사서의 역할은 전국도서관대회에서 자주 거론되는 주제 중 하나다. 전국도서관대회는 한국도서관협회가 매년 주최하는 행사로, 전국 수백 명의 도서관 관계자들이 도서관이 나아가야 할 방향에 대해 진지하게 토론하고 의견을 교환하는 자리다. 2011년 전국도서관대회에서는 도서관과 사서의 역할 그리고 미래의 비전을 담아 성명서를 발표하기도 했다. 그 내용을 일부 소개하면 다음과 같다.

"지식 기반 사회의 기본적인 문화 인프라로서 도서관은 시민들의 지식과 정보 접근권을 보장하고 높은 공익 가치를 창출하는 사회 안전망이 되어야 합니다. 또 도서관은 지역 공동체와 자치의 중심 센터이며 민주 사회를 지탱하는 정보–문화–교육의 중심이며 '시민의 대학'이자 '창조와 생산의 기지'가 되어야 합니다. … 도서관이 없다면 사회 전체의 지식 생산력은 약화될 것이며 시민의 사고력, 판단력, 윤리 감각이 둔화될 것입니다. 도서관이 없다면 시민의 자율적인 행복 개발 능력과 문화 생산 능력이 침체될 것입니다. 또 도서관이 없다면 우리 사회가 공유해야 할 사회적 기억은 망각될 것입니다. 도서관이 없다면 민주주의가 발전할 수 없을 것입니다. 도서관이 없다면 문화국가, 복지국가도 이룰 수 없을 것입니다."

책보다 사람을 더 좋아하는 사서

2011년 전국도서관대회에서 발표한 성명서와 같이 도서관의 위상이 정립된다면 사서는 '자료와 생각과 아이디어와 정보를 사람과 연결시켜 주는 전문가'로 자연스럽게 정립될 수 있다.

요즘 청소년들의 학습 방식 중 으뜸으로 꼽히는 자기주도학습은 스스로 문제를 발견하고 해답을 찾아가는 과정에서 지식을 얻는 공부 방법을 의미한다. 학교를 졸업한 후에도 끊임없이 질문하고 해답을 찾아가는 사람은 자신의 삶을 주체적으로 설계할 수 있다. 한발 더 나아가 일상의 삶에 끊임없이 질문을 던질 줄 아는 사람은 한 사회의 주체적인 시민으로 성장할 수 있다. 도서관은 이 같은 사람들에게 질문하는 방법을 알려 주고 해답을 찾는 데 필요한 지식과 정보, 즉 책으로 안내한다. (물론 오늘날의 사서는 책 이상을 다룬다.) 다소 거대한 담론처럼 여겨지지만 사서는 역동적인 민주주의 사회에서 주체적인 시민을 키워 내는 역할을 맡고 있다.

우리나라에서는 매년 2000여 명이 사서 자격증을 취득한다. 그들에게 당부하고 싶은 말이 있다면 사서는 '책을 좋아하는 사람'이 아니라 '사람을 좋아하는 사람'이라는 것이다. 사서로서 30여 년을 살아온 지금, 돌이켜 보니 스스로 책 읽기를 즐겨 하는 것도 사서의 자질이겠지만 그보다는 사람들과 교류하면서 그들을 돕기를 즐기는 것이 사서의 첫 번째 자질이라는 것을 깨달았다.

다시 한 번 말하지만, 스스로 자신의 삶을 그려 가는 사람에게 딱 맞는 정보, 자료, 지식을 제공해 복잡한 문제를 해결하는 지혜를 갖도록 길잡이 역할을 하고 그들이 과제 해결 후 느끼는 만족과 기쁨을 나의 행복으로 여기는 정보 전문가가 바로 사서다. 그리고 좋은 사서란 책이 아니라 이용자들과 더 친한 사서다.

나는 사서들이 스스로를 정의하면서 우스갯소리로 "사서는 사서 고생하는 사람"이라고 하는 말이 "사서는 사람들을 돕기를 사서 자처하고 그 과정을 즐기는 사람"이라는 말로 대체되기를 진심으로 바란다.

사서는 정보의 수문장

지식이 고도화되면서 이용자들이 사서에게 요구하는 정보서비스의 수준이 갈수록 높아지고 있다. 그와 함께 최근에는 학문별로 전문적인 정보서비스를 제공하는 주제전문사서들이 늘고 있다. 의학, 법학 등 다양한 주제 분야별로 사서의 자격을 세분화해야 한다는 목소리도 커지고 있다. 주제전문사서가 되고 싶다면 그 분야의 기본 지식을 익혀야 하며 관련 전문 용어 정도는 이해할 수 있어야 한다. 의학 전문사서가 되고 싶다면 cardiovascular diseases가 '순환기 질환'이라는 것을 알아야 쉽게 정보에 접근할 수 있고 이용자의 정보 요구에 대해 정확성을 높일 수 있다. 또 주제 분야의 최근 동향과 기술 변화의 흐름도 감지해야 한다.

넘쳐나는 정보의 홍수에서 꼭 필요한 정보만 건져 내기가 갈수록 어려워지고 있다. 많은 사람들이 "네이버나 구글에 키워드만 넣으면 뭐든지 다 나오는 거 아냐?"라며 스스로를 위안한다. 최신 뉴스 정도는 간단한 키워드로 찾아낼 수 있지만 전문 분야로 들어가면 이야기가 달라진다. 특히 첨단 기술을 연구하는 과학자라면 그 분야의 연구논문을 비롯해 시장 동향, 경쟁국의 연구개발 동향 등 챙겨야 할 정보가 한두 가지가 아니다. 연구자들이 전체 연구 활동 시간 중에서 약 40퍼센트를 정보 수집에 쓴다는 통계가 이를 잘 말해 주고 있다.

만약 사서가 연구팀의 구성원으로 참여한다면 연구원들이 정보 수집과 분석에 쓰는 시간을 크게 단축시킬 수 있을 것이다. 특히 수많은 정보 중 믿을 만한 정보원이 발표하는 최신의 자료를 거르는 과정에서 사서의 전문성이 돋보일 수 있다. 정보의 수문장이 되기 위해서는 각 분야의 기술에 대한 이해도를 바탕으로 키워드를 선정할 수 있어야 하며 전문 데이터베이스를 고르는 능력도 뛰어나야 한다. 구글이나 네이버는 전문적인 데이터베이스가 아니라 광활한 인터넷 세계로 들어가는 관문(portal)에 불과하다. 사서가 되려면 관련 분야의 전문 DB에 대한 지식과 이를 능수능란하게 활용해 족집게처럼 정보를 골라내 제공할 수 있어야 한다.

전문적인 지식 습득을 위해서는 관련 서적을 통한 공부도 좋지만 주변의 전문가들에게 도움을 요청하는 것도 좋은 방법이다. 전문가들에게 도움을 얻는 과정에서 도서관에 대한 그들의 인식도 높일 수 있다.

무엇보다도 전문가로서 미래 사서에게는 전문 능력과 함께 자발적으로 새로운 기술과 내용을 배우려는 자세 그리고 이용자에게 최상의 서비스를 제공하려는 서비스 정신이 중요하다.

'일하는' 사서 위에 '말하는' 사서

우리나라에 사람의 중요성을 강조한 분이 있다. 2003년 어린이도서관 서비스의 새로운 모델을 보여 준 '기적의 도서관' 건립에 참여했던 건축가 고(故) 정기용 선생이다. 도서관 건축 문화에 큰 변화를 가져온 그는 '건축'을 말하기 전에 먼저 '사람'을 말했다. 도서관을 이용할 사람과 도서관을 운영하는 사서, 도서관을 설립하고 공공서비스로 제공하는 행정가 등의 중요성을 그는 강조했다. 도서관 건축이란 사람들이 모여 책도 보고 이야기도 나누면서, 궁극적으로는 도서관을 찾는 모든 사람들에게 행복한 일상을 선사하는 공간을 만드는 것이라고 생각했다.

내가 생각하기에 고 정기용 건축가가 말한 그런 도서관을 만들려면 무엇보다도 사서의 역할이 중요하다. 그리고 그에 대한 사회적 공감과 지지도 중요하다. 그래서 나는 입버릇처럼 '말하는 사서', 즉 빅마우스 (big mouth)의 필요성을 이야기한다. 사서의 중요성을 사회에 널리 알리기 위해서다.

사서의 업무 공간이 도서관이라는 건축물 내에 국한되지 않는다는 사실도 알아야 한다. 최근 미국에서는 시위대와 함께 거리에 나서서 시위대에게 필요한 정보를 제공하기도 하고 도서관을 찾지 못하는 노숙자를 방문해 '찾아가는' 서비스를 제공하는 등 새로운 시도를 하는 사서들이 나타나고 있다. 또 디지털 환경이 급속도로 확대되면서 온라인 공간에서 활약하는 사서들도 늘어날 것으로 기대된다.

사서, 도서관을 넘어서라

나에게는 두 가지 직명이 있다. 하나는 '사서'이고 또 하나는 '도서관문화비평가'다. 20여 년 전 문화 분야 시민단체에서 활동할 때였는데, 명함에 'ㅇㅇ평론가' 혹은 'ㅇㅇ비평가'라고 자신을 소개하는 사람들이 많았다. 그 가운데서 나는 '도서관문화비평가'라는 직함을 새롭게 떠올렸다. 도서관문화비평가는 사서라는 기존의 업무 영역을 확산

시킨 개념이다. 기본적인 도서관 업무 외에 도서관과 관련된 사회의 제반 현상을 분석하고 비평할 수 있는 새로운 영역으로 사서의 일을 확대시킨 것이다.

도서관문화비평이라는 새로운 영역을 개척하기 위해 나는 더 많이 생각하고 더 많은 글을 쓰고 더 많이 말했다. 그 과정에서 소통에도 기술이 있다는 것을 알게 됐다. 다른 사람들의 관점에서 말하고 그들을 이해할 때 내가 인정받는다는 것도 알게 됐다. 그때까지 책과 소통하는 일에만 집중했던 나는 사람들에게 더 많은 관심을 기울였고, 사람들이 쉽게 이해할 수 있는 방식으로 자신을 드러내기 위해 노력했다.

세계경제의 위기로 우리나라에도 고용 없는 성장이 계속되고 있다. 이 같은 상황에서 도서관도 예외일 수는 없다. 지자체들이 도서관을 민간에 위탁 운영시키면서 비정규직 사서가 늘어나는 등 사서의 직위도 예전 같지 않다. 그러나 그럴수록 사서로서 자신의 정체성을 공고히 하고 다른 사서들과 도서관을 위해 그리고 도서관을 찾는 이용자들을 위해 무슨 일을 할 수 있을지 궁리하고 움직여야 한다.

나는 학교에서 농활과 유사한 개념으로 '도활'을 만들어 후배들과 산간 오지의 도서관을 찾아가 도서관 업무를 지원하는 활동을 했다. 사서의 사회적인 가치 확보를 위해 전국사서협회라는 단체도 만들어 많은 동료 사서들과 힘을 보태 다양한 통로를 통해 도서관과 사서에 대한 사회적인 발언을 했다. 그러나 더 많은 동료와 지지자들을 모으지 못해 몇 년 만에 전국사서협회는 그 꿈을 접었다.

그래도 배운 것은 있다. 첫째, 사서는 도서관 운동가가 되어야 한다는 것이다. 도서관 운동가에게는 시대의 변화를 선도하면서 도서관을 통해 시민들에게 민주적이고 주체적 삶을 살아가는 데 필요한 모든 공적서비스를 제공하는 능동적인 역할이 강조된다.

둘째, 한 번에 좋은 결과를 얻으려고 해서는 안 된다. 목표를 세우고 끈기 있게 실천해 나가야 한다. 나는 모든 사서들이 우리 사회 모두를 위해 꿈을 꾸고 그 꿈을 위해 최선을 다해 끝까지 제 길을 가면 좋겠다. 그래야 우리가 사서라는 것을 스스로 자랑스럽게 말할 수 있지 않을까.

끝으로, 무엇보다도 중요하다고 생각하는 것은 도서관 운동이다. 사서들이 연대 조직을 만들고 시민단체에서 활동도 하면서 '기적의 도서관'과 같은 프로젝트를 수행하는 것은 사회적으로도 아주 뜻깊은 일이다. 우리나라의 도서관 문화 수준이 낮다고 불만을 터뜨리기보다 도서관 운동 등을 하면서 보다 적극적인 사서가 된다면 제대로 된 도서관 문화를 만들 수 있을 거라고 확신한다.

사서 개개인이 최고의 도서관 전문가가 되고 그들이 모여 단단한 연대를 만들어 낸다면 사서도 우리 사회에 기여하는 중요한 전문직으로 자리매김할 수 있을 것이다. 그러다 보면 이 사회 안에서 사서의 위치를 찾고 그 영역을 안정적으로 확보할 수 있게 될 것이다. 그런 점에서 이 책『사서가 말하는 사서』는 우리나라 사서들이 주도적으로 자신의 사회적 책무를 확인하고 이에 대해 사람들과 함께 이야기를 나누면서 자신의 책무를 다하는 정보 전문가이자 전문 직업인으로서의 위상을 굳건히 세워 가는 선언이자 실천의 시작이 되리라 생각한다. 동료들과 함께 그 당당한 발걸음을 시작할 수 있게 된 것을 기쁘게 생각한다.

나는 사서다. 어제도 그랬고 오늘도 그랬듯이 내일도 그럴 것이다.

1장

새내기 사서의 고군분투

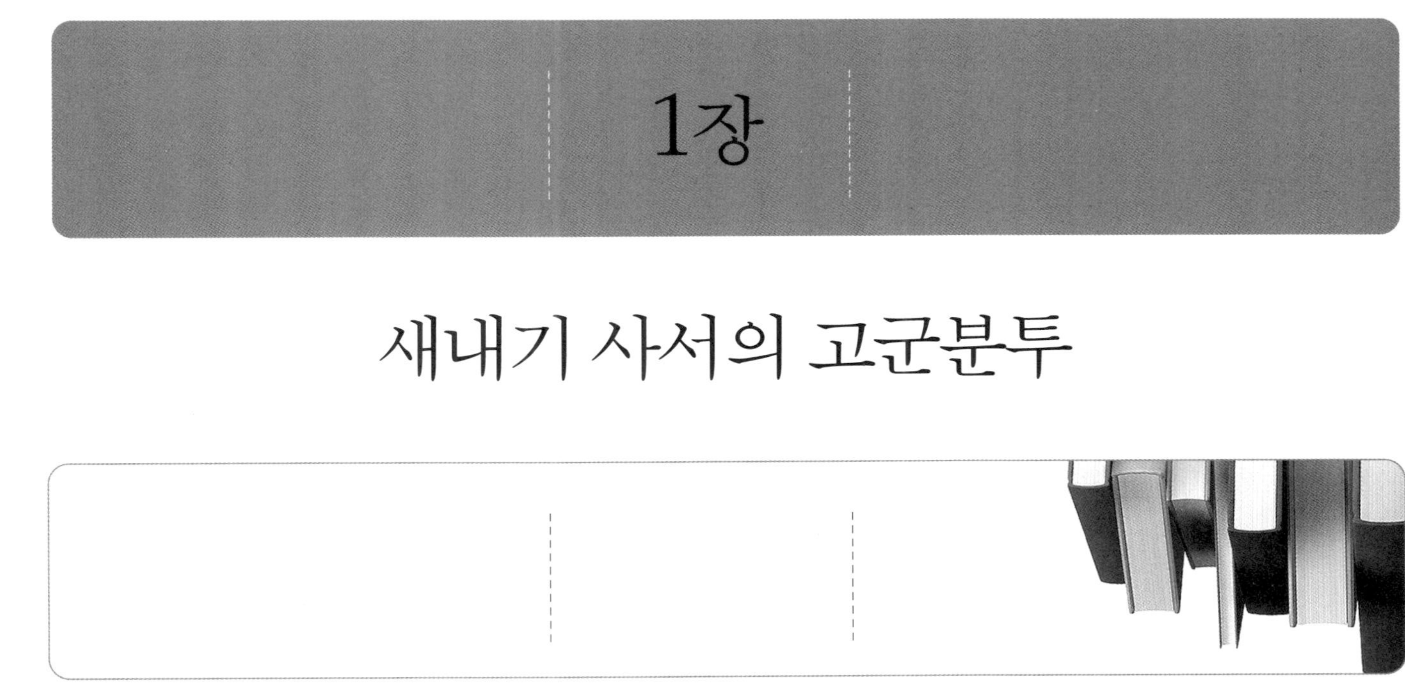

사서 같지 않은 사서의 꿈

| 김은미 |

인하대에서 컴퓨터공학을 전공하고 기업에서 3년간 오디오엔지니어로 일했다. 사서직 공무원 시험을 거쳐 2010년 서울시교육청 소속 강서도서관에 임용되었으며 현재 독서·문화 프로그램 담당 사서로 활약하고 있다.

학창 시절 이후 이런 언덕길을 매일 오르리라고는 생각조차 하지 못했다.

옹기종기 정답게 머리를 맞대고 있는 낮은 지붕의 집들, 여러 갈래로 난 좁은 골목길, 계절마다 옷을 새로 갈아입는 나무, 때가 되면 누가 뭐라 하지 않아도 피고 지는 꽃까지….

우리 도서관 입구의 풍경이다.

처음 우리 도서관을 찾아오는 사람이라면 도서관 입구에 펼쳐진 소담한 풍경에 영락없이 '여기가 어디지?' 하거나 '내가 길을 잃은 건 아닐까?' 하는 착각에 빠지곤 한다. 저 멀리 '도. 서. 관.'이라는 팻말을 발견하기 전까지는 말이다.

이곳이 바로 나의 직장인 강서도서관이다.

오디오엔지니어, 사서가 되다

사서는 나에게 두 번째 직업이다. 나는 문헌정보학과를 졸업하고 바로 도서관에 온 많은 동료들과는 조금 다른 길로 사서가 되었다. 대학에서는 컴퓨터공학을 전공했다. 고등학교 때 대부분의 아이들이 그렇듯 나 역시 평생 즐겁게 할 수 있는 일(직업)에 대해 깊이 생각해 보지 못한 채 '취업이 잘될 것'이라는 부모님의 권유로 덜컥 컴퓨터공학과에 들어갔다. 부모님의 선견지명이었을까. 나는 가족의 기대를 저버리지 않고 졸업과 동시에 대기업 취업에 성공. 오디오엔지니어가 되었다.

"그런데 왜 도서관에 왔어요?"

내 이력을 알게 된 사람들은 대부분 토끼 눈을 하고선 "그 좋은 직장을 관두고"라는 말은 마음에 담아 둔 채 어김없이 같은 질문을 한다.

나는 이런 질문을 받으면 다소 판에 박힌 답을 할 수밖에 없다.

"도서관이랑 책이 너무 좋아서요. 좋은 회사를 다니며 나름 높은 연봉도 받았지만 나와 맞지 않는 일을 하는 것이 너무 힘들었거든요. 세상의 눈보다는 내가 정말 좋아하는 일을 하고 싶었어요. 다 내려놓기는 쉽지 않았지만, 책이 얼마나 소중하고 도서관이 얼마나 좋은 곳인지 많은 사람들에게 알리고 싶은 마음이 더 컸던 것 같아요."

질문을 던진 상대방의 손발이 마구 오그라드는 다소 식상한 '정답'을 날리고 나면, 정작 내 얼굴엔 환한 미소가 번진다. 전 직장에 비하면 연봉이 3분의 1로 줄었지만 사서라는 일이 나를 행복하게 해 주는 일이라는 사실만큼은 두말할 필요가 없다.

방송국 혹은 대기업에서 오디오엔지니어의 길을 걷는 것도 누구나 쉽게 시작할 수 있는 일은 아니다. 하지만 거대한 오디오믹서, 컴퓨터 등 각종 기기와 하루 종일 씨름하는 그 일이 나에게는 고역이었다. 대기업이라는 안정된 직장에 높은 연봉까지, 게다가 주변의 선후배들은 얼마나 친절하고 좋았었는지. 그러나 늘 책을 끼고 다녔던 나에게 그 일은 불행이었다. 그러던 어느 날 무심결에 '도서관'이라는 단어가 반짝 떠올랐고 왜 이제야 생각해 냈는지를 자책하면서 당장 사서가 되는 길을 찾아보았다.

이직을 결심한 후 나는 회사를 다니면서 사서 자격증을 취득했다. 이공계 공부를 해 온 나였지만 문헌정보학은 기대 이상으로 재미있었다. 사서 자격증을 딴 후 회사에 사표를 냈고 우연히도 그해에 사서 시험이 있었다. 공부를 시작한 지 얼마 되지 않아 서울시교육청 소속 사서직 9급 공무원 시험과 면접을 무사히 통과해 곧바로 임용되었다. 지금 생각해 보면, 참 운이 좋았다고밖에 설명할 길이 없다.

사서로서의 첫 직무, 도서관 홍보물을 만들다

강서도서관에 발령이 나고 본격적으로 일을 하면서, 사서가 되는 과정에서 나에게 얼마나 운이 따랐는지를 절감하게 되었다. 도서관 업무에 대한 기본기가 부족했기 때문이다. 사서가 되기 전보다 된 후가 더. 힘. 들. 었. 다.

"컴퓨터 전공했으니 포토샵은 잘하나?"

강서도서관으로 발령받고 함께 일할 선배 사서들과 관장님을 만났을 때 일이다. 관장님과 과장님이 나의 경력을 훑어본 후 하고 싶은 업무에 대하여 이런저런 질문을 하던 중 이렇게 물으셨다.

"전공이 컴퓨터공학이면 혹시 포토샵을 할 줄 아는가? 파워포인트는?"

"대학에서 배우진 않습니다만, 기본적인 것들은 할 줄 알아요."

헉! 나도 모르게 자신감 넘치는 표정으로 웃고 있는 게 아닌가.(난 긴장하면 웃는 묘한 버릇이 있다.)

두 선배 사서와 관장님의 배려로 나는 문화기획팀에서 일하게 되었다. 첫 업무는 도서관 행사와 프로그램을 알리는 홍보물을 만드는 것이었다. 대출과 반납, 수서, 편목 등 도서관 고유의 업무가 아니었기에 조금 당황스러웠지만 사서라는 이름에 주어지는 다양한 업무를 잘 해내고 싶다는 욕심이 생겼다.

사실 나의 포토샵 수준은 이미지들을 장난스럽게 합성하거나 사진에 일종의 뽀샵 효과를 주는 기술이 전부였기에 막막했다. '어쩌자고 그렇게 자신감 넘치는 표정을 한 건지…'

그러나 이미 버스는 떠난 후였다. 나는 선배들이 워드프로세서로 만들어 놓은 홍보물을 보면서 관련 이미지들을 찾아 조합해 보기로 했다. 웹디자이너 후배의 도움을 받아 무료로 사용할 수 있는 이미지들을 얻고, 또 포토샵의 다양한 기능을 배워 우여곡절 끝에 드디어 홍보물을 완성했다.

다행히 첫 홍보물에 대한 주변의 반응은 긍정적이었다.

"홍보물 덕분에 도서관이 더욱 환해졌네요." "다음 홍보물이 더욱 기대됩니다." 등 주변의 평가에 겨우 한숨을 돌릴 수 있었다.

그러던 어느 날 도서관에서 열리는 우리나라 화가들의 대표작 전시회 홍보물을 만들게 되었다. 여느 때와 같이 홍보물을 만들어 도서관 게시판과 홈페이지 그리고 지역 신문 등에 다양하게 게재했다. 그러자 전시회 작품을 대여해 준 출판사로부터 반가운 전화가 한 통 걸려왔다. 홍보물이 마음에 든다는 감사 인사와 함께 홍보물을 출판사 내에 보관하고 싶다고 했다. 정말 뿌듯하고 행복한 날이었다.

'칭찬에 춤추는 고래'처럼 흥에 겨워 일하다

"칭찬은 고래도 춤추게 한다."고 했던가. 나는 홍보물에 이어 도서관 소식지를 만드는 업무를 맡게 되었다. 전체 16페이지 분량의 소식지를 만들기 위해 먼저 기사 아이템을 기획하고 구성을 잡고 디자인을 한 후 인터뷰를 하고 기사를 쓰는 등 할 일이 많았다.

예상보다 훨씬 만만치 않은 일이었지만 기사 기획을 위해 도서관의 업무 전체를 큰 그림으로 그려 보는 기회가 되었다. 도서관 이용자들에게 중점적으로 알리고 싶은 내용, 좋은 프로그램, 다양한 이용자들의 모습 등을 생각해 보는 의미 있는 시간이기도 했다.

이용자들을 직접 만나서 인터뷰하고 사진 찍는 일을 처음 해 보는 나에게 도서관 소식지 창간호를 만들어 내기까지의 과정은 긴장의 연속이었다. 초보 사서인 나에게 이용자들은 대부분 웃으며 "파이팅!"을 외쳐 주었고 질문과 요청에 기꺼이 응대해 주었다. 도서관을 사랑하는 지역 주민을 직접 만나는 일은 참으로 행복했다.

편집 관련 책을 뒤져 가며 초안을 잡아 디자인을 하고 사진을 정리하고 기사를 썼다 지우기를 반복한 끝에 드. 디. 어. 『강서도서관소식』 창간호가 완성되었다. 부족한 부분이 많았지만, 창간호 인사말을 써 주시고 나를 믿고 일을 맡겨 주신 관장님과 아낌없는 조언과 함께 막내의

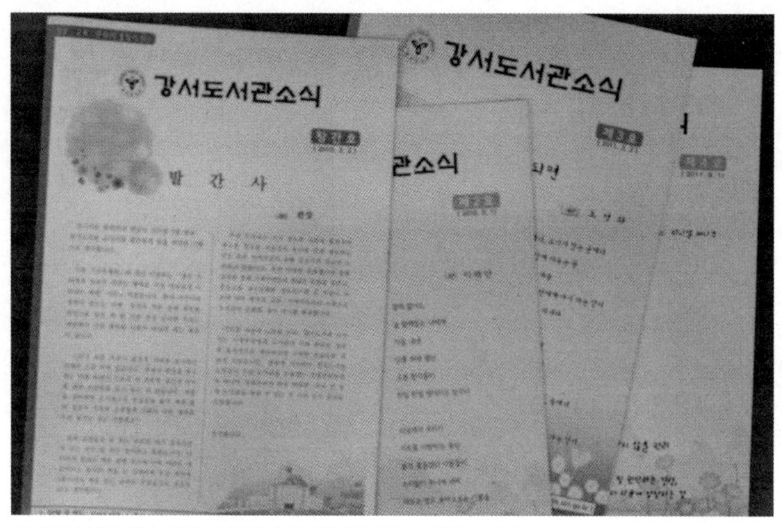

:: 필자가 글자 하나, 마침표 하나까지 정성을 쏟아 만든 도서관 소식지.

의견을 끝까지 존중해 준 선배들 덕분에 약속한 날짜에 이용자들에게 소식지를 전할 수 있었던 것 같다.

현재는 나에게 맡겨진 업무들이 하나, 둘 늘어나면서 『강서도서관소식』의 디자인은 외부 업체에 맡겨 진행하고 있다. 지난 2년간 발행했던 소식지들 중에서 유독 창간호에 애정이 가는 건 아마도 '처음'이라는 소중한 기억과 함께 마침표 하나, 느낌표 하나에도 나의 생각과 감정을 실었기 때문일 것이다. 책자와 홍보물 제작은 이제 나의 업무 중 일부가 되었고 요즘은 독서문화, 평생교육 프로그램 기획과 운영이 나의 주 업무이다. 물론 비정규직 관리나 통계 관리 등의 부수적인 업무들도 하고 있다.

도서관의 업무가 이토록 다이내믹하고 또 다양할 줄은 사서가 되기 전까지는 전혀 몰랐다. 이용자들에게 사서란 자료실에서 대출과 반납

업무를 반복적으로 하는 모습만 노출되어 있어서 많은 사람들이 사서라는 직업은 매우 한가하고 여유로울 것이라고 오해를 한다. 다행히 도서관과 책에 대한 사람들의 관심이 점점 깊어지고 있어 사서의 이미지도 좀 더 풍성해지고 긍정적으로 변해 가고 있는 것 같다.

'혼자 책 읽기'와는 다른 감동을 전하다

지난해에는 처음으로 독서·문화 프로그램을 기획해 보았다. 선배 사서가 운영하던 낭독회 프로그램을 넘겨받았는데, 프로그램의 주제와 관련 책을 결정하고 낭독 및 강의를 해 줄 강사를 정하는 일이었다. 어찌나 긴장을 했는지 한동안은 밥을 먹다가도, 잠을 자다가도, 길을 걷다가도 온통 낭독회 생각만 했다. 그래도 새로운 일이 주는 즐거움이 컸던 것은 사실이다.

나는 프로그램의 성격을 조금 바꿔 보기로 했다. 낭독회는 주로 문학작품을 대상으로 하는 경우가 많은데, 그 틀을 조금 벗어나 "우리는 왜 책을 읽는가?"라는 근본적인 질문을 던져 보았다. 마침 서평집 『책을 읽을 자유』라는 신간이 눈에 들어왔다.

필명 '로쟈'로 더 널리 알려진 이현우 작가가 강사를 맡아 주었고 '책을 읽을 자유와 권리에 대하여'로 주제가 정해졌다. 준비 과정은 눈 깜짝할 사이에 지나가 버렸다.

'잘할 수 있을까?' '사람들이 오지 않으면 어쩌지?' 하는 염려는 기우에 불과했다. 낭독회 시간이 되자 강의실은 사람들로 가득 찼고 그 광경은 프로그램 기획자인 나에게 감동으로 다가왔다. 큰 울림을 전해

:: '책을 읽을 자유와 권리에 대하여'란 주제 아래 이루어진 낭독회는 필자와 이현우 작가, 독자 모두에게 훈훈한 시간을 선사했다.

준 그날의 시간은 프로그램 참여자와 이현우 작가 그리고 나, 우리 모두가 서로에게 감사하게 만든 실로 따뜻한 밤이었다. 그날의 감동을 잊지 못하는 참여자들의 요청과 입소문으로, 이듬해 이현우 작가와는 다른 주제로 두 번의 짧고 긴 만남을 가졌다.

독서·문화 프로그램 기획과 운영을 맡게 된 뒤로 나는 책과 관련된 외부 행사에 되도록 꼬박꼬박 참여하려고 노력하는 편이다. 책과 관련된 행사 중에는 혼자서 책을 읽는 것과는 다른 감동을 주는 행사들이 있다. 우연히 그런 행사를 만난 날이면 수첩을 꺼내 메모를 하고 우리 도서관과 지역 주민들에게는 어떻게 적용할 수 있을까 궁리한다.

호기심은 넘치고 몸은 지치지만 다양한 경험을 바탕으로 더 많은 이용자들에게 더 큰 감동을 전달해 책을 더 가까이할 수 있도록 도와주는 프로그램을 기획하는 사서가 되고 싶다.

엇! 도서관 컴퓨터가 한꺼번에 꺼지다

도서관에 출근한 지 얼마 지나지 않아 처음으로 디지털자료실에서 업무를 하게 되었다. 이용자들은 점심시간에도 컴퓨터로 자료를 찾으러 오고 또 도서관을 이용하고 있기 때문에 사서들은 교대로 식사를 하는데, 드디어 내 차례가 된 것이다. 문화기획팀의 업무를 겨우 파악했을 무렵이었으므로 사서 고유의 업무인 수서 및 자료 정리, 참고봉사 등의 업무는 많이 부족하다고 느끼고 있었다. 비록 점심시간 한 시간 동안만이었지만 처음 해 보는 디지털자료실 업무였기 때문에 주요 업무를 미리 실습했다. 업무 전체를 완벽하게 숙지하지는 못했지만 나는 컴퓨터공학 전공자가 아니던가. 큰 어려움은 없을 거라고 스스로를 안심시켰다.

30분쯤 흘렀을까. 한 이용자가 PC에 문제가 생겼다며 도움을 요청해 왔다. 가서 보니 프로그램을 너무 많이 실행시켜 과부하로 다운이 된 상태였다. 강제 종료를 시도했지만 컴퓨터가 말을 듣지 않았다.

문득 오전에 보았던 '이용자PC관리프로그램' 매뉴얼이 떠올랐다. 방법은 간단했다. 관리자 모드로 들어가 이용자의 PC 번호를 확인하고 강제 종료·재부팅 버튼을 누르기만 하면 끝. '이제 곧 해결되겠지.' 하는 기대도 잠시. 디지털자료실에 감도는 이상한 분위기를 감지했다. 고개를 들어 보니 모든 이용자들이 나를 빤히 쳐다보는 게 아닌가! '나의 친절함에 감동했나?!'라고 생각하며 두리번거리다 이용자PC들을 본 순간,

아뿔사!

디지털자료실 내에 있는 모든 이용자PC들이 일제히 재부팅되면서 화면에 윈도의 로고를 펄럭이고 있는 게 아닌가. 다운된 PC만 강제 종

료한다는 것이 그만 전체 컴퓨터를 강제 종료하고 만 것이다. 얼굴이 불덩이가 되어 빨갛게 달아오르고 손은 부들부들 떨리고 머리는 멍~ 해졌다.

'어떻게 하지? 뭐라고 해야 하지?' 찰나가 이렇게 긴 줄은 몰랐다. 머릿속에 온갖 대응책이 떠올랐지만 시간을 마냥 보낼 수만은 없었다.

"이용자 여러분, 진심으로 죄송합니다. 불편을 드려서 정말 죄송합니다. 작업하던 문서가 있으시다면 더더욱 죄송합니다. 제가 이상이 있는 PC만을 '선택 종료' 한다는 것이 그만 '전체 종료' 버튼을 눌렀습니다. 잠시 후에 정상화될 예정입니다. 모두 저의 실수입니다. 죄송합니다."

그러고는 고개를 숙였다. 나를 향해 항의와 비난이 쏟아질 것을 예상하며 마음의 준비를 단단히 하였다. 그러나 대부분의 이용자들은 어느새 다시 켜진 PC에서 말없이 작업을 이어 가고 있었고, 몇몇 이용자는 웃으면서 "실수는 누구나 할 수 있으니 괜찮아요."라며 위로해 주었다. 민망하고 죄송한 나의 진심이 전해진 것일까. 다행히 나의 첫 실수는 무사히 넘어갈 수 있었다.

사서의 작은 실수는 많은 이용자들에게 불편함을 줄 수 있고 때로는 의도하지 않은 큰 피해를 줄 수도 있다. 좋은 서비스를 제공하기 위해 업무를 정확하게 숙지하고 이를 신중하게 처리하는 자세가 얼마나 중요한지 깨달은 날이었다.

이제 3년 차, 짧은 경력이지만 늦도록 야근을 하다가 폭력을 당할 뻔도 했고 괴팍한 이용자들에게 욕설을 들은 적도 있었다. 그러나 책과 도서관에 깊은 애정을 가지고 행복과 기쁨을 나눠 주는 이용자들이 더 많기에 이런 우울한 사건들은 사소한 에피소드 정도로 지나칠 수 있다.

:: 독서 프로그램인 어린이독서토론회를 진행하고 있는 필자.

사서가 된 후 아쉬운 점이 있다면 시험 기간에만 우르르 몰려왔다가 시험이 끝나는 즉시 썰물처럼 빠져버리는 청소년들의 무심함이다. 나의 청소년기와 별반 다를 게 없지만, 나보다는 더 의미 있는 청소년기를 보내기 바라는 선배의 마음이랄까. 순식간에 사라져 버리는 그들을 보면서 청소년을 위한 도서관 프로그램의 중요성을 다시 한 번 깨닫는다.

사서 같지 않은 사서, 진정한 프로 사서를 꿈꾸다

"은미 씨는 참 사서 같지가 않아."

함께 근무하는 사서 동료와 선배에게 많이 듣는 말 중 하나다. 노랗

:: 강서도서관 가는 길. 매일 출근하며 만나
는 이 길이 필자는 참 정겹기만 하다고….

게 탈색한 짧은 머리에 때로는 건방져 보일 수 있을 정도의 당당함과 자기주장 때문이 아닐까 한다. 겨우 3년 경력에 거침없이 신 나게 일하는 모습 때문인 것도 같다.

하지만 이 자리를 빌려 나는 엄청난 오해라고 말하고 싶다. 새로운 업무를 맡을 때면 온갖 걱정에 뜬눈으로 새벽을 맞는 날이 부지기수일 만큼 나는 소심한 겁쟁이다. 다만 남들에게 내색하지 않는 성격 탓에 그저 일을 즐기는 담대한 사서로만 보이는 것 같다.

나는 어쩌면 도서관에서는 드물게 노랗게 때론 빨갛게 염색을 하고 가끔은 특이한 복장을 즐기는, 한번 만나면 쉽게 잊히지 않는 사서일지 모른다. 그러나 외모보다는 사서로서 끊임없이 고민하고 책과 이용자들을 꾸준하게 연결해 주는 진정한 프로 사서가 되고 싶다.

"사서라는 직업도 그렇고, 책이 있는 도서관에서 일하는 것은 정말 행복한 일이야. 그러나 아무리 즐겁고 행복한 일이라도 일 외에 김 샘에게 기쁨을 주는 다른 한 가지를 찾아야 해. 일하다 보면 지치기 마련이거든. 그때마다 휴식을 얻고 다시 힘차게 일할 수 있는 에너지를 줄 수 있는 게 꼭 필요해. 그래도 일하다가 너무 지치면 내게로 와. 내가 김 샘을 웃게 해 줄게."

일이 조금씩 늘어나면서 다소 지쳐 가고 있던 어느 날, 관장님이 환한 웃음을 머금고 이렇게 말씀하셨다.

'혹시 내가 지쳐 있는 걸 알아채신 걸까?' 내심 죄송한 마음이 들면서 격려를 아끼지 않으신 관장님의 따뜻한 배려에 그만 울컥하고 말았다.

정년을 앞둔 관장님은 여전히 배움의 끈을 놓지 않고 모든 일에 솔선수범하는 우리 도서관의 최고 선배이시다. 언젠가는 나도 관장님처럼 멋진 선배가 되어야지 다짐해 본다.

도서관에는 이렇게 따뜻한 관장님과 선후배 사서 선생님들이 함께 일한다. 수많은 책과 그보다 더 많은 사람들이 있는, 사람 냄새 가득한 우리 도서관이 좋다.

나는 오늘도 지붕 낮은 집들, 좁은 골목길, 정겨운 나무들이 있는 그 언덕을 오른다. 도서관으로 출근한다.

무림 고수가 되기 전에
그들은 물만 길었다는데…

| 박완 |

2008년 성균관대 문헌정보학과를 졸업하고 2009년 KBS 공채 35기 콘텐츠 직종(방송사서)으로 입사했다. KBS 편성센터 아카이브관리부 영상팀을 거쳐 현재 KBS 보도본부 대선후보진실검증단에서 전문 리서치 업무를 하고 있다.

복수의 칼을 갈던 주인공은 강호의 최고 검객이 되겠다며 스승을 찾아가지만 정작 스승은 "마당부터 쓸어라." 하며 빗자루를 던진다. 그가 해야 할 일은 물 긷기, 나무하기, 밥하기 등 온갖 허드렛일뿐이다. 주인공은 묵묵히 물을 긷고 짐을 날랐고, 검객으로서의 자질을 인정받아 스승의 비기를 전수받는다. 그리고 마침내 무림 고수로 변신한다.

무협 소설에서나 볼 수 있는 이야기가 우습게도 나의 입사 초기 모습과 오버랩된다. 입사 후 수습 과정을 마치고 내가 맡은 첫 번째 업무는 촬영 원본의 메타데이터(실제 영상이 어떤 내용이고 언제 촬영되었는지 등을 알려 주는 각종 데이터) 작성이었다.

"박완 씨는 영상자료실에 이관되는 프로그램 촬영 원본에 대한 메타데이터를 작성해 주세요."

"네, 알겠습니다. 열심히 하겠습니다!"

"…."

선배가 나에게 해 준 말의 전부다. 이렇게 간단하게 업무를 지시하더니 그 이후로는 아무런 말이 없다. 심지어 방송 장비를 사용하는 방법도 알려 주지 않았다. 방송용 테이프를 어떻게 봐야 하는지, 편집은 어떻게 하는지, 녹화는 어떻게 하는지 등등 방송사서가 알아야 할 방송국 환경에 대해 알려 주는 사람은 없었다.

누군가는 "참 자유로운 직장 문화"라며 부러워할 수도 있겠지만, 냉정하게 따져 보면 제 살길은 알아서 찾아가라는 무섭고도 긴장되는 직장 분위기일 수도 있다.

ENG카메라(카메라감독과 촬영기자들이 야외 촬영 시 흔히 사용하는 어깨에 짊어질 수 있는 크기의 카메라)로 촬영한 촬영 원본들에 대한 데이터를 작성하는 업무는 그렇게 시작되었고 '지금 나는 무엇인가를 해야만 해.' 하는 강박관념은 스스로를 더욱 긴장시켰다. VCR 사용법을 혼자 알아서 익혔다. KBS 영상자료실의 콘텐츠 구성이 어떠하고 어떻게 분류되어 있는지, 이관, 수집, 등록, 이용은 어떻게 이루어지는지에 대해서도 혼자 공부했다. 자유로워 보이는 사내 분위기가 오히려 나를 이것저것 살펴보며 스스로 학습하게 하는 계기가 되었다.

영상 화면을 직접 보면서 메타데이터를 작성하는 일은 지루한 작업의 연속이다. 촬영 원본 테이프는 우리가 TV를 통해 보는 것과는 차원이 다르다. 편집하기 전 단계의 촬영 원본 테이프에는 의미 없는 장면들이 많고 수많은 NG샷, 재촬영 과정, 반복되는 인터뷰 등이 담겨 있다. 분량은 또 얼마나 많은지. 특히 오디오와 BGM(Back Ground Music)이 없는 촬영 원본을 보는 일은 마치 고등학교 시절의 수학 보충

:: 메타데이터는 도서, 논문 같은 텍스트 정보와는 달리 영상 자료를 VCR로 직접 시사하면서 일일이 작성해야 한다.

수업(나는 수학을 가장 싫어했다)과도 같았다.

하지만 지루하고 의미 없는 화면을 보면서 추후 활용이 가능하도록 줄거리를 작성하고, 상황을 설명하는 간결한 문장을 만들고, 키워드를 작성하는 과정을 거치면 검색이 가능한 자료 테이프로 변신한다. 즉 나의 메타데이터 작성에 의해 추후에 검색이 되고, 또 필요한 사람에게 이용 가치가 있는 자료로 변신하는 것이다.

이 업무의 강점은 많은 영상을 볼 수 있다는 점이다. PD들이나 기자들은 자신의 프로그램에 어떤 특정한 영상을 넣고 싶어 할 때가 있는데, 정작 원하는 영상을 찾기란 그리 쉽지 않다. 영상의 매 장면을 짧은 문장으로 완벽하게 기술한다는 것은 불가능에 가깝기 때문이다. 실제로 '한라산의 설경'이라는 키워드로 영상을 검색해 보면 온갖 영상이 결과물로 나타난다. 이런 때에 그동안 수없이 봐 왔던 영상들을 기억하고 있는 방송사서가 제작진이 원하는 영상을 바로 제공한다면 참 맛깔나고 스마트해 보이게 마련이다.

실제로 나는 메타데이터 작성을 위해 보았던 다큐멘터리 〈누들로드〉의 중앙아시아 유목민의 풍경, 뉴욕 맨해튼의 항공 촬영 영상들을 잘 알고 있었기에 이를 원하는 제작진에게 제때 알려 주는 보람을 느낄 수 있었다. "보는 만큼 알고 아는 만큼 보인다."는 말을 절감한 순간이었다.

영상자료실의 분주한 일상 – 그들은 달라 하고, 우리는 줄 수 없고

KBS 영상자료실은 주로 영상 테이프를 대출, 반납하는 곳이다. "디지털 시대에 웬 마그네틱테이프?" 하는 이도 있을 것이다. 하지만 아직 방송국에서는 테이프 형식으로 많은 영상 자료를 보관하고 이용한다. KBS에 입사하기 전까지 나도 몰랐다.

물론 실제 프로그램 제작은 테이프와 파일을 오가는 하이브리드 형태에 가깝기 때문에 결국 정보서비스도 하이브리드가 될 수밖에 없다. 영상 자료는 비디오테이프로 대출과 반납을 하고 디지털 형태의 방송 제작분은 파일 다운로드 형식으로 제공하고 있다.

나는 이곳 영상자료실 대출대에서 일하는 동안 다양한 제작진과 이용자를 만났고 그 덕분에 가장 바쁘면서도 즐거운 하루하루를 보냈다. 영상 자료 검색시스템이 작동되지 않는다는 등의 민원을 해결하고 대출과 반납을 처리한다. 제때 반납되지 않은 자료는 대출자에게 독촉을

:: 녹화 편집을 위해 영상자료실 내 VCR에서 녹화를 준비하고 있는 필자.

하고 손상된 자료는 복원(도서관과는 달리 이곳에 소장된 영상 자료가 저장된 마그네틱테이프는 유일본인 경우가 많다)을 한다. 때로는 저작권 상담을 하고, 또 때로는 이용이 금지된 영상 자료에 대해 제작진과 협의하거나 사용하지 않도록 미리 알려 준다.

가끔 PD, 기자 들과 영상 자료 이용을 놓고 충돌하기도 한다. 프로그램과 뉴스 제작을 위해 제작 주체인 PD와 기자는 무슨 수를 써서라도 영상 자료를 확보해야 하는 경우가 많다. 하지만 PD와 기자가 간절히 원하는 바로 그 영상 자료에 법적인 문제 등이 얽혀 있어서 제공할 수 없을 때가 있다. 그들은 자료를 달라 하고 우리는 내어 줄 수 없고….

"거기 영상자료실이죠? 〈공주의 남자〉가 왜 대출 금지죠?"

"명예훼손 문제로 언론중재위 손해배상 청구가 들어와서 대출이 불가합니다.”

“거참, 어떻게든 자료 좀 씁시다. 〈연기 대상〉에 꼭 필요하다니까
요!!”

이처럼 제작진의 막무가내 요구에 다소 기분이 상하는 언쟁이 오갈
때도 많다.

어쨌든 이러한 상황에 부닥치면 상황을 객관적으로 판단하고 좀 더
거시적인 차원에서 고민해야 한다. “안 되는 것은 목에 칼이 들어와도
안 된다.”며 원칙을 고수할지, 아니면 회사의 이익을 고려해 일단 자료
를 제공해 줄지 등에 대해 가치판단도 해야 한다.

그런가 하면 PD, 기자 등 제작진과 직접 협의를 해야 하는 경우도
많다. KBS는 다른 방송국에 비해 상대적으로 큰 조직이기에 서로 잘
모르는 경우가 많고 하는 일도 다 다르다. 따라서 영상자료실에서 제공
하는 방송콘텐츠의 이용 주체에게 직접 다가가는 방법이 일을 가장 원
활하게 하고, 나아가 영상자료실을 가장 잘 알릴 수 있는 홍보 수단이
되기도 한다.

‘체력은 국력’이 눈에 들어올 때

많은 사람들이 사서 하면 도서관 데스크에 앉아 한가롭게 책을 보
고 있는 모습을 떠올린다. 나도 그런 사람들 중 하나였다. 하지만 정숙
한 도서관 분위기를 조성하기 위해 사서는 젖은 셔츠에 먼지가 날 정도
로 뛰어야 한다. 방송국에 입사한 이후로 나는 아직 한 번도 걸상에 엉
덩이 붙이고 앉아 시원한 에어컨 바람을 쐬며 책을 읽은 적이 없다. 방

:: 누가 사서를 가만히 앉아 있는 직업이라
했는가. 방송용 테이프 수백, 수천 개를 이고
지고 나르는 것은 방송사서의 일상이다.

송사서란 그런 직업이 아니었던 것이다. 방송국의 영상자료실은 아주
시끄럽다. 여기저기서 편집하는 제작진, 자료를 찾으러 들락날락거리
는 이용자, 거기에다 방송 장비 돌아가는 소리까지 한데 얽혀서 시장
통이 따로 없다.

대략 80만 개에 가까운 영상 테이프들을 이리저리 옮겨 가며 대출
업무를 하고 40킬로그램짜리 VCR(방송용 테이프를 재생시키는 기계,
현재는 HD테이프를 재생하는 기계를 더 많이 사용한다)을 옮겨야 할
때도 있다. 한번은 방송용 테이프 수천 개를 하루 만에 옮기고는 한동
안 절뚝거리고 다녀서 주위의 시선을 사기도 했다.

2009년 나는 KBS의 타 직종(PD, 기자, 아나운서, 카메라맨, 엔지니
어 등)과 함께 공채 35기로 입사하였다. KBS는 사서직(회사 내 공식

명칭은 아카이브관리부, 2009년 당시에는 방송콘텐츠팀이었다)을 공채로 선발하고 있는 몇 안 되는 방송사와 언론사 중 하나이다. 그만큼 방송사서에 대해 기대하는 바도 크다. 더욱이 최근에는 영상 자료의 대부분을 차지하는 방송용 테이프를 디지털화하는 비디오아카이브사업을 추진하면서 사서의 역할이 또 한 번 부각되었다.

우리나라의 방송 환경은 분초를 다툴 정도로 급박한 경우가 많다. 사전 제작 기간이 충분하지 못해 분초를 다퉈 가며 쫓기듯 제작을 해야 하기 때문이다. 그 역동성 한가운데에 KBS의 영상, 음악 자료들이 있다는 점은 사서로서 뿌듯한 사실이다. 나와 선배 방송사서들이 관리하는 방대한 방송 영상과 음악 자료가 없다면 프로그램을 만들기가 쉽지 않을 것이다.

방송 자료를 조직하고 데이터를 제공한다는 점에서 보면 방송국 자료실도 문헌정보학의 한 축으로 도서관 사서와 비슷한 업무를 한다. 관리하는 매체가 다르고, 성격이 다르고, 서비스 대상이 다르지만 문헌정보학적으로 생각하고 고민한다는 점이 가장 중요하다.

자료실은 사서의 영역 중 하나일 뿐이다

방송사나 언론사는 사내의 언로가 가장 자유로워야 하는 일터이다. 대체적으로 KBS의 업무 분위기는 자유롭다. 복장이 자유롭고 개인의 의견을 개진하는 데도 비교적 자유롭다. 회사 일에 대하여 구체적으로 설명해 주지는 않지만 내가 하는 일을 일일이 간섭하지도 않는다. 그렇다고 일에 대한 책임과 의무가 없는 것은 아니다. 스스로 행하고 발전해야 하는 하나의 프로젝트의 장인 것이다.

또 KBS에서는 방송사서들도 자신의 영역을 넓혀 나갈 수 있는 기회가 많다. 방송콘텐츠를 수집, 저장, 이용하는 부서인 아카이브관리부에서는 현재 영상, 사진, 음악, 라디오, 도서 등 방송을 위한 각종 콘텐츠들을 조직하고 있다. 하지만 방송사서의 영역이 이곳에 국한되지는 않는다. 지적재산권을 담당하는 부서에 있는 선배, 디지털아카이브 등에 관한 정책을 만들고 조정하는 부서에서 활동하는 선배, 제작/보도부서와 파트너가 되어 리서치를 담당하는 선배 등 다양한 분야에서 일하는 방송사서들이 많다. 대출과 반납을 주로 하는 데스크는 사서가 일할 수 있는 수많은 영역 중 하나의 선택지에 불과하다.

지식 노동자, 나의 발걸음을 이끌다

2009년 3월, 신입 사원 연수를 마치고 KBS 아카이브관리부에 발령받아 첫 출근을 하던 때가 떠오른다. 나의 첫 출근길은, 사실 이제 막 사회생활을 시작한 새내기 사서치고는 즐겁고 가벼운 발걸음이 아니었다. 학창 시절 꿈꿔 왔던 사회생활이 눈앞에 펼쳐지는 감격적인 순간이었지만, 그렇다고 반드시 행복하고 긍정적이어야 한다는 법은 없지만…, 참 이상했다. 나름대로 취업을 위해 오랜 시간을 투자해 입사한 곳인데 왜 그렇게 긴장이 되었던 것인지….

지금 생각해 보면 방송에 대해 별다른 지식이 없었던 내가 생소한 방송국 환경에 적응해 나가야 한다는 것이 큰 부담이었고, 그동안 배웠던 지식이 이곳에서 무용지물이 되는 것은 아닌지 대한 걱정 탓이었다.

내가 지금 어디에 서 있고 왜 여기에 서 있는지 다시 한 번 돌아본
다. 내가 사서라는 직업을 선택한 이유를 단정적으로 말할 수는 없지
만, 다양한 분야에 대해 많이 알아야 하고 지식을 무기 삼아 타인을 도
와줄 수 있는 '지식 노동자'로서의 정체성이 그저 나를 운명처럼 사서
의 길로 이끌었던 것 같다.

끝으로 방송사서가 되고자 하는 후배들에게 하고 싶은 말은, 사서
는 이 두 가지를 항상 염두에 두어야 한다.

- 우리는 무엇을 가지고 있는가?
- 우리가 가지고 있는 것을 어떻게 조직하고 서비스할 것인가?

두 가지 모두 중요하지만, 초짜 사서의 입장에서 그 중요성을 따져
본다면 자신이 무엇을 가지고 있는지를 아는 것이 우선일 것 같다. 무
엇을 가지고 있는지를 알아야 어떻게 서비스를 할지에 대한 아이디어
를 낼 수 있기 때문이다.

영상 자료들을 더 많이 접하고 익혀서 그것을 필요로 하는 곳에 기
민하게 서비스할 수 있는 롤 모델을 만들고 싶다. 이를 위해 KBS 방송
사서로서의 다양한 업무 경험과 함께 나를 발전시키기 위한 방송 관련
공부, 변화하는 사서 업무에 관한 공부 그리고 독서를 게을리해서는 안
된다고 마음을 다잡는다.

사서는 '지식 노동자'니까.

2장

다양한 사서의 세계

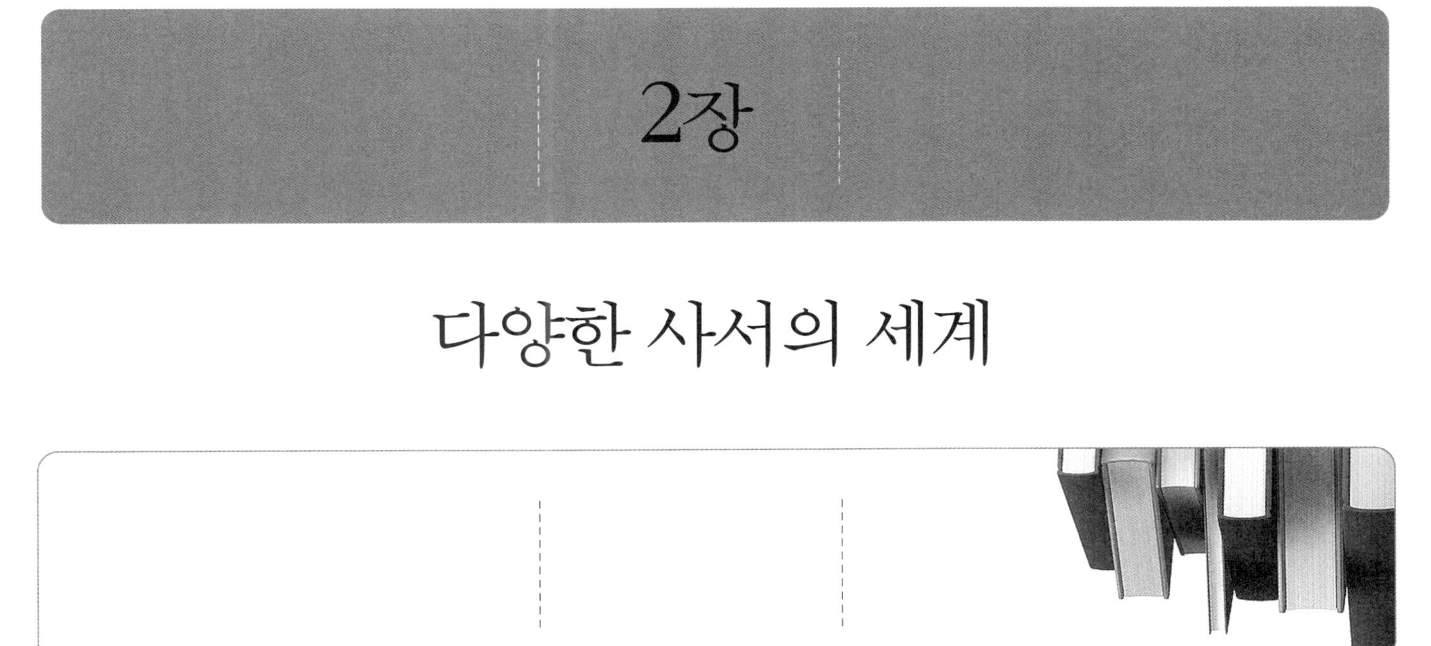

동에 번쩍 서에 번쩍
국중 사서 편력기(記)

| 김수정 |

이화여대 도서관학과를 졸업하고 동 대학원 문헌정보학 박사 과정을 수료했다. 1993년 국립중앙도서관 사서가 되어 세계 최고의 국가도서관을 만들겠다는 꿈에 한 걸음씩 다가가고 있다.

어린 시절 책을 정말 좋아했던 나. 하루 종일 책을 읽을 수 있을 것만 같은 책방 주인이 꿈이었다. 초등학교 6학년 때 헤밍웨이의 『누구를 위하여 종을 울리나』를 밤새 읽는가 하면 도스토예프스키의 『죄와 벌』, 루이제 린저의 『생의 한가운데』 등 세계 문학작품에 심취한 조숙한 꼬마 숙녀였다. 책을 읽고 있노라면 어느새 나는 주인공이 되어, 가슴 아픈 장면에서는 실제로 가슴이 쓰렸고 감동적인 장면을 읽을 때에는 벅차오르는 기쁨에 미소를 지었다. 문학작품들은 어린 시절 나의 가슴을 뛰게 하는 에너지였다.

문학에 대한 열정을 놓을 수가 없었던 나는 고등학교 때 이과 성적이 더 좋았음에도 문과를 선택했고 대학교 학과 선택의 순간에 도서관학과(현 문헌정보학과)를 선택했다.

대학에서는 도서관에 대한 나름의 견해를 굳혀 갔다. 지식이 권력이었던 과거에 도서관은 권력과 소통하는 지식을 보관하는 장소였고 지금은 민주주의 시대라는 범주 안에서 인간과 사회를 성장하게 만드는 원동력이 되었다고 생각한다.

그리고 1993년 나는 드디어 국립중앙도서관, 약칭 '국중' 사서가 되었다.

누구에게나 열려 있는 대한민국 대표 도서관

기원전 3세기 이집트의 왕 프톨레마이오스 1세의 신임을 얻고 도서관의 전권을 장악했던 드미트리오스는 알렉산드리아 도서관에 지상의 모든 책을 소장하려고 했다. 이를 위해 두루마리 50만 개를 마련해 지상의 모든 군주와 통치자에게 책을 보내 달라는 편지를 쓰려 했고, 알렉산드리아에 기항하는 선박에서 발견되는 모든 책을 필사하였으며, 심지어 필사한 후에는 원본 대신 필사본을 돌려주기도 했다.

국립중앙도서관은 대한민국 대표 도서관이다. 비록 지상의 모든 책은 아니지만 대한민국 도서관법에 따라 국내에서 출간되는 모든 책을 수집하고 있다. 드미트리오스가 지상의 모든 군주와 통치자에게 쓰려던 편지를 오늘날에는 납본제도(출판사가 국립도서관에 의무적으로 책을 제출하는 것)가 대신하고 있는 것이다.

국립중앙도서관은 도서관의 기본 업무인 자료의 수집, 정리, 열람, 보존 외에도 국내 출판물의 데이터베이스를 구축하는 일을 한다. 이와 함께 국가서지 작성 및 표준화, 공동 이용, 국외 도서관과의 교류 및 협력, 전국 도서관 직원에 대한 교육과 훈련, 도서관 관련 각종 프로그램 등도 만들고 있다.

책에도 주민등록번호가 있다

간행물에는 주민등록번호와 같은 식별번호가 있다. 도서는 국제표준도서번호(ISBN)*, 연속간행물은 국제표준연속간행물번호(ISSN)** 로 식별한다. 국립중앙도서관에서는 책이 출간되기 전부터 관리에 들어간다. ISBN센터에서는 출간 예정인 책의 ISBN을 발급하고 CIP센터에서는 출판시도서목록(CIP, Cataloging in Publication)을 부여하여 전국의 도서관이 공유할 수 있도록 목록 데이터로 작성한다. 각 도서관의 업무 효율성을 높이고 목록의 통일성을 유지하기 위한 업무다. ISBN, CIP 작업은 출판물의 생산 단계부터 조직적으로 대응하는 국립중앙도서관 고유의 역할이다.

ISBN과 CIP를 부여받은 책이 출간되면 출판사는 그 책 2부를 국립중앙도서관에 납본해야 한다. 이것이 바로 납본제도로 책이 국내에서 출간되었다는 흔적을 남기는 과정이다.

국립중앙도서관의 최전선에서 자료를 수집하다

자료 수집을 위한 부서로는 자료수집과, 연속간행물과, 디지털기획과 등이 있다. 국립중앙도서관의 최전선에서 근무하는 전문가들이 모인 곳으로 다양한 채널을 동원해 최대한의 정보를 수집한다.

* International Standard Book Number. 전 세계에서 간행되는 각종 도서에 고유번호를 주어 개별화시킴으로써 문헌정보와 서지유통의 효율화를 꾀하는 제도이다.
** International Standard Serial Number. 전 세계에서 생산되는 각종 연속간행물의 식별을 위하여 국제적으로 표준화된 방법에 따라 ISSN이라는 고유번호를 부여하는 제도이다.

자료수집과에서는 국내에서 출판된 자료를 수집하고 연속간행물과
에서는 정기·부정기간행물 자료 및 회의 자료와 같은 회색문헌(서지
통정이 이루어지지 않고 유통 체제가 정비되지 않아 간행이나 소재 확
인, 입수가 어려운 자료)을 수집하러 학회, 세미나 등을 찾아가기도 한
다. 또 장애인을 위한 디지털 파일 자료도 납본을 요청해 수집한다. 한
편 디지털기획과에서는 온라인 자료 중 보존 가치가 높은 것을 골라 수
집하는데, 특히 휘발성이 강해 온라인상에서 사라져 버리는 자료들을
모으고 기존 오프라인 자료를 디지털화해 주제별로 서비스하고 있다.

1997년 나는 자료조직과(현 국가서지과)에서 외국 도서 구입과 비
도서 매체 구입을 담당했다. 웹 DB를 처음 구입하는 과정이 특히 생소
하고 어려웠다. 전자책, 전자저널 등은 이제는 보편적인 매체이지만 당
시에는 구매 기준조차 없었다. 정부부처의 구매를 총괄하는 조달청에선
학술 등 전문적인 데이터베이스의 국제 입찰은 처음이라며 난감해했고,
도서관에선 실물이 없는 DB를 자료구입예산(일명, 자산취득비)으로 구
매할 수 없다고 해서 근거 자료를 찾느라 얼마나 애를 먹었는지 모른다.

국내 출간된 책, 다 찾을 수 있다

국립중앙도서관은 국가서지센터다. 책에 대한 정보, 즉 서지(書誌)
데이터*는 이곳에서 만들어져 전국 도서관이 공유한다. 서지 데이터
작성은 납본된 책을 등록과 정리 작업을 거친 후 이용자들이 검색할 수
있도록 책 정보를 데이터베이스화하는 작업이다. 담당 부서는 국가서

* 서지 또는 서지 데이터베이스에서 1점마다의 자료를 식별, 확인하기 위해 기술하는 데 필요한 데이터.
서지 데이터는 저자, 표제, 출판에 관한 사항, 형태에 관한 사항, 기타 사항으로 구성된다. (문헌정보학용
어사전, 2011)

:: 국가서지과의 사무실 전경. 사서들의 책상 전후좌우로 책, 책, 책이 가득하다.

지과. 드넓은 사무실에서 책이 수북이 쌓인 책 수레를 옆에 두고 분류와 목록 작업에 몰두하는 사서들이 근무하는 국가서지과는 '책 공장'에 비유되기도 한다. 이곳에서는 책을 주제별로 분류하고 목록을 작성하여 기본 데이터를 만든다. 책이 다시 태어나는 곳이라고 할 수 있다. '내가 그의 이름을 불러 주었을 때 그는 나에게로 와서 꽃이 되었다'는 김춘수의 시 「꽃」의 한 대목처럼 책은 이곳에서 태어난 사명에 충실하기 위해 재조직된다. 상업 서점처럼 자본의 힘에 근거해 책을 진열하는 것이 아니라 도서관 이용자를 위해 구분하고 배치한다.

'자료 수집과 정리의 달인' 사서가 빛나던 날

사서에게는 자료를 수집하고 정리하고 기록하는 일이 몸에 배여 있다. 그로 인해 나는 평소에는 물론이고 도서관 행사 등을 진행하며 칭찬을 받기도 했다.

세계 최대 규모의 도서전인 2005년 프랑크푸르트 도서전에 한국이 주빈국으로 초대를 받으면서, 2003년 나는 프랑크푸르트 도서전 준비 업무에 투입되었다. 목표는 독일어로 번역된 한국의 문학작품을 소개하고 우리의 인쇄 문화를 전 세계에 알리는 것.

2004년 프랑크프르트 도서전 주빈국 준비위원회가 꾸려지고 얼마 지나지 않은 어느 날이었다. 준비위 담당자로부터 한 통의 전화가 걸려 왔다.

"여보세요, 혹시 프랑크푸르트 도서전 관련 자료 있습니까?"

행사 준비를 하려는데 관련 자료를 찾을 수 없으니 도와 달라는 요청이었다.

2003년 프랑크푸르트 도서전에 참가한 나와 동료는 2년 후에 열릴 한국 주빈국 행사를 염두에 두고 포스터, 안내 리플릿, 프로그램 책자 등을 챙겨 왔기에 그들에게 도움을 줄 수 있었다.

국가적 수준의 행사에는 사서가 참여하면 유익하다. 관련 자료를 체계적으로 수집하고 정리해 업무를 수월하게 해 주고 다음 행사를 잘 준비할 수 있도록 기록으로 남겨 놓을 수 있으니 말이다.

2004년에 있었던 '국립중앙도서관 500만 장서 달성 기념행사'도 내게는 잊지 못할 일 중 하나다. 당시 영부인 권양숙 여사가 국립중앙도서관 500만 번째 장서에 친필 사인을 하고 기념 세미나, 전시회, 음악회 등이 진행되는 행사였다. 나와 동료 사서들은 행사 전후의 모든 기록들을 수집, 정리하여 도서관에 소장하게 했고, 이 보고서는 이후 VIP 행사를 위한 중요한 참고 자료로 활용됐다.

1억 9580센티미터에 이르는 방대한 장서의 보고(寶庫)에서

2012년 국립중앙도서관의 장서는 890만 권에 이른다. 책 한 권의 평균 높이를 22센티미터로 가정하고 이 책들을 늘어놓으면 약 1억 9580센티미터로 서울에서 부산까지 두 번 왕복하는 거리와 같다. 내가 처음 국립중앙도서관에 입사했을 때 나를 매료시켰던 것은 끝이 보이지 않을 만큼 긴 서가에 가지런히 꽂힌 책이었다. 대형 도서관의 서고에 들어가 본 사람들이 느끼는 공통점이 아닐까 한다.

하버드대 대학도서관의 사서 매튜 배틀스(Matthew Battles)도 『도서관, 그 소란스러운 역사(Library: An unquiet history)』에서 비슷한 느낌을 토로했었다. 청소년 시절 세계문학전집, 한국문학전집 등 권장도서 리스트를 체크해 가며 읽었던 나에게 국립중앙도서관의 거대한 장서는 내 넋을 앗아가기에 충분했다.

거대한 연합군 조직, 국가종합목록 작업에 참여하다

국립중앙도서관은 서지 작성에 필요한 MARC[*]을 개발하고, 디지털 자료 관리 및 서비스를 위한 메타데이터[**] DB를 구축하고 이러한 것들의 표준을 연구한다. 또 자료 검색을 위한 서지 작성의 표준, 지능형 검색의 기초가 되는 전거[***] DB를 만들고 표준 매뉴얼을 연구한다.

[*] 서지기술, 표목, 소재기호 등 목록 저록에 기재되는 정보를 일정한 포맷에 의해 컴퓨터로 처리할 수 있는 매체에 기록하는 것 또는 기록한 것. (문헌정보학용어사전, 2011)
[**] 정보 자원을 효과적으로 식별, 기술, 탐색하기 위해 그 특징을 기술한 데이터. 네트워크 정보자원의 관리와 결부되어 생겨난 개념이다. (문헌정보학용어사전, 2011)
[***] 목록에서 접근점으로 선정된 인명, 단체명, 통일 서명, 주제명, 총서명, 지명, 사건명 등에 대해 모든 표현을 수집하여 각각의 대표 표현(전거 표목 혹은 우선어)을 정하고, 이를 다양한 이형 표현(비우선어)들과 연결시켜 이용자가 어떤 표현으로 접근을 해도 해당 정보를 모두 찾아볼 수 있도록 하는 과정을 뜻한

2000년에 나는 국가자료공동목록시스템(KOLIS-NET, Korean Library Information System Network) 구축 작업에 참여했다. 종합목록* 웹사이트는 구축한 종합목록을 활용하는 사이트로 이용자가 원하는 책이 소장된 국내 모든 도서관을 알려 준다. 시스템의 생명은 일관성과 통일성이다. 책이 소장된 도서관을 통합해 한곳에 모아 이용자들이 어디에서 검색해도 동일한 결과를 얻을 수 있어야 한다. 하지만 도서관마다 데이터 품질이 달라 오류가 빈번했다. 이를 개선하기 위한 처리 지침을 만드는 작업은 오랜 시간과 끈질긴 노력을 필요로 했다. 미국이나 일본 등의 종합목록사이트를 분석하고 국내 상황에 맞는 사이트를 개발하기 위해 밤을 샌 날을 꼽아 보니 손으로 셀 수도 없을 정도다. 종합목록이라는 거대한 데이터가 주는 압박이 컸으며 잘못된 데이터를 찾는 것 자체가 모래사장에서 바늘 찾기와 같아 여간 까다롭고 막막한 일이 아니었다. 이때 뼈저리게 느낀 게 있다면 일을 진행할 때는 품질 유지와 표준화 작업이 꼭 필요하다는 것이다.

도서관 정보서비스는 결국 이용자를 위한 것이다

우리나라 전체 도서관의 중심인 국립중앙도서관은 도서관운영시스템 개발 및 보급, 국내 협력참고서비스**를 주도하고 있다. 또 각 주제 분야의 참고정보원을 DB로 만들어 국내 도서관의 협력을 이끌어 내고 있다.

다. (기록학용어사전, 2008)
* 복수의 도서관 또는 컬렉션에 소장되어 있는 자료의 서지 데이터를 하나의 체계 아래에 편성, 배열하고 소재를 표시하는 목록. (문헌정보학용어사전, 2011)
** 도서관 간에 이루어지는 일정한 협정을 바탕으로, 협정을 맺은 도서관의 참고서비스 담당자에게 이용자의 질문을 조회하고 회답을 얻는 형식으로 이루어지는 정보서비스. (문헌정보학용어사전, 2011)

2005년 정보서비스 파트에 근무할 때는 국립중앙도서관의 참고서비스의 발전을 위해 주제별로 정보원을 개발하거나 관련 기관들로부터 협조를 받아 정보원을 개발하여 서비스하는 협력참고봉사프로그램을 연구하기도 했다. 또 이용자 개개인에게 더욱 전문적인 서비스를 하기 위해 이용자 분석 등을 거쳐 맞춤형 서비스를 개발했다. 눈빛이 초롱초롱한 후배들과 경험이 풍부한 선배들이 업무가 끝난 후에 한자리에 모여 공부하고 토론했던 시간은 나를 성장시키는 밑거름이 되었다.

이때의 연구 성과는 국립중앙도서관이 발간하는 학술 잡지인『도서관』에 게재되었고 원고료도 두둑하게 받았다. 원고료로 동료들에게 회식을 쏘려고 준비하고 있었는데, 느닷없이 업무를 통한 성과물에 대해서는 원고료를 제공할 수 없다며 반납하라는 총무과의 전화를 받았던 웃지 못할 해프닝도 있었다.

2006년에는 RFID* 태그를 책에 부착해 도서관 운영을 개선하는 연구도 했다. RFID를 활용하여 이용자 분석은 물론 각 주제실의 정보서비스 개선 방법, MIS경영정보시스템 활용 방법 등을 연구했다. 이때의 연구 결과는 세계도서관정보대회(IFLA, International Federation of Library Associations)에서 발표했다.

시스템 하면 하드웨어 중심의 사고를 벗어나지 못했던 사회적인 분위기 탓에 사서들이 RFID를 이용자 분석, 서비스 개발을 위한 정보 분석 도구로 활용했다는 것은 신선한 발상이었다. 처음 서 보는 국제 무대에서 실수를 하지 않기 위해 집에서 아이들을 식탁 의자에 앉혀 놓고 눈을 맞춰 가며 영어 프레젠테이션을 준비했던 일은 즐거운 추억이다.

* RFID(Radio-Frequency Identification)는 전파를 이용해 먼 거리에서 정보를 인식하는 기술이다.

2006년 정보봉사실 참고서비스를 담당했을 때 일이다.

아침 일찍 남루한 중년의 아주머니 한 분이 도서관을 찾아오셨다.

"어머니와 아버지가 독립투사였는데, 이곳에서 그런 자료를 찾을 수 있을까요?"

부모 없이 어려운 유년 시절을 보내느라 한글도 깨우치지 못하고 빌딩 청소부로 일하고 있다는 아주머니는 눈물을 훔치며 말을 이어 갔다. "이곳에 있는 옛날 신문이나 관련 자료가 독립유공자를 입증하는 데 중요한 단서가 된다고 해서…. 보훈원에 가니 이곳에 가면 도움을 얻을 수 있다고 해서 왔는데…."

아주머니의 이야기는 계속되었다. "부모님이 일제시대 때 동경 유학을 갔다 와서 독립운동을 하다가 만주에서 체포되었다는데 그 이후 소식이 끊겼어요. 해방 후에 어렵게 살다가 독립유공자라는 게 있다는 걸 이제 알게 되었어요."

아주머니는 이모가 만주에서 체포되었다는 신문 기사는 찾았지만 정작 부모님의 이름은 찾을 수가 없었다. "다 내가 무식해서 그렇지." 라고 한탄하며 발걸음을 돌리시던 아주머니를 생각하면 지금도 마음이 편치 않다. 많은 독립투사의 후손들이 비슷한 사정이지 않았을까 생각된다.

도서관 자료들에는 픽션과 논픽션의 애환이 서려 있다. 국립중앙도서관 자체의 역사에도 아픈 기억이 많다. 해방 후 일본에게 귀중서를 빼앗기지 않으려고 자체적으로 사수대를 조직해 투쟁한 기록, 한국전쟁 때 부산까지 피난을 갔던 이력, 1970년대에 소공동 도심 요지에서 남산 꼭대기로 쫓겨난 기억 등 국립중앙도서관은 민족의 아픔과 역사를 같이했다.

교도소도서관에서 새로운 삶을 만나다

국립중앙도서관 직원들은 문화부 도서관정보정책기획단, 한국예술종합학교, 국립중앙박물관 등에서 근무할 수 있다. 나도 2007년부터 2010년까지 국립중앙도서관을 잠시 떠나 문화부 도서관정보정책기획단으로 자리를 옮겼다.

도서관정보정책기획단에서 일하는 동안 전국 도서관 평가와 국가도서관 통계 작성을 담당했다. 공공도서관, 대학도서관, 학교도서관, 전문도서관, 병영도서관, 교도소도서관 등 각 관종별 도서관을 이해하고 체감하는 좋은 기회였다. 도서관 평가를 위해서였지만 말로만 듣던 병영도서관, 교도소도서관을 방문하고 책이 한 사람의 인생을 바꾸는 결정적 역할을 할 수도 있다는 사실에 새롭게 눈뜨게 되었다.

해군 함대 '독도함'을 방문했을 때다. 신기하게도 배 안에 도서관이 있었는데, 한정된 공간에서 오래 생활하는 병사들의 정신 건강을 위해 꼭 있어야 할 시설 중 하나가 도서관이라는 설명을 들으며 병영도서관의 중요성을 새삼 깨달았다.

세계의 군대 중 우리나라만큼 고학력 인텔리들이 모인 곳이 있을까. 뇌 활동이 가장 활발한 젊은 시절에 입대한 군인들이 허송세월하지 않고 미래의 삶을 좀 더 단단히 준비하는 성숙된 시간을 보낼 수 있다면 얼마나 좋을까. 입시 전쟁으로 교양서적을 읽지 못했던 많은 청년들이 다시 책을 가까이하는 기회가 될 수 있을 것이다.

국방부와의 협력으로 2011년부터 병영도서관 담당자 교육이 시작되었다. 독도함의 도서관에서 떠오른 나의 작은 아이디어가 만들어 낸 커다란 결실이었다. 교육이 거듭될수록 국방부와 군부대에서 병영도서관의 필요성을 인식하는 것 같아 보람이 컸다.

조직은 분명 다르지만 책의 활용성과 그 효과만 놓고 따진다면 군대와 교도소를 감히 동일 선상에 놓을 수 있다고 본다. 교도소도서관에 대한 막연한 상상도 2007년 이후로 많이 바뀌었다. 2011년에 교도소도서관 담당자 교육도 이루어졌는데, 첫 소감은 한마디로 '기진맥진'이었다. 교육은 법무연수원에서 전국 51개 교도소 교관들을 대상으로 이틀간 진행되었는데, 뜻밖에도 교도소도서관 자체를 부정하는 교관들이 많았다. 국가가 수감자들을 위해 도서관에 투자하는 것은 예산 낭비라는 것이다.

교육이 끝나고 분임 토의를 할 예정이었으나 도서관의 필요성에 대한 교관들의 강력한 문제 제기로 분임 토의 자체가 불가능해 대신 전체 토론 시간을 가졌다. 그들의 눈에 나는 교도소의 현실을 모르는 이상주의자에 불과했다. 또 업무 과부하로 힘든 그들에게 새로운 업무는 전혀 달갑지 않았다. 책으로 수감자들에게 새로운 삶의 기회를 줄 수 있을 뿐만 아니라 책을 활용한 교정으로 재범률을 낮추면 국가예산을 효율적으로 사용한 결과가 된다는 것을 설득하기란 쉽지 않았다. 그러나 반대파만 있는 것은 아니었다. 서울구치소, 영등포구치소, 소망교도소 등 일부 교도소 교관들은 도서관 활성화를 위해 많은 노력을 기울이고 있다는 것을 그들과의 대화에서 알 수 있었다.

교육을 마친 후 나는 호된 몸살을 앓았다. 설상가상으로 교육 만족도가 최악이었다. 그렇다고 한번 시작한 교육을 포기할 수는 없었다. 새로운 각오로 2012년 다시 교육에 나섰다. 1차 교육 때 실시한 만족도 조사 내용을 꼼꼼하게 점검해 새 교육 과정에 반영하고 열띤 토론을 각오하며 교육장에 들어섰다.

그런데 교관들의 반응이 1년 전과 사뭇 달랐다. 도서관의 필요성에 공감하는 교관들이 늘어났고 문제 해결을 위해 다양한 방법을 시도하는 교관들도 있었다. 교육이 끝나고 이어진 분임 토의는 1년 전과는 딴판으로 대단히 생산적이었다. 지역 공공도서관과 협력한 사례를 발표하고 교도소도서관의 구체적인 개선 방안을 도출할 정도였다. 큰 성과였다.

그러나 가장 큰 걸림돌은 전담 사서가 없다는 것이었다. 지금 당장 해결할 수는 없지만 각 교도소도서관 관계자들이 이 문제를 공론화하여 차근차근 해결해 나가야 한다고 생각한다. 교육이 끝난 후 교관들은 나에게 수고했다며 뜨거운 박수를 보내 주었다.

책이 주는 무한한 감동은 사서의 축복

2012년 현재 나는 사서교육·훈련을 담당하고 있다. 국립중앙도서관은 도서관법에 의해 도서관 직원의 재교육을 맡고 있으며, 공무원교육훈련법에 따라 전문직인 사서직 공무원의 교육을 전담한다. 사서들은 사서 자격증을 취득하고 도서관에서 근무하면서 교육을 통해 변화하는 도서관 현장에 필요한 지식을 습득하고 교육생들과 정보를 교류하며 재충전을 하게 된다.

국립중앙도서관은 연중 약 60여 개의 사서교육 프로그램을 운영한다. 2011년도 수강생은 8500여 명이었으며 그 숫자는 매년 꾸준히 늘고 있다. 분류, 목록 등 도서관의 기본 업무 교육 외에도 홍보, 소셜미디어 활용법 강의 등이 있는데, 특히 이들 과목이 인기다. 교육에 참여

:: 사서교육문화과에서 진행하는 사서교육 시간에 사서들과 토론 중인 필자.

하는 사서들은 소속 부처도 다르고 근무하는 도서관의 관종도 다양하다. 도서관마다 인원이 부족하고 업무는 폭주해 일주일 이상의 교육에 선뜻 참석하기가 어려운 것도 우리 도서관의 현실이다.

한편 국립중앙도서관의 교육장이 부족해 현재 교육 수요를 다 수용하지 못하고 있어 재교육 기회는 하늘의 별따기라는 불만도 있다고 한다. 그래서일까, 교육장은 늘 열정에 넘치는 사서들의 토론으로 가득하다. 또 친분을 넓히기 위해서인지 서로에 대한 관심도 남다르다. 하루빨리 연수원을 확보해 전국의 사서들에게 좀 더 양질의 교육을 제공할 수 있도록 교육 환경이 개선되기를 기대한다.

책이 주는 무한한 감동과 역동적인 변화. 그것은 사서로서 체험하는 커다란 축복이다. 문학작품 속 주인공들은 나에게 삶의 에너지를 주었고 책은 사회를 사랑하는 힘이 되어 주었다. 책을 통해 수많은 사람들과 교감했듯이 도서관은 과거, 현재, 미래의 사람들이 시공을 초월해 함께 교감하는 광장이다. 광장은 동서양을 막론하고 민주주의를 상징하는 곳이다. 도서관의 성장은 민주주의의 성장이고 인간의 성장이다. 또 도서관은 나눔이다. 정보의 나눔, 이는 권력의 나눔이자 부의 재분배이고 세상으로 나아가는 길이다. 그러한 도서관에서 사서로 일할 수 있어서 감사하다. 나는 오늘도 도서관과 함께 성장하기 위해 책과 사람에 대해 고심하며 땀을 흘리고 있다.

인터넷 기사보다 그림책,
밥보다 아이스크림!

| 이지선 |

2007년 상명대 문헌정보학과를 졸업하고 MBC, 경희대 중앙도서관 등에서 계약직 사서로 경험을 쌓았다.
2010년 도봉어린이문화정보센터에 입사해 현재 8살 미만의 어린아이들이 주로 찾는 유아열람실의 사서로
근무하고 있다.

"세 살짜리 아이는 어떤 책을 읽어야 할까요?"

"우리 애가 친구랑 잘 지내질 못하나 봐요. 추천해 주실 책 있나요?"

"만화책만 읽고 책을 안 읽어요. 그대로 둬도 될까요?"

"우리 애가 영어를 처음 시작하는데요, 어떻게 시작해야 할까요?"

"혹시 책 좀 찾아 줄 수 있으세요? 표지가 노란색이고 곰하고 토끼
가 나와요. 제목을 몰라서…."

"애들 책 중 어떤 게 재미있나요?"

아침부터 쏟아지는 엄마들의 질문 공세에 친절하게 응대하려면 아
동과 부모의 심리 그리고 그들의 독서 수준을 어느 정도는 이해하고 있
어야 한다. 육아지침서, 자녀양육서 일독은 물론 부모교육 강좌 등을
꼼꼼하게 챙겨 들어야 하는 것은 그들이 필요로 하는 정보를 제공하는

어린이도서관 사서의 기본 소양이기 때문이다. 결혼을 생각하기도 전에 육아지침서부터 보다니 꿈에도 생각 못한 일이다. 어린이도서관 사서 하면 그저 아동도서를 정리해서 열람실에 비치하거나 독서 프로그램을 개발하거나 이벤트를 기획하는 정도의 일을 기대했다. 하지만 아이를 낳기도 전에 나는 엄마의 마음으로 아이들을 이해해야만 했다.

서비스가 고객에 따라 달라져야 한다는 것은 상식. 나는 성인들을 대상으로 하는 이용자 교육 대신 아이들을 위한 프로그램을 개발했고, 복잡한 논문평가 기준을 마련하기보다 동화책을 평가하는 단체와 어린이들이 참가할 수 있는 다양한 행사와 대회를 섭렵했다.

도서관 운영이야 선배 사서에게 배우면 그만이지만, 그동안 내 머릿속에 충전해 두지 못한 '어린이'에 대한 부족한 지식은 늘 나를 난감하게 했다. 특히 도서관을 찾는 이용자들은 사서에게 동화책 전문가, 동화연구가, 독서교육자, 행사기획자, 보육전문가 등을 기대하며 질문을 던지기에 더욱 그렇다. 상대방은 질문을 짧게 던지지만 충분하게 답변을 하려면 전문가 3~4명이 동원되어야 해결될 만큼 복잡한 내용이라 이용자를 100퍼센트 만족시키기에는 늘 역부족이었다.

처음엔 아는 것보다 알아 가야 할 것이 더 많은데 무엇을 알아야 하는지조차 몰라 답답했다. 나는 먼저 내가 모른다는 것을 인정하고 시작했다. 걸어 다니는 백과사전이 아니니까. 질문을 들어 보고 내가 해결할 수 없는 것은 '잘 모른다'고 고백한 후 관련 지침서를 알려 주었다. 독서교육, 아동심리, 도서관학습법, 성장발달에 따른 육아법 등등. 짬이 나는 대로『어린이 서비스론』등의 전공 서적을 꺼내 읽고『동화책의 이해』,『아동서 추천목록』등 관련 서적을 찾아 지식을 충전해 나갔다. 서비스는 이론이 아니라 실무이기에 국립어린이청소년도서관, 시립어린이도서관 그리고 주변의 어린이도서관을 견학했다.

처음엔 그저 업무에 써먹으려고 시작한 공부였지만, 중요한 사실 하나를 발견하게 됐다. 어린이가 도서관 그리고 책을 처음 만나는 결정적인 순간에 안내를 하는 이가 바로 사서인 '나'라는 사실이었다. 나뭇잎은 초록, 눈은 하양 등을 아이가 처음 아는 순간이 있듯이 도서관은 지루하고 심심한 곳이 아니라 재미있고 신 나는 곳이라는 것을, 책은 외우고 공부하는 지겨운 대상이 아니라 즐거운 놀잇거리라는 것을 처음 알게 되는 바로 그곳(도서관)에 내가 있었다. 나의 깨달음은 곧 무거운 책임으로 바뀌어 공부에 대한 사명감이 또렷해졌다.

모자라고 부족하다는 생각이 앞서자 새로운 일을 할 때마다 제대로 하고 있는지 두려웠다. 신중하게 결정을 해도 막상 일을 시작하면 미처 생각하지 못한 일이 발생해 손발이 고생한 적도 많다. 실수를 할 때면 눈앞이 캄캄해지고 바닥이 갑자기 무너져 내리는 것 같기도 했다.

'조급하게 생각하지 하지 말자. 단, 느긋해하지도 말자.'

책임감에 눌려 있던 나를 달래며 먼저 내가 할 수 있는 일부터 하나하나 해 나갔다. 기본 업무에 최선을 다하되 책과 견학을 통해 간접적으로 배운 것을 참고해 업무에 변화를 조금씩 주었다. 당장은 힘들어도 개선하면 좋겠다 싶은 일은 꼭 메모했다. 나는 그렇게 시행착오를 거치며 조금씩 여유를 찾았다.

업무 수첩 속에 다 있다 – 어린이도서관의 하루

아침 출근과 동시에 PC를 켜고 수첩을 확인한다. 열 개 중 아홉 개를 기억해도 중요한 것 하나를 잊어버리는 경우가 있어 난 늘 적는다. 내 업무 수첩에는 책 들어오는 날, 유치원생 견학, 책 주문하는 날, 자료 선정 회의, 자원봉사 학생 회의, 서가 들어오는 날, 행사일 등이 꼼꼼하게 표시돼 있고 그에 따라 해야 할 일이 오전, 오후로 구분되어 빼곡하게 적혀 있다. 오늘은 오전 중에 '견학', 오후는 '책 납품'이 중요한 일이다.

준비를 마치고 블라인드를 걷으면 도서관 서가와 대출·반납 데스크에 햇살이 비친다. 먼지마저 반짝이며 떠다니는 서가에 서 있으면 마음이 편안해진다. 이 느낌이 좋아 입사 후 한동안 일찍 출근했다.

행복한 여유도 잠시. 시스템이 켜지고 업무가 시작된다. 일반 사람들이 보는 것과 달리 도서관의 아침은 분주하다. 상호대차(도서관 간에 이루어지는 대출서비스)를 확인하고 다른 도서관으로 보내야 할 책과 반납된 책을 정리한다.

견학이 있는 날을 더 바쁘다. 아이들이 견학하러 오기 전에 오전 업무를 마치지 못하면 하루 일정이 밀리게 된다. 와글와글, 아이들이 도서관으로 들어오는 소리가 들리기 전에 서류 작업과 책 정리를 마쳐야만 한다.

견학 오는 아이들은 한 그룹이 보통 20~50명 정도이지만 많을 때는 80여 명에 이르기도 한다. 도서관이용법에 관한 애니메이션을 보여준 후 간단한 설명을 하고 열람실로 아이들을 안내한다. 아이들은 어느새 도서관을 즐기고 있다. 여기까지는 어려울 게 없다. 견학이 끝나고, 우렁찬 목소리로 "고맙습니다!" 하고 배꼽인사를 하는 아이들에게 손을 흔들며 답례를 하고 나면 이제부터 다시 일이 시작된다.

아이들이 썰물처럼 빠져나간 열람실은 적막하다. 나는 열람실을 견

:: 늘 이렇게 얌전하게 책을 보면 얼마나 좋을까. 어린이도서관 사서는 어디로
튈지 모르는 개구쟁이들 때문에 항상 주의를 기울여야 한다.

학 전으로 되돌려놓는 일을 시작한다. 오랜만에 단체로 서가 밖을 구경
한 책들이 산을 이루고 있다. 처음처럼 깔끔하게 되돌려놓지는 못해도
어느 정도 정리를 해 놔야 마음 편히 점심을 먹을 수 있다. 그렇지 않으
면 뭐랄까, 세수와 양치를 안 한 채 집 밖으로 나온 기분?

오후 일정은 책 납품. 주문한 책이 잘 도착했는지 확인(검수) 후 우
리 도서관의 책이 됐다는 것을 컴퓨터에 입력하는 작업(태깅)을 한다.
빌리지 않은 책을 가지고 도서관을 나가면 삐삐~ 소리가 나는 것은 눈
에 보이지 않는 곳에 도서관 책이라는 꼬리표가 숨어 있기 때문이다.

다른 사람보다 먼저 새 책을 받아 보는 일은 언제나 나를 설레게 한
다. 500권, 1000권을 넘어가기 전에는 그랬다. 책이 늘어날수록 어깨와
허리가 뻐근해 온다. 납품 목록에는 있는데 실제로 책이 없으면 몇 번
씩 확인해 가며 책을 찾느라 눈이 시큰해진다. 장비 작업(라벨과 바코

드 등을 붙이는 작업)을 외주로 돌려서 한결 수월해지긴 했지만 확인하는 일만큼은 사서의 책임이다. 한번은 외주 장비업체가 바뀌면서 우리 도서관의 규칙에 맞지 않게 장비된 책들이 들어와 400여 권의 책을 모두 반송한 적도 있다.

책이 들어오는 동안 열람실에는 여전히 이용자들이 많다. 유아열람실에서는 두 명의 사서가 한 조를 이뤄 같이 일하는데 서로 '짝지'라고 부른다. 열람실을 잠시 비울 수 있는 것도 짝지 덕분이다. 내가 수서(도서 구매)를 맡고 있어 책이 들어오는 날은 내 짝지가 바쁘다. 열람실에서 대출, 반납, 정리를 혼자 해야 하니 일이 두 배가 된다. 그래서 마음 맞는 짝지는 늘 든든하고 고마운 동지다.

검수와 태깅이 끝나면 잘못 들어왔거나 훼손된 책을 돌려보낸다. 다음은 지출에 필요한 서류를 챙기는 일이다. 견적서, 납품서, 청구서 등 여덟 가지가 넘는 서류를 챙기고 숫자를 확인하는 작업은 중요하지만 결코 쉽지 않은 일이다. 금액이 커서 여러 번 신중하게 검토하고 거듭 확인해야만 한다.

오후 6시. 도서관 폐관 시간을 알리는 음악이 나오면 공식 업무는 여기서 끝이다. 물론 일반 직장처럼 비공식 업무가 기다리기도 한다. 매년 수천 권씩 새 책이 들어오지만 공간은 한정돼 있는 열람실에 마술처럼 책을 비치하는 일이 대표적이다.

어린이도서관 유아열람실의 하루는 그야말로 '다이내믹'하다. 열람실에 온돌이 설치되어 있어서 맨발로 들어오는 아이들이 많은데 쿵쿵 발을 구르며 몰려다니곤 한다. 놀다가 울거나 떼쓰며 소리 지르기는 다반사다. 모험을 즐기는 아이들은 서가를 타고 넘어 다니고 좁은 구석으로 기어 들어갔다가 몸이 끼여서 우는 경우도 있다.

나에게 도서관이란 기침 소리까지 실례가 될 수 있기에 조용해야 하는 곳, 또각또각 소리가 나는 구두를 신고 다니는 것도 신경 써야 하는 곳으로 정의되어 있었다. 그래서일까, 한동안 다이내믹한 이 열람실에 적응하기가 쉽지 않았다. 내가 옳다고 생각했기에 어떻게 아이들과 부모들을 바꿔 볼 수 없을까를 고민하기도 했다.

영화 〈아바타〉가 나의 그런 고정관념을 바꿔 놓았다. 사고로 하반신이 마비된 남자 주인공 제이크가 아바타의 몸을 얻어 서고 걷고 달리는 장면이 나온다. 의료진은 말리지만, 그는 아바타의 발가락과 발목에 힘을 주어 바닥을 딛고 일어서 실험실을 박차고 뛰어나가 맨발로 흙을 느끼며 달릴 수 있다는 데 행복을 느낀다.

아이들도 어쩌면 그와 같지 않을까. 기어 다니던 아이가 어느 날 걸음마를 하고 발에 힘을 주어 생애 처음으로 걷거나 뛰게 된다. 다리에 힘이 실리고 발이 바닥에 닿아 쿵쾅거리는 느낌이 얼마나 신기할 것이며, 그와 같이 신기한 것들로 가득한 세상으로 뜀박질해서 나아갈 수 있다는 게 얼마나 즐거울까. 영화를 본 후 내가 그간 아이들을 너무 몰랐던 것이 아닐까 생각하게 됐다. 아이들의 위치에 서 보니 '도서관에서는 당연히 그렇게 해야 해. 그러니까 안 돼!'라는 규칙을 적용하기가 힘들어졌다.

쾌적한 열람실 유지와 사고 방지는 사서의 중요한 의무 중 하나이기에 과하다 싶을 만큼 뛰어다니는 아이들에게 주의를 주기도 하지만 예전처럼 무조건적인 '안 돼!'는 아니다.

유아열람실의 풍경은 앞으로도 다이내믹을 유지할 것이고 난 아이들에게 정해진 규칙을 알려 줄 것이다. '규칙이니까 무조건 지켜야 하는 것'이 아닌 '많은 사람들과 함께 지내려면 꼭 필요한 것'이라고.

세상에서 가장 존경스러운 분, 부모님

유아열람실 서가의 70퍼센트 이상이 동화책이다. 덕분에 내 독서목록에도 동화책이 많다. 처음부터 동화책을 좋아한 것은 아니다. 어린이도서관 사서는 동화책에 대해 잘 알아야 하기에 하루 두 권씩 할당량을 정해 놓고 의무적으로 읽었다. 적어도 권장도서와 추천받은 동화책은 읽어 두어야 학부모 이용자들의 질문에 제대로 답을 할 수 있고, 책을 구입할 때도 최근 트렌드를 파악하는 데 도움이 되기에 시작한 일이다.

어린이도서관에서 일하면서 존경의 대상도 바뀌었다. 고귀하고 높은 직위에 있는 어떤 분보다도 더 위대한 분이 바로 부모님이라고 생각한다. 우리 도서관에는 개구쟁이 아이들에게 책을 읽혀 온순하고 착한 아이로 바꿔 놓는 어머니가 있는가 하면, 생업으로 주중에 피곤했던 몸을 이끌고 나와 주말마다 아이들에게 책을 읽어 주는 아버지도 있다.

이곳에서 나는 수많은 이용자들을 보게 되는데, 부모와 같이 책을 읽으며 생각을 키운 아이들은 말과 행동이 남다르다. 왜 부모가 아이의 거울인지 내 눈으로 확인하게 된다. 그들은 세계 평화의 선봉자나 인류를 위한 백신 개발자보다 더 중요한 일을 도서관에서 하고 있다. 아이들은 전교 1등 학생으로 자라지 않을 수도 있지만, 옳고 그름을 알고 상대의 입장을 이해하는 어른이 될 것이다.

동화책을 알게 되고 고귀한 부모들을 만나면서 내 책임감은 더욱 커졌다. 더 좋은 책을 고르고 더 잘 관리해 사람들이 책과 만나게 하는 일 그리고 더 많은 꿈을 꾸게 해 주는 일이 내가 할 일이다. 그 일을 잘 해내고 싶다.

자원봉사 학생, 그대가 나에겐 보물

우리 열람실에는 보물과도 같은 중고생 자원봉사 학생들이 있다. 어린아이들에게 영어책을 읽어 주고 책 정리를 도와준다.

입사한 지 두 달쯤 되었을까, 외국인학교 학생과 어머니가 찾아왔다. 유아들에게 영어 동화책을 읽어 주겠다고 했다. 하지만 그들에게 유아를 대상으로 한 봉사는 쉬운 일이 아니었다. 영어를 잘하는 것과 재미있게 영어 동화책을 읽어 주는 일은 별개의 일인 까닭이다. 아이들이 오지 않아 학생들이 허탕을 치기도 하고 아이들이 중간에 듣다가 나와 버리는 경우도 부지기수였다. 기운이 빠진 학생들은 1년을 채우지 못하고 봉사를 끝내고 말았다. 홍보가 잘 안 되었고 영어 동화책 읽어 주는 시간을 아이들이 적은 오전에 잡아서 잘 안 되었던 것이다.

나는 실패를 거울삼아 다시 시작했다. '언니와 함께하는 영어동화'라고 그럴싸하게 프로그램 제목도 정하고 봉사하러 오는 학생들도 내가 직접 뽑았다. 유학파도 많고 우등생이라 영어 실력은 따로 물어볼 필요가 없다. 나는 학생들에게 "영어 잘해요?"를 묻기 전에 "아이들 좋아해요? 동생 있어요?" 하고 물어봤다. 영어를 처음 접하는 유아들에게 영어를 알려 주려면 먼저 그들과 친해져야 한다. 아이들을 좋아하고 교감할 수 있는 학생들이 유아들과 잘 지낼뿐더러 솔직한 유아들의 행동에 상처를 받지 않기 때문이다. 그렇게 시작한 봉사는 이제 자리를 잡았다. 학년이 바뀌면 학업 문제로 봉사를 관두는 학생이 있지만 늘 또 다른 성실한 학생이 나타나 프로그램을 계속 이어 가고 있다.

또 다른 보배는 배가(도서 정리)를 도와주는 학생들이다. 바쁠 때 특히 큰 힘이 된다. 처음 만난 학생들은 민경이, 민철이. 생색내기용 봉

:: 중고생 자원봉사 학생들은 어린이도서관에서 없어선 안 될 존재들로 당당히 한몫을 해내고 있다.

사활동에 몇 번 실망한 적이 있어 처음에는 그 학생들이 썩 내키지만은 않았다. 넉살 좋은 그들의 행동이 눈에 거슬리기까지 했다. 하지만 그들은 곧 진가를 발휘했다. 밝고 친절한 성격과 하나를 알려 주면 둘을 깨우치는 명석함 그리고 시킨 일보다 더 많은 일을 해내는 성실함이 내 편견을 깨뜨리기에 충분했다. 이제 그들은 우리 열람실에 없어서는 안 될 보배들이 됐다. 그리고 나는 일일 봉사를 하러 오는 학생들 중에서 성실한 학생을 발견하면 넌지시 다가가 정기적으로 도서관 봉사를 할 생각이 없냐며 스카우트 제의를 하는 일을 서슴지 않게 됐다.

새로 준비하는 봉사단도 있다. 초등학생들로 구성된 봉사단인데, 도서관을 알고 싶어 하고 도서관에 기여하고 싶어 하는 학생들이 있다면 도서관도 그 학생들에게 뭔가 해 줄 수 있지 않을까 하는 생각에서 짝지와 함께 기획한 일이다. 초등학교 6학년 중 봉사를 원하는 학생으로 한정해 일정한 교육을 거친 후 다방면에서 봉사할 수 있는 고급 봉사자(?)로 투입할 계획이다.

　도서관대회에 참가해 '모퉁이 도서관'이라는 작은 어린이도서관을 견학한 적이 있다. 작은 규모인데도 도서관을 체계적으로 운영하는 것에 감탄했더니, 관장님이 "우리 도서관을 만든 분들은 도서관을 위해 5년 이상 봉사를 해 주신 분들이랍니다." 하며 자원봉사자 명단을 자랑스럽게 보여 주셨다. 백번 공감한다. 바빠서 책 정리는 엄두도 못 내고 있을 때 산처럼 쌓인 책 수레를 말끔히 비워 내는 학생들을 보면 '목장갑을 낀 천사'가 따로 없다.

모두가 문화 혜택을 누리는 그날까지, 포레버~ 도서관

　축제, 파티, 이벤트는 늘 우리를 들뜨게 한다. 놀이동산에서 열리는 각종 축제는 포스터만 봐도 설레고 청계천 등불축제, 한강의 불꽃놀이는 생각만으로도 행복을 가져다준다.

　그러나 막상 기획자가 되면 행복보다는 긴장이 앞선다. 사서는 이벤트 기획자가 되기도 한다. 행사의 콘셉트를 잡고 세부 내용을 정하고 장소를 섭외하고 예산을 점검하는 등 이벤트 기획부터 참석자 명단 작성, 초대장 발송, 포스터 및 현수막, 공고문 등의 주문 혹은 제작, 풀과 색종이부터 천막, 돗자리에 이르는 물품 준비, 행사 전 도서관 꾸미기 등 처음부터 끝까지 해야 할 일이 한두 가지가 아니다. 게다가 우리 도서관은 크지 않아 행사를 하려면 직원들이 모두 달려들어야 한다. 행사 당일은 전 직원이 비상이다. 아무리 꼼꼼하게 챙겨도 꼭 일이 터지기 때문이다.

:: 도봉어린이행사에서 동화 속 주인공으로 분장한 학생들과 필자.

크리스마스 이벤트를 한 적이 있다. 자원봉사 학생들과 함께 진행했는데, 산타에게 편지 쓰기, 산타 마을 만들기, 산타와 사진 찍기 등으로 구성된 체험 행사였다. 홍보가 안 되어 참여자가 없을까 걱정을 했지만 기우에 불과했다. 아이들이 너무 많이 와 대성황을 이뤘던 것이다. 많이 참석해 주어 고마웠지만, 아뿔싸, 선물이 모자라는 게 아닌가. 부랴부랴 사탕 봉지를 만들고 사탕을 구해 채우느라 정신이 없었다.

이렇게 애써 준비한 행사가 끝나면 주변에서 칭찬이 쏟아진다. 기분이 으쓱해 웃고 있는데, 어디선가,

"다음 행사는 언제 해요? 주말마다 하나요? 매주 행사가 있으면 좋은데…."

헉! 그래도 칭찬은 늘 나를 움직이는 힘이다.

미국에 이민을 간 가난한 청년이 도서관은 누구에게나 무료로 개방된다는 것을 알고 도서관에서 많은 시간을 보내다 훌륭한 사람이 됐다.

그가 바로 언론인 퓰리처다. 그의 이야기를 담은 '도서관은 공짜' 라는 만화는 공공도서관의 의의를 재미있으면서도 쉽게 보여 주어서 한동안 게시판에 게재했었다.

공공도서관은 '공짜'다. 신분, 나이, 직업, 국적, 소득 등에 차별 없이 모든 이에게 똑같이 정보와 지식을 제공한다. 공짜라는 것은 소득이 정보 접근의 기준이 되어서는 안 된다는 것과 배움의 기회가 공평하다는 의미다. 이제 도서관은 뮤지컬, 연극, 공연 그리고 각종 체험 활동까지 누구나 누릴 수 있는 문화공간으로 변하고 있다.

스마일~ 나는 어린이도서관 사서다

매년 봄이면 우리 도서관 근처에 있는 초등학교 어린이들이 마을을 위해 수고하는 분들을 인터뷰한다. 학교 선생님이 내준 과제란다. 감사하게도, 수고하는 분들 중에 나도 있다. 나에게는 늘 왜 사서가 되었는지를 묻는다. 이 질문에 대한 답은 늘 같다. '정말 하고 싶어서.'

나는 아직도 내가 무엇을 해야 잘하고 또 무엇에 행복해하는지에 대한 분명한 답을 얻지 못했다. 다만 내가 소망하는 미래는 늘 조금씩 바뀌었지만 그 안에는 언제나 도서관이 있었다.

'그래! 사서는 내가 선택한, 내가 좋아하는 일이야.'

어느새 안면 근육에 힘이 들어가고 입꼬리가 올라가 있다.

스마일~ 나를 보고 아이들이 즐거워한다.

책 향기 그윽한 도시를 꿈꾸며

| 송영희 |

건국대 도서관학과를 마치고 1988년부터 지금까지 포항시립도서관 사서로 일하고 있다. 포항시립도서관에서 독서진흥 및 독서·문화행사 총괄하고 있으며, 2015년까지 포항시에 50여 개의 작은도서관을 만들고 시립도서관과 연계해 안정화하는 것을 목표로 신명 나게 일하고 있다.

고등학교 시절 늘 그랬듯이 그날도 시험을 앞두고 공부하러 도서관에 갔다. 국어사전을 미처 챙겨 오지 못해 열람실을 두리번거리고 있는데 도서관 직원이 다가와 "장서실 구경해 볼래요?"라며 나를 장서실로 데리고 갔다. 1980년대만 해도 공공도서관 장서실은 완전 폐가식으로 운영되었기 때문에 직원들만 들어갈 수 있는 통제구역이었다.

엉겁결에 들어선 장서실에는 일렬로 늘어선 서가에 빼곡히 꽂힌 책이 장관을 이루고 있었다. 도서관을 독서실 드나들듯 했었지만 그렇게 많은 책은 본 적이 없었다. 눈을 동그랗게 뜨고 두리번거리던 나에게 도서관 직원은 검은 가죽 장정에 이희승 박사가 쓴 두꺼운 『국어대사전』을 건넸다. 세상의 모든 언어가 수록되어 있을 것만 같은 근사한 사전이었다. 늘 책을 가까이 둘 수 있는 그가 부러워서 나는 "도서관에서 일하려면 어떻게 해야 하나요?"라고 물었다.

사서, 사색을 아는 고상한 직업?

소설책 한 권을 진중하게 읽어 본 기억을 찾기도 어려운 나에게 장서실은 책이 전하는 감동의 물꼬를 터 주었다. 그 소중한 기억은 자연스럽게 나를 도서관학과로 이끌었다.

1988년, 대학 졸업을 앞두고 포항에 있는 언니에게 놀러 갔다가 포항시에서 사서직을 채용한다는 소식을 들었다. 졸업 증서와 사서 자격증으로 서류 심사에 통과했고 도청에서 면접을 봤다. 그때만 해도 사서 자격증이 있는 대학 졸업자가 많지 않았기에 그해 7월 사서직으로 특별 임용되었다. 장서실에 꽂힌 수십만 권에 이르는 책의 주인이 된 것만 같았다. 철학, 종교, 과학, 사회, 예술, 어학, 문학, 경제, 경영 등 다양한 분야의 책들은 내게 벗이 되고 인생의 멘토가 되어 줄 것이었다.

사색을 아는 고상한 직업이 사서라고 여겼건만, 정작 업무를 시작하고 보니 사색이니 고상이니 하는 말은 눈 씻고 찾아보려야 찾아볼 수가 없었다. 매달 2톤 트럭에 수천 권의 새 책이 정리실로 들어오면 하루 종일 DB에 데이터를 입력하느라 눈과 어깨가 뻑뻑해지기 일쑤였다. 가능하면 빨리 이용자들에게 제공해야 했기에 손을 쉬게 할 수도 없었다. 장서실의 서가를 재정리해야 할 때면 책이 귀하기커녕 얄밉고 귀찮은 존재로 느껴지기도 했다. 산더미처럼 쌓인 책과의 끝날 줄 모르는 씨름으로 체력은 바닥을 드러내고 몸살이라도 걸리면 괜스레 서글퍼서 콧잔등이 시큰했다. 대대적인 서가 정리가 끝나면 팔과 다리가 근육통으로 쑤시고 밤새 허리 통증에 시달려 이튿날 아침에는 일어날 힘조차 없었다. 사색과 정신노동을 기대했던 초보 사서는 고된 육체노동에 한의원을 찾아가 침을 맞고 보약도 챙겨 먹어야만 했다.

하지만 따끈따끈한 새 책을 제일착으로 볼 수 있는 사서의 특권은 육체적 고통을 버틸 수 있는 힘이 된다. 현재 대학생이 된 내 아들도 사서 엄마를 둔 덕분에 어릴 때부터 그 혜택을 누렸다. 주말이면 나와 함께 출근해 누군가 데려갈 때까지 책을 읽으며 놀았던 아들은 스스로 공부하는 분위기를 깨우쳤고, 궁금한 것이 생기면 제일 먼저 도서관을 찾았다. 지금까지 책 한 권 사 주지 않았지만, 도서관이 아들의 눈과 귀와 마음을 열어 주고 지식의 참맛을 느끼게 해 주었다.

요즘은 인터넷의 발전으로 궁금한 건 뭐든 검색해 볼 수 있기에 아이들이 책 읽기를 게을리하는 것 같아 안타깝다. 차가운 디지털 세계에 젖어 있는 아이들이 따뜻하고 다정다감한 도서관에서, 학생 시절 내가 그랬듯이, 책이 주는 따뜻한 감동과 희열을 느꼈으면 좋겠다.

책, 사람 그리고 도서관

공공도서관은 유아부터 노년에 이르기까지 다양한 연령층이 고루 이용한다. 따라서 사서는 모든 계층을 아우를 수 있도록 장서를 구비해야 한다. 그리고 사람들이 원하는 책을 쉽게 찾아 읽을 수 있도록 정리함으로써 책과 시민을 이어 주는 연결고리 역할을 해야 한다. 이를 위해서는 책의 내용도 잘 알고 있어야 한다. 도서관 이용자들의 손길이 닿을 때 비로소 책은 양서가 된다. 그래서 사서는 카운슬러다.

장서는 대부분 정해진 예산으로 구입하지만 시민들의 기증도 장서 구축에 도움이 된다. 2008년 개정된 '기부금품의모집및사용에관한법률' 제5조 제1항 규정에 따라 현재는 자발적인 도서 기증만 받고 있지만 예전에는 도서기증운동을 통해 장서를 확보하기도 했다.

"수고하십니다. 여기가 도서 기증하는 곳인가요?"

"네, 어떤 책을 기증하시려고요?"

"어린이책을 기증하고 싶은데 도서관에 이미 있을지도 몰라서 현금을 내려고 하는데요."

"감사합니다. 하지만 직접 돈을 받을 수는 없으니 계좌번호를 알려 드릴게요."

"번거로워서 그러니 직접 받아 처리해 주실 수는 없나요?"

"그럼, 제가 직접 입금을 하고 영수증을 보내 드리겠습니다."

2007년 5월 7일, 포은도서관 개관에 맞춰 부족한 장서를 채우기 위해 '범시민 도서 기증의 날' 행사를 할 때였다. 희끗한 머리를 한 초로(初老)의 어르신이 어린이들을 위한 책을 사 달라는 부탁과 함께 수표를 내놓았다. 대개는 단체들이 기증운동에 참여하는지라 직접 도서관을 찾아와 기금을 건네는 개인은 처음이었다. 나중에 나는 그분을 모 간행물에서 필자로 만났다. 포항문인협회 회원으로 활동하는 문인이셨던 것이다. 언제든 우연히라도 다시 만나 뵙게 된다면 차 한 잔 정성껏 대접하고 싶다.

기증을 원한다면 누구든 언제든지 공공도서관에 기증할 수 있다. 근래에는 이사를 가면서 정리한 책이나 자녀들이 다 커서 안 보는 책을 기증하는 경우가 많은데, 때로는 중고 서점에서도 취급하지 않을 정도로 낡고 파손된 책을 기증하겠다는 분도 있어 곤란한 지경에 처하기도 한다.(사서는 폐품 처리자가 아니란 말이지요.) 그러나 대부분의 기증자들은 마치 잘 키운 딸을 시집보내듯 아쉬워하며, 많은 사람들이 볼 수 있게 해 달라고 당부하며 말끔하게 정리한 책을 우리에게 건넨다.

기증받은 책 중 도서관에 이미 있는 책은 학교도서관이나 다른 도서관에 다시 기증한다. 집에서 먼지를 덮어쓴 채 잠자고 있는 책도 기증이라는 알람이 깨워 주기만 하면 다시 정보를 쏟아 낼 수 있다는 것을 많은 사람들이 알아주었으면 좋겠다.

5년 전만 해도 우리 도서관은 전국 최하위권 규모로 포항 시민들조차 잘 모를 정도였다. 그러나 2007년부터 운영 방식을 완전 개가식으로 바꾸고 자료실 이용 시간을 오후 10시로 연장해 직장인들도 이용할 수 있도록 하였다. 학습 공간인 열람실은 1년 365일 쉬는 날이 없다.

현재 포항시는 5급 관서로 시립도서관 본관을 비롯해 5개의 분관과 31개의 작은도서관을 총괄하고 있다. 본관의 사서인 나는 포항시 전체 도서관의 사서 업무를 총괄하면서 도서관의 기본 운영 방침, 장서 구성, 당해 연도의 독서진흥사업을 추진하고 있다. 사서들의 의견을 수렴해 서비스 확대를 위한 내부 규칙을 정하고 포항시 모든 도서관이 참여하는 도서관 행사를 추진하기도 한다.

지역 주민과 더 가까워지기 위한 노력, 작은도서관

포항시는 시립도서관을 이용하기 어려운 시 외곽에 거주하는 시민들을 위해 지난 2008년부터 작은도서관을 만들기 시작했다. 대부분의 지방자치단체에서는 시, 군의 건설환경사업소나 문화예술과가 시설을 맡고 사서는 도서관 운영을 맡아 하는데, 포항에서는 시립도서관과 작은도서관의 원활한 협력을 위해 포항시립도서관이 직접 구축하기 시작했다. 그해 5월 죽장면에서 '선바위 작은도서관' 개관을 시작으로 포항 전역에 31개소가 생겨났다. 작은도서관은 2014년까지 50개소로 확대될 예정이다.

포항시에는 사서 11명이 본관과 분관 등 총 6개 도서관을 관리하고 있다. 그렇지 않아도 턱없이 적은 인원에 업무가 늘 많았는데, 작은도서관까지 생겨서 몸이 두 개라도 버티기 어려울 정도가 되었다.

해결 방법은 2010년 문화체육관광부가 시행한 순회사서제에서 찾았다. 그해 포항시는 순회사서 5명을 지원받았다. 하지만 새내기 사서가 대부분이라 문화 프로그램 운영이라든가 도서관리 프로그램(KOLASYS) 활용 등 전문적인 업무를 맡기기가 어려웠다. 포은도서관은 순회사서의 실무 능력을 키우기 위해 전용 PC를 설치하고 매주 월요일마다 도서관 업무 노하우를 전수했다. 재치 있고 순발력 있는 순회사서들은 하나를 가르쳐 주면 둘을 터득했다. KDC(한국십진분류법)에 근거해 책을 정리하고 이용자들이 원하는 도서를 제공하며 방학 때는 1일 독서교실을 함께 운영할 수준에 이르렀다. 또 재능 기부자를 직접 발굴해 독서·문화 프로그램을 짜고 읍, 면, 동 주민들에게 서비스하여 호평을 얻기도 했다. 작은도서관에서 문예창작 프로그램을 수료한 주민들이 동아리를 만들어 토론 모임을 갖는 등 점차 작은도서관은 자리를 잡아 갔다.

그해 8월 전국의 순회사서들과 공공도서관 및 지자체 관계자들, 작은도서관 운영자들이 참석하는 '작은도서관 워크숍'이 열렸는데 포항시가 성공 사례로 뽑혀 발표도 하였다. 지역 주민들과 도서관의 거리를 좁혀 나가는 데 순회사서들의 노력이 컸다. 작은도서관을 구축해 나가면서 느낀 점이 하나 있다면, 아무리 작은 도서관일지라도 도서관다운 면모를 갖추고 서비스의 품질을 높이려면 반드시 사서가 있어야 한다는 것이다.

"사서라서 행복해요" – 그리운 박완서 선생님

"아~ 내가 나이가 많아서 포항까지 가기 힘들어요. 또 두 시간에 이르는 행사를 하기도 어려울 것 같아요."

"그냥 의자에 앉아 계시기만 하면 됩니다. 50만 포항 시민의 초청이니 거절하지 말아 주세요."

"흠…. 그럼, 행사장에 의자를 준비해 주세요. 그리고 행사 요지는 등기로 보내 주세요. 챙겨서 볼게요."

2006년 6월 우리 도서관은 한 권의 책으로 시민 공감대를 조성하고 책 읽는 도시문화를 만들기 위해 '한 도시 하나의 책(One Book One City)' 독서운동을 야심차게 준비했다.

첫 책으로 박완서 선생님의 『잃어버린 여행가방』을 선정하고 작가를 초대하고자 선생님께 전화를 했지만 연락이 닿지 않았다. 한 달 후 선생님의 맏딸 호원숙 작가와 겨우 연락이 되었지만, 선생님이 한 달 동안 출타 중이라는 소식만 들었다. 호 작가는 다시 전화해 달라고 했고, 그로부터 한 달 뒤 마침내 선생님의 목소리를 들을 수 있었다.

드디어 9월. 행사장인 문화예술회관에는 울산, 울진, 경주, 대구는 물론 멀리 강원도에서 온 1000여 명의 독자들이 자리를 메우고 있었다. 그런데 예정된 시간이 지나도록 선생님이 도착하지 않았다. 작가는 언제 오냐며 객석에서 불평의 소리가 쏟아졌다. 등줄기에 식은땀이 흘렀다. 다급한 마음에 고속도로 인터체인지까지 마중을 나갔다.

"새벽에 길을 나섰는데 차를 오래 탔더니 멀미가 나서 자주 쉬어 가며 오다 보니 늦었네요."

그렇다. 포항은 교통 오지다. 선생님은 7시간 넘게 차를 타고 오시느라 안색이 핼쑥한 것이 많이 피곤해 보이셨다. 그래도 선생님을 뵌 나는 안도의 한숨이 절로 나왔다.

"내가 작가가 되는 데 어머니의 영향이 컸어요. 어머니는 시집올 때 궤짝에 책을 가득 싣고 오셨어요. 『장화홍련전』, 『콩쥐 팥쥐』 같은 이야기책이었는데 어릴 때 어머니께서 읽어 주고 또 읽어 주셨지요. 아마도 그것이 계기가 되어 작가가 된 것 같아요. 나는 마흔 넘어 입문한 늦깎이 작가예요. 데뷔하는 데 나이가 따로 없어요. 젊은 시절에는 주부인 내가 있었을 뿐 작가로서의 나는 없었어요…."

예정 시간보다 40분 늦은 강연회는 그렇게 시작되었고 짜증을 내던 독자들은 어느새 선생님의 이야기에 빠져들었다.

강연이 끝나고 사인회가 이어졌다. 식사도 제대로 못한 선생님이 사인회까지 하시는 건 무리라 생각되어 취소하려 했지만, "나를 찾아 주셔서 고마운데 사인회는 당연히 해야지요."라며 선생님은 길게 줄을 선 독자들에게 이름을 묻고 짧은 대화를 주고받으며 사인을 하셨다.

행사가 끝난 후 횟집에서 저녁 식사를 하였다. 대화가 무르익자 나는 연락하는 데 애를 많이 먹었다고 말씀드렸다. 그러자 선생님은 "아이고, 미안해요. 내가 그때 여행 중이었어요. 일 년에 한 번 티베트를 가는데 이제 나이가 들어 고산지대를 오를 때는 숨이 차요. 그래도 티

:: 2010년 '세계 책과 저작권의 날'을 기념하는 독서 릴레이 행사에서 사회를 맡은 필자.

베트 여행에서 늘 많은 것을 얻고 와요."라며 여행의 즐거움을 전해 주셨다.

시장하셨던지 선생님은 저녁을 정말 맛있게 드셨다. 그리고 포항에 더 머물고 싶지만 다음 날이 선생님 생신인지라 가족 모임이 있다시며 식사 후 바로 떠나셨다.

돌아보면 고생을 너무 많이 시켜 드린 것 같아 죄송스러우면서도, 소녀같이 맑은 자태에 인자한 미소를 머금고 독자들의 쏟아지는 질문에 정성껏 대답해 주시던 선생님이 나는 지금도 그립다.

2011년 1월 박완서 선생님은 세상을 떠나셨고 13억 전 재산을 서울대학교에 기부하셨다.

이렇게 저명한 작가 분들과 가까운 만남을 갖고 소중한 또는 아기자기한 기억을 쌓을 수 있는 것 역시 사서의 색다른 행복이다.

지난해에는 포항 환호해맞이공원 일대에서 1000여 명의 시민과 피서객이 참여한 가운데 '휴가철 숲속문고 & 북콘서트'를 열었다. 행사를 진행할 때는 미처 몰랐는데, 집에 돌아와서 보니 뾰족한 힐에 발이 눌려 발톱에 시퍼렇게 피멍이 들어 있었다. 그래도 행사를 성공적으로 마쳤으니 발톱 상한 것쯤이야 조금도 대수롭지 않았다.

잔칫집이 북적거려야 제격인 것처럼 행사에는 많은 사람들이 와서 함께 즐겨야 제격이다. 라디오, 지역신문, 방송, 홈페이지 게시판, 심지어 문자 발송과 아파트 게시판에 홍보 포스터 붙이기까지 발로 뛰어다니며 행사를 알리는 건 필수다. 홍보뿐 아니라 부스 운영과 의전 등 행사를 진행할 때는 신경 써야 할 것이 한두 가지가 아니다. 또 행사를 위한 한정된 예산에 갇혀 있어서도 안 된다. 문화체육관광부, 국립중앙도서관, 한국도서관협회 등이 지역도서관에 지원하는 프로그램을 신청하면 얼마든지 새로운 일에 도전할 수 있다. 그렇게 하나하나 도와줄 우군을 찾아낸다면 시민들에게 다양한 도서관의 매력을 전할 수 있다.

사서는 도서관의 꽃이다

1990년대 초 우리 도서관에 처음 컴퓨터가 보급되었다. 지금은 전설이 된 DOS용 컴퓨터 한 대를 혹여 누가 훔쳐 갈까, 나무 상자를 제작해 그 안에 넣고 단단히 자물쇠를 채우는 등 애지중지 다뤘다. 컴퓨터를 한 번 이용할라치면 대장에 서명을 하고 열쇠로 상자를 열어서 부팅을 했다. "잘못 건드리면 정보가 다 날아간다."는 관리자의 엄포에 손을 떨며 조심스레 자판을 두드렸던 생각을 하면 지금도 웃음이 난다.

:: '포항도서관의 꽃' 사서들의 회의 모습.

이후 10년이 지난 2000년 문화관광부(현 문화체육관광부)는 공공도서관의 디지털화를 위해 예산을 대폭 지원했다. 그러나 그때 우리 도서관에는 사서만 달랑 셋뿐이라 서버가 뭔지, 클라이언트가 뭔지 개념조차 잡지 못했다. 전산직 사원 채용을 무작정 기다리고만 있을 수는 없었다. 나는 팔을 걷어붙이고 전국의 도서관을 찾아다니는 장기교육을 자처했다. 또 시청 정보통신과 전산직 공무원을 찾아다니며 조금이라도 더 배우고자 하였다. "이가 없으면 잇몸으로"라는 각오로, 그러면서도 시행착오가 없도록 모르는 것은 완벽하게 이해할 때까지 묻고 또 물었다. '처음부터 잘 아는 사람은 없다. 열정을 갖고 배워 나가면 누구나 할 수 있다.'는 자신감은 당시 관장님의 격려와 믿음이 있었기에 가능했다.

드디어 2001년 우리 도서관에 냉장고 크기의 서버 6개가 전산실을 채웠고 80대의 클라이언트 PC를 한곳에서 통제할 수 있게 되었다. 그렇게 분관과 데이터를 교환하고 축적할 수 있는 전산화가 실현되었다.

그리고 이제는 한 걸음 더 나아가 전자책과 e-러닝 등 무료 강좌까지 웹으로 제공할 수 있게 되었다.

2000년대 초만 해도 DVD는 도서관 내에서만 열람할 수 있는 자료였다. 인심이 고약하다 여길 수도 있겠지만, 당시엔 고가의 자료라 대출보다는 보존이 우선이었다. 하지만 '한정된 공간과 시간 내에서 다 볼 수도 없고 신간은 순식간에 구간으로 가치가 떨어지는데 보존만이 능사일까?' 하는 생각에 과감히 대출을 결정했다. 이용자들은 대환영이었다. 아마도 우리 도서관이 국내 최초로 DVD 대출을 시도하지 않았을까 싶다. DVD 대출은 지금 생각해도 참 잘한 일인 것 같다.

2007년 장서 전체에 RFID(전파를 통해 원거리에 있는 정보를 인식하는 기술) 방식을 도입해 포항시립도서관의 전산화는 안정화에 접어들었다. 현재 포항의 도서관은 모두 네트워크로 연결되어 상호대차(도서관 간 대출서비스)가 가능하다. 특히 RFID로 전환한 후에는 대출과 반납의 정확성이 높아졌고 도서 분실율도 대폭 낮아졌으며 이용자들이 가방을 들고 열람실에 들어올 수 있게 되었다.

도서관 전산화 과정에서 내가 깨달은 것은 사서가 어떤 마인드와 열정을 갖고 일하느냐에 따라 도서관의 자료 보존과 서비스의 차이가 결정된다는 것이다. 사서는 '사서가 도서관의 중심이자 꽃'이라는 사실을 잊어서는 안 된다.

책 향기 그윽한 포항, 사서가 만든다

터키 이스탄불에 있는 아타투르크 공공도서관으로 연수를 갔을 때

도서관의 구조와 시설물들을 보며 부러워했던 기억이 있다. 도서관 설계 시부터 이용자와 관리자의 의사를 충분히 반영해 만들어졌기에 더욱 그랬다. 우리나라는 매년 60개 이상의 공공도서관을 마치 속도전을 벌이듯 개관하고 있지만, 정작 사서는 도서관 건축 설계 단계에 참여하지 못하고 있다. 사용해야 할 사람이 도서관 직원이고 사서들인데 말이다.

하지만 2014년 완공을 목표로 건립 중인 포항중앙도서관은 다르다. 도서관 실무자의 요구 사항과 의견을 적극 수렴해 세부 설계에 반영했다. 포항 대표 도서관이 제 역할을 다할 수 있도록 정성을 기울이고 있다. 사서의 숫자로만 따지면 포항도서관은 아직도 전국 꼴찌를 달리고 있지만 중앙도서관 개관과 함께 사서도 충원되리라 기대한다.

2년 후 그 웅장한 모습을 드러낼 포항중앙도서관! 포항 시민의 발길이 끊이지 않을 것이다. 책 향기 그윽한 포항이 기다려진다.

사서, 맛있는 정보를
요리하는 셰프

| 윤지현 |

이화여대에서 컴퓨터학과 문헌정보학을 복수 전공하고 동 대학원에서 문헌정보학 석사를 마쳤다. 2009년 (주)농심 R&BD 총괄 식문화연구팀 연구원으로 입사하여 농심식문화전문도서관 사서로 일하고 있다. 지은 책으로 『톡톡 튀는 도서관 정보서비스』(공저)가 있다.

“직업이…?”

“사서예요.”

“아, 네. 책 많이 읽으시겠네요?”

“은행원이 만진 모든 돈이 다 자기 돈이 아닌 것과 같아요. 하하.”

직업을 묻는 질문에 사서라고 하면 꼭 이런 질문을 받는다. 사서라는 직업을 선택하기까지 책 읽는 것을 너무 좋아했던 것이 그 바탕이 되었음은 의심할 여지가 없다. 대입 수험 때에도, 지금에도 책은 내 생활의 일부이고 지식정보의 근간은 책에 있다고 믿는다. 그러나 사서가 도서관에 있는 책을 읽는 직업은 아니다.

지금은 사서를 천직으로 여기고 있지만 애초부터 사서가 장래 희망은 아니었다. 고등학교 때 이과였던 나는 자연스레 공대인 컴퓨터공학과에 진학했다. 전공도 나름 재미있었지만 융합 학문에 관심이 많아 문헌정보학을 복수 전공하게 되었다. 내 눈에는 디지털도서관의 데이터베이스와 컴퓨터공학은 함께해야만 하는 학문이었다. 그래서일까, 문헌정보학의 매력에 흠뻑 빠지게 되었다. 다만 이질적인 분야의 공부를 동시에 하느라 학점 관리가 어려웠고 공부 방법이 달라 애를 많이 먹었다.

'문헌정보학의 이해'라는 학부 첫 기초 과목을 수강할 때였다. ○○와 ○○를 비교해 보라는 시험 문항에 공대 시험 때와 마찬가지로 표를 그려 두 가지를 비교, 정리해 자신만만하게 시험지를 제출했지만 뜻밖의 결과를 받았다.

"교직 생활 20년에 표로 비교하는 학생은 처음이었습니다. 인문사회 분야에서 '비교 분석'의 의미는 자신의 의견을 논리적으로 서술하라는 것입니다. 앞으로 서술 능력을 키워 나가기 바랍니다."

교수님이 되돌려주신 시험지에 적힌 조언이었다.

이후에도 이과와 문과의 연구 방법이 서로 다른 탓에 빚어지는 웃지 못할 해프닝이 계속되었다. 요즘이야 복수 전공의 대학 졸업장이 흔하지만 그 당시에 이과와 문과를 통섭한 나에겐 의미가 남달랐다.

졸업 후에는 전자회사에 취업하였으나, 내내 '이것이 과연 내 인생에 최선인가?' 하는 의문이 머리를 떠나지 않았다. 종국에는 문헌정보학을 더 공부하고 싶다는 답을 얻었고 대학원에 진학하였다.

나의 첫 번째 미션은, 도서관 개관

2009년 초 대학원 4학기를 마치고 (주)농심 R&BD 총괄 식문화연구

:: 필자의 손길이 안 닿은 곳이 없는 농심식문화전문도서관 서가.

팀 연구원으로 입사하였다. 나에게 주어진 미션은 그해 5월에 농심식문화전문도서관을 개관하는 것이었다.

지원할 때의 직군은 사서였지만 입사 과정은 일반 직군과 같아 인·적성 검사와 두 번의 면접을 거쳤다. 기업마다 채용 방식이 다른데, 농심은 대학 성적표 외에 고교 학교생활기록부를 요구하였다. 고교 성적표 요구는 정말 예상치 못한 것이어서 당황했던 기억이 있다. 마지막 면접은 프레젠테이션을 하고 임원진의 질문에 답하는 형식으로 이루어졌다. 포부를 묻는 질문에 나는 "두 가지 전공을 활용해 정보시스템, 양질의 자료 조직, 융합서비스를 겸비한 최고이자 최초의 식문화전문도서관을 내 손으로 만들고 싶습니다."라고 자신 있게 대답하였다. 그때의 다짐은 이후 나의 직업관이 되었고 그 목표는 지금도 변함이 없다.

입사가 결정된 후 도서관이 들어설 곳에 가 보니 총 330.4제곱미터(약 100평)의 빈 공간이 있었다. '아! 이곳에 서가를 배치하고 자료를 채워 넣고 서비스를 하는 게 내가 할 일이구나.' 하면서도 그저 막막하기만 하였다. 자료(책)의 등록번호 자릿수를 결정하는 소소한 일부터 도서관 규정을 정하고, 홈페이지를 만들고, 도서관 DB 시스템을 설계하는 큰일에 이르기까지 혼자서 결정해야 할 일이 많았다. 대학 문을 갓 나온 사회 초년생에게 의욕을 불러일으키기에 충분한 업무 환경이었지만, 한편으로는 막중한 책임감에 어깨가 무거웠다.

2009년 4월 23일, 5개월여의 준비 끝에 드디어 농심식문화전문도서관이 개관하였다. 식품, 영양, 식품공학, 식문화 관련 국내외 자료 2만여 권 이상을 보유한 우리나라 식품 분야 최고의 전문도서관이다. 더욱이 공공도서관의 기능도 일부 수행하고 있어서 외부 이용자에게도 열린 도서관이지 않은가.

전문도서관의 가장 큰 특징은 특정 이용자를 대상으로 전문적인 서비스를 하는 것이다. 기업의 전문도서관이라면 경제성 높은 서비스를 제공하여 모기업의 발전에 기여해야 한다는 의무가 하나 더 추가된다.

농심의, 농심에 의한 그러나 모두를 위한 맞춤형 정보서비스

농심식문화전문도서관은 기업도서관이고 또 식품 분야 전문도서관이다. 그렇다 보니 일반적인 도서관과는 다른 것이 몇 가지 있다. 그중 하나가 'DDC농심식문화전문도서관 수정판'이다. 우리 도서관은 식품과 식문화라는 특정 분야의 전문 자료를 많이 보유하고 있어 도서의 분류가 쉽지 않다. 자료 분류법은 국제적으로 가장 많이 사용하고 확장이 용이한 듀이십진분류법(DDC)을 이용하지만, 세분화된 식품 분야를

:: 향수를 자극하는 옛 광고 자료들은 외부 이용자들도 많이 찾는 인기 자료다.

포괄하기에는 한계가 있었다. 자료를 보다 체계적으로 조직하기 위하여 듀이분류법과 음식문화전문분류표 개발에 관한 연구 프로젝트를 근간으로 'DDC농심식문화전문도서관 수정판'을 만들었다. 쉽지 않은 과정이었지만 우리 도서관의 색이 잘 녹아 있어서 보람이 컸다.

도서관 하면 가장 먼저 떠오르는 것이 바로 '책'이다. 이용자들이 요청하는 희망도서는 꼭 구비하려고 하는데 최근에는 아마존에서도 구할 수 없는 책이 종종 접수된다. 그럴 때면 해외의 중고 서점 사이트 수십 곳을 뒤져 기어코 우리 도서관에 비치한다.

우리 도서관만의 특이한 컬렉션은 만화책이다. 물론 주제는 음식이다. 소프트한 콘텐츠에서 발상의 전환을 얻을 수 있기에 만화책은 단연 인기다. 연구원들이 실제로 이런 만화책에서 영감과 소재를 얻는다는 점이 재미있다. 『식객』, 『신의 물방울』 등 국내에 널리 알려진 만화 외에도 라면을 소재로 한 『라면요리왕』, 일본 철도 도시락 여행기 『에키벤』 등 음식과 관련된 것이라면 다 소장하고 있다.

사사(社史) 관련 자료의 소장 및 관리도 기업도서관의 주요 기능 중 하나다. 1982년 발간된 사보의 창간호는 물론이고 1960년대 이후의 제

:: 사내 북페어에서 흥행 대박이 난 선장법으로 제본한 고서들.

품 사진과 광고 등 역사적 가치가 있는 자료를 소장해 관리하고 있다. 우리나라 근현대 식품산업의 역사를 한눈에 볼 수 있어서 회사 내부는 물론 외부 이용자들에게도 인기다.

여기에 더해 나는 사내에 연 3회 '소(疏)·식(食)·지(智)'를 이메일로 서비스하고 있다. 음식문화 관련 콘텐츠와 함께 추천도서, 소장하고 있는 고서를 소개하고 아울러 도서관 정보 활용법을 곁들였다. 반응이 꽤 괜찮아 '소·식·지'를 보고 도서관으로 책이나 자료를 문의하는 이용자들이 많아졌다.

한편 (주)농심에서는 연 2회 연구원들의 아이디어를 겨루는 '인큐베이션 페어'를 개최한다. 이때 우리 도서관은 북페어를 열어 동참한다. 인큐베이션 페어에는 전사의 임직원이 방문한다. 농심인(人) 전체를 대상으로 도서관을 알릴 수 있는 행사이기 때문에 일반적인 북페어와는 다른 독특한 아이디어가 필요하였다. 나는 책을 나열하는 전시 방식 대신 전문적인 정보를 흥미롭게 전달하기 위한 퀴즈, 고서 읽는 법 등 이색적인 방법을 동원하였다.

특히 고서는 북페어에서 주목을 받았다. 나는 서지학에서 배운 선장(線裝)법, 즉 종이에 다섯 개의 구멍을 뚫어 빨간색이나 적갈색 끈을 끼워 고정하는 황색배지주사오침안(黃色背紙朱絲五針眼)으로 고서 영인본 100여 개를 만들어 북페어에 온 사람들이 직접 눈으로 보고 손으로 만질 수 있게 하였다. 처음 보는 고서에 흥미를 느끼는 연구원들이 많아 흥행은 성공을 거두었다.

2011년 7월에 열린 제2회 북페어에서는 식습관 관련 스마트폰 앱(어플리케이션), 음식 관련 SNS를 준비하였고, 그해 12월에 열린 제3회 북페어에서는 QR코드를 도입하는 등 매번 새로운 시도를 하였다.

늘 신선한 주제로 프로그램을 짜야 하는 북페어는 엄청난 노력과 스트레스를 동반하지만 그만큼 재미있고 뜻깊다. 연구원이 전시 자료를 뚫어지게 쳐다보거나 호기심 가득한 눈으로 질문을 던질 때면 나도 모르게 입가에 미소가 번진다. 한번은 친분도 없는 타 부서 팀장님이 "북페어에서 정보의 새로운 트렌드를 배워 가네요."라며 격려해 주기도 하였다. 이용자들의 이러한 격려와 칭찬 한마디가 얼마나 큰 힘이 되는지…. 그간의 스트레스를 날려 줄 뿐만 아니라 새로운 도전을 하게 되는 원동력이 된다.

맛있는 정보의 바다에서 신(辛) 나게 헤엄치기

스마트 기기로 인터넷에 접속하고 게임을 하고 TV를 보는 스마트

정보 시대다. 하지만 많은 사람들이 정보의 홍수에 휩쓸려 정작 찾으려는 정보는 제대로 구하기 어려워졌다. 연구원도 마찬가지다. 최근 학문이 세분화되고 정보의 유형과 탐색 기법이 다양화, 전문화되면서 연구원들이 직접 정보를 탐색하고 수집하는 데 한계에 부딪히게 되었다. 그들을 돕기 위해 있는 사람이 바로 내가 아닐까. 사서는 제공자에서 안내자로 그 역할이 바뀌고 있다. 단순히 자료를 비치해 놓고 이용자를 기다리기보다는 준비된 정보를 알리고 안내해야 한다.

최근에는 학술정보를 포괄적으로 수집하고 보존하는 일반적인 연구지원서비스 외에도 신제품 개발에 필요한 학술정보를 미리 알려 주는 서비스에 대한 필요성이 높아졌다. 우리 도서관의 연구지원서비스는 이용자 교육, 참고서비스, 연구 프로젝트 지원, 최신 동향 제공 등으로 구분된다.

이용자 교육은 신입 사원과 전 직원을 대상으로 실시하며 주요 내용은 부서별, 직급별, 개인별로 논문, 특허, 통계 등 전문적인 정보 검색과 웹 자원에 대한 소개이다. 최근에는 지적재산권의 중요성이 커지면서 특허 검색 및 분석 교육에 특히 열의가 높다. 교육 진행은 물론 교재 제작도 온전히 나의 몫이다. 교육에는 늘 평가가 남기에 만반의 준비를 단단히 갖춰 실수가 없도록 해야 한다.

우리 도서관의 연구지원서비스의 핵심은 참고서비스이다. 참고서비스는 연구자를 위한 맞춤서비스인데, 연구자별로 연구 분야, 연구 수준, 경력, 정보 이용 행태 등이 각양각색인지라 필요한 정보를 제공하는 과정이 까다롭고 업무 집중도가 아주 높다.

고전압 펄스 자기장을 활용한 액체 살균법을 위한 실험 설계에 대한 요청부터 단순하게는 버섯이 다이어트에 도움이 되는 근거를 찾는 것까지 참고서비스의 난이도와 범위가 무궁무진하다. 그 방법 또한 일반적이지는 않다. 쉬운 예를 들어 버섯과 다이어트의 상관관계에 관한 연구논문이나 특허 조사에 관한 자료를 찾는다고 하자. 첫 단계는 정교한 키워드 선정이 중요하다. 무턱대고 '버섯, 다이어트' 등 일반적인 키워드로 검색하면 일반 포털의 뉴스나 블로그 정보밖에 건질 게 없다. 전문사서라면 정보의 정확성을 높이기 위해 학문적인 용어로 키워드를 뽑아낼 수 있어야 한다. '버섯, 항비만' 등이 적절한 키워드다. 이렇게 입수한 정보는 정보신청자에게 제공된다.

여기서 끝이 아니다. 연구소에서 진행하고 있는 연구 프로젝트를 지원하고, 한발 더 나아가 연구원들과 공동으로 정보를 분석하기도 한다. 연구 프로젝트는 신제품 개발 및 개선을 위한 계획, 개발, 생산성 검증, 생산, 개발 후의 변경 관리로 나눌 수 있다. 연구 활동 시작에서 종료까지 연구 활동과 관련된 전반적인 정보 조사 및 정보 선택 그리고 선택된 정보 검토 후 유용성 평가를 하여 자료를 제공한다.

이 외에도 해당 부서에 주제 분야의 신간 논문과 특허 등을 분석하여 제공하고 최신 해외 정기간행물의 주요 목차를 번역하여 각 분야의 동향 정보를 전달함으로써 이를 통한 발전을 도모하고 있다. 또 해당 분야의 과학기술 트렌드를 분석하기 위해 연구논문과 특허 자료 등을 분석해 보고서를 작성하기도 한다.

이러한 연구지원서비스는 다른 직원들과 직접 소통할 수 있어서 이용자의 피드백과 만족도가 가장 높다.

만족도가 높은 서비스는 개선과 발전을 거듭하게 마련이다. 참고서비스의 효율성과 경제성을 높이려는 목적에서 우리 도서관은 2012년 4월 '식문화정보제공시스템'을 오픈하였다. 온·오프라인을 통해 요청되고 측량할 수 없는 형태로 정보서비스를 제공하고 있는 다른 도서관과 달리 우리 도서관은 정보요청/제공시스템을 도입하였다.

식문화정보제공시스템을 통해 이용자는 정보를 요청하고 자신이 요청한 정보의 진행 상태를 실시간으로 확인할 수 있으며 다른 직원들과 공유할 수도 있다. 이 시스템을 통해 관리자(사서) 역시 해당 정보서비스에 어떠한 유형의 정보가 어떠한 연구 과제에 필요한지 등에 대해 정량적으로 손쉽게 통계를 도출할 수 있게 되었다. 또 이용자와의 커뮤니케이션이 시스템상에서 가능하다는 장점이 있는데, 이 점은 향후 서비스 평가 및 개선 사항을 도출하는 데에도 매우 유용하다.

보이지 않는 정보로 이윤을 창출하다

일반적으로 기업의 운영 목적은 이윤 창출에 있다. 그러나 도서관은 으레 이윤 창출과는 거리가 있기에 수동적으로 모기관의 사명을 지원할 수밖에 없다는 것이 고정관념이다.

기업도서관은 고정관념에 사로잡혀서는 안 된다. 나는 도서관의 경제성을 추산하기 위해 '레퍼런스 서비스 리포트'를 분기별로 작성하였다. 도서관에서 제공하는 서비스가 연구 활동에 어떠한 영향을 주는지를 판단할 수 있도록 하고, 모기관의 사명과 목표에 기여 정도를 측정해 그 가치를 객관적으로 보여 주고자 하였다. 이 리포트는 주제별로 제공된 정보의 유형을 한눈에 볼 수 있으며 팀별 자료 이용의 패턴은 물론 해당 기간 동안 회사의 이슈와 업무 트렌드까지도 파악할 수 있다.

도서관 운영과 서비스는 무형과 유형의 가치가 섞여 있어 경제적 가치를 따질 때에도 정량적, 정성적 측정을 동원해야만 객관적으로 평가할 수 있어 간단한 일이 아니다. 기업도서관은 비록 정확한 금액 산출이 어려운 연구 지원 조직이지만, 나는 도서관의 존재 가치를 경제적 관점에서도 바라볼 수 있는 결과를 산출하였다고 자부한다.

한편 디지털 시대의 도래로 사서의 업무 환경은 책을 넘어 웹의 모든 자원으로 확장되었다. '농심 글로벌 식품정보 포털'의 탄생 배경은 웹을 통한 정보자원의 관리가 시급하다는 판단에서 출발하였다. 각 부문별 실무자들이 참여한 전사적인 프로젝트로 식품정보개발협의체를 구성한 후 1년여의 준비 과정과 6개월의 개발 과정을 거쳐 완성되었다.

정보관리자 역할을 하면서 시스템에 대한 학문적, 기술적 지식을 고루 갖춘 덕분에 나의 업무 영역은 분명하였다. 정보제공자로서 이용자의 입장을, 시스템 설계자로서 개발자의 입장을 잘 알고 있는 나의 장점이 십분 발휘되었다. 전사적인 대형 프로젝트에 참가해 일하는 과정은 도서관에서 진행하는 일상 업무와는 차원이 달랐다. 여러 부서가 모여 함께 일하는 만큼 원활한 의사소통과 협업이 우선이었다. 당연히 일에 대한 성취감도 컸다.

책을 좋아하는 것은 기본, 사람도 좋아하는 사서

"사서로서 갖춰야 할 소양과 능력은 무엇입니까?"

문헌정보학을 전공하는 후배들이 우리 도서관으로 견학을 오면 빼놓지 않는 질문이다. 남태우의 『도서관론』에서 언급된 훌륭한 사서의 자세 세 가지 중 첫째는 자관의 장서에 대한 폭넓은 이해력이고 둘째는

:: 농심식문화전문도서관 Sky Court. 가벼운 주제의 정기간행물이 손쉽게 이용할 수 있도록 비치되어 있다.

그 자료들을 유용하고 의미 있게 만드는 이용자들과의 커뮤니케이션 능력이다. 그리고 셋째는 유머감각이다. 이 세 가지에 더하여 강조하는 것들이 있는데,

"우선은 도서관의 관종이나 주제나 희망하는 분야에 상관없이 지적 호기심을 놓치지 마세요."

나는 감히 '지적 호기심'을 그중 최고라 생각한다. 이용자를 위한 맞춤형 서비스로 업무 영역을 고급화하는 것이 필수인 전문도서관 사서는 해당 분야에 대해 기본적인 지식을 갖추고 지속적인 호기심을 가져야 한다. 그때에 비로소 전문성이 생기기 때문이다.

기업의 사서는 자의 반, 타의 반으로 회사 돌아가는 사정에 밝아지게 된다. 대부분의 직원들은 자신이 소속된 팀의 업무 외에는 알기 어렵지만, 기업의 사서는 다양한 부서에 정보를 지원하면서 그들이 어떤 일을 하고 있는지 자연스럽게 알게 된다. 또 알아야만 한다. 각 부서가 어떻게 돌아가는지 알면 알수록 그들의 정보 요구를 제대로 파악하고

적확한 정보 제공으로 이어져 이용자들의 만족도를 높일 수 있기 때문이다. 염화시중(拈華示衆)의 미소를 읽을 수 있는 단계에 이른다면 최고의 사서라고 자부해도 좋다.

사서의 소양으로, 이용자와의 원활한 커뮤니케이션과 사회성은 두말할 나위가 없다. 혹자는 "사서는 책을 좋아하는 사람"이어야 한다고 하지만 나는 "사서는 책은 물론이거니와 사람도 좋아하는 사람"이라고 말한다.

햇살이 따뜻한 창가에 앉아 다소곳이 책을 읽는 모습으로 등장하는 영화 속 사서를 보며 환상을 키워 온 후배라면 전문도서관 사서의 길은 말리고 싶다. 전문도서관은 혼자 운영하는 경우가 많아 '섬'과 같은 존재가 되기 쉽다. 특히 기업에서 도서관과 사서의 존재감은 사서의 역량에 따라 달라지기에 더욱 그러하다.

내가 사서를 천직으로 여기는 것은 전문도서관 사서의 전문성이야말로 기업의 미래를 키워 나가는 근간이라고 생각하기 때문이다. 기업의 이용자 만족도를 향상시키는 일이 곧 기업의 연구개발 실적 향상으로 이어지고, 나아가 기업의 국제경쟁력을 증대시키는 나비효과를 낳는다고 나는 믿는다.

'파자마 데이'가 일깨워 준 도서관의 의미

| 김희정 |

연세대 문헌정보학과 학사, 석사, 박사를 마쳤다. 한국전산원(현 한국정보화진흥원)에서 처음 일을 시작했다. 대학 강사를 거쳐 2008년부터 국제백신연구소 정보자료실 실장으로서 전 세계에서 모인 백신 관련 연구자들에게 필요한 정보를 지원하고 있다.

"국제백신연구소에서 일하세요?"

"네."

"아~ 컴퓨터 분야인가 봐요. 컴퓨터백신연구소인 거죠?"

"…"

나는 국제백신연구소(International Vaccine Institute)의 사서다. 백신 하면 바이러스가 떠오르고 바이러스 하면 컴퓨터가 연상되는 탓에 국제백신연구소를 으레 안철수연구소 정도로 생각하는 사람이 많다.

올해로 4년째 근무하고 있는 이곳은 나의 두 번째 직장이다. 사서로서의 나의 경험담과 사서란 어떤 사람인가를 이야기하기에 앞서 국제백신연구소에 대한 사람들의 궁금증부터 풀어 줄까 한다.

국제백신연구소에는 의학전문도서관이 있다

국제백신연구소는 우리나라에 본부를 둔 첫 국제기구다. 1997년 10월 유엔개발계획(UNDP)이 아동과 빈민의 질병 퇴치와 인류 복지 증진에 기여한다는 목표로 백신의 개발 및 연구를 위해 설립하였다. 국제기구라는 조직의 특성상 기관의 운영진과 관리 방식은 글로벌 스탠다드를 기준으로 하고 있어 연구소의 분위기도 한국적인 정서와는 차이가 있다.

국제백신연구소 연구원의 국적이 다양하다 보니 자연스럽게 공식 언어는 영어다. 마케팅이나 연구의 관심도 국제적인 트렌드에 집중되어 있다. 설립된 지 10년이 넘었지만 아직도 국내에서 인지도가 낮은 이유는, 어쩌면 국제적 환경에 대한 투자가 우선순위를 차지하고 있어서인지도 모르겠다.

세계 도처에서 온 연구원들이 모인 연구소라서 근무 환경도 참 이색적이다. 개인주의적 성향이 강한 외국인들이 대부분이라 점심 식사를 혼자 하는 경우가 많다. 우리나라 회사에서 흔히 볼 수 있는 회식이나 "2차는 노래방으로~!" 하는 왁자지껄한 분위기는 기대하기 어렵다. 특별한 이벤트로 연구소 전체가 회식을 할 경우에는 피자 등을 주문해서 스탠딩 런치로 대신한다. 피자를 주문할 때는 꼭 야채 피자가 들어가야 한다. 종교적인 이유 등으로 고기를 입에도 대지 않는 외국인들이 상당하기 때문이다.

내가 소속되어 있는 국제백신연구소 도서관의 주요 이용자는 의약학 분야의 연구자들이다. 연구개발에 필요한 의약학 관련 연구논문에 대한 요청이 많다. 도서관에서 제공하는 서비스의 만족도를 높이기 위

:: 국제백신연구소 도서관은 주로 의학 전문 자료를 다루기 때문에 사서는 의약학 분야 전문 용어를 필수로 습득해야 한다.

해 사서는 의약학 분야 전문 용어와 더불어 다양한 지식정보자원에 대해 알아야 한다. 드넓은 바다(정보의 바다)로 물고기(의약학 관련 정보)를 잡으러 나가려면 그 물고기가 어디에 사는지(지식정보자원), 미끼(키워드)로 무엇을 써야 하는지를 알아야 어부(사서)가 만선을 기대할 수 있는 것과 같은 이치다. 지식정보자원은 주로 국내 의학정보도서관 네트워크를 이용한다. 도서관에 없는 문헌은 상호 협력하여 주고받기도 하고 해외 발행기관에서 직접 자료를 구하기도 한다. 그리고 연구자가 스스로 DB를 검색해 학술논문을 찾기도 하지만 다양한 정보원을 파악하고 있는 사서의 전문적인 정보 지원이 더 효과적인 경우가 많다.

국제백신연구소에서 사서의 역할은 보다 전문적이고 구체적이다. 따라서 사서는 전문 지식에 대한 이해도를 높여야 한다. 연구자들이 연구 활동에 필요한 논문과 전문 DB에 대한 세부 정보를 요청할 때도 있

:: 서가를 빼곡히 메운 의약학 관련 연구논문들.

고, 선행 연구나 관련 연구 펀드 리스트 같은 보다 전문적이고 구체적인 지식정보를 요구하는 경우도 많다. 사서로서 최선을 다해 서비스의 전문성을 높이다 보면 나 자신도 전문직으로서의 자부심과 만족감을 느낀다.

사서가 왜 빌게이츠재단의 동향을 주시할까?

우리 도서관의 주요 업무 중에는 연구기금 발굴이 있다. 국제백신연구소는 비영리기관이기 때문에 연구기금 발굴과 활용이 매우 중요하다. 국제백신연구소를 포함해 세계 보건과 복지를 위하여 연구하는 기관들은 후원금 등 국제적인 재원이 다양한데, 주로 미국보건복지부 또는 의학 관련 정부부처, 빌게이츠재단과 같은 개인 독지가가 기금을 기부한다.

우리 도서관에서는 전 세계를 대상으로 다양한 연구기금을 확보하기 위해 국제 동향을 검색하고 정리해서 연구자들에게 제공한다. 전 세계의 정보원을 꽉 쥐고 있는 도서관이 연구소의 중요한 미션을 지원하기에 안성맞춤이라는 판단에서 시작된 일이다.

국제기금의 성격은 크게 두 가지로 구분되는데 하나는 국제적 혹은 각 국가별로 기관 차원에서 비영리연구기관에 지원하는 기금이고, 다른 하나는 전문적인 연구 활동을 지원하기 위한 기금이다. 국제백신연구소는 두 가지 유형의 기금에 모두 관심을 두고 모니터링을 한다.

우리 도서관에서는 국제백신연구소가 설립될 때부터 역사적으로 가치가 있는 기록들을 관리하는 업무도 수행하고 있다. 그동안 축적한 자료와 기록 중에 남겨야 할 자원을 관리하고 보존한다. 연구소의 설계도부터 중요 문서, 사진, 연구 업적 및 기념 문서 등 훼손 혹은 유실될 수 있는 자료를 디지털화해서 웹아카이브를 구축해 놓고 있다.

나의 첫 번째 직장은 한국정보화진흥원 연구원

내가 초등학교에 입학할 무렵 우리 집에는 커다란 그림책이 있었다. 한국의 전래동화, 설화 등을 화려한 그림과 함께 풀어 놓은 전집이었다. 나는 밤마다 이 그림책 한 권을 빼 들고 읽다가 잠이 들곤 했다. 나는 또 어릴 때부터 정리하기를 좋아해 학용품이나 인형을 항상 제자리에 두곤 했다. 어쩌면 사서의 기본 성향이 내 DNA에 잠재되어 있었던 건 아닐까.

대부분의 청소년들이 그렇듯이 중·고등학교에 다니는 동안 나의 관심은 온통 입시에 집중돼 있었고 내게서 책은 점점 멀어져 갔다. 내가 무엇을 좋아하는지, 미래의 꿈은 무엇인지 도무지 알 수 없었다. 초등학교 저학년 때에는 발레리나가 되고 싶기도 했고 간호사가 되고 싶기도 했다. 하지만 중·고등학교 시절 나의 꿈은 오로지 좋은 대학 가는 것에 고정되어 있었다.

부끄럽지만, 이 자리를 빌려 솔직히 고백하건대, 문헌정보학과를 선택했을 때에도 반드시 가고 싶어서 간 것은 아니었다. 대학 입학 후에도 책과의 거리는 좀처럼 좁혀지지 않았고 독서량은 저조했다.

그렇게 대학을 졸업하고 또 대학원을 졸업한 이듬해, 나는 정부부처 산하의 한국전산원(현 한국정보화진흥원)에 취직하였다. 그때는 사서가 아니라 연구원의 신분이었기에 도서관 업무에는 직접 참여하지 않았다. 내가 발령을 받은 부서는 정보화정책부였다. 선진국의 정보화정책 사례를 수집하고 국내에 도입할 수 있는 정책을 정리해 보고서를 작성하는 것이 내 일이었다. 문헌정보학을 전공하고 정보화정책 관련 연구소 연구원이 될 수 있었던 데는 컴퓨터과학을 부전공으로 공부한 것과 대학원에서 정보학을 주 연구 분야로 정한 게 큰 도움이 되었다.

'파자마 데이'가 일깨워 준 도서관의 가치

한국전산원에서 5년의 시간이 흘렀을 때, 열정에 가득 찼던 신입 사원은 사라지고 매너리즘에 빠진 직장인이 그 자리를 대신하고 있었다. 그사이 나는 결혼을 하고 첫아이를 출산하면서 엄마와 아내와 직장인으로서 한계에 부딪치게 되었다. 둘째아이를 출산한 후에는 그 세 가지 역할을 도저히 잘 해낼 자신이 없어서 직장을 그만두었다. 그리고 곧바로 박사 과정에 진학하였다. 5년 후 나는 박사학위를 받았고 남편의 연구 안식년에 맞춰 미국에 가게 되었다. 미국에서 3년을 지내는 동안 아이들이 다니는 초등학교에서 도서관 사서로 자원봉사를 하였다. 뒤늦게 도서관과 첫 대면을 한 셈이다.

그때 우리는 미국 동부의 한 대학도시에 살았는데 집 근처에 공공도서관이 있었다. 공공도서관에서는 화요일 밤마다 '파자마 데이'가 열렸다. 부모들이 저녁 8시경에 아이들에게 잠옷을 입혀 도서관에 데리고 가면 사서가 아늑한 방으로 부모님들과 아이들을 초대해 책을 읽어 주었다. 곰 인형을 안고 오는 아이가 있는가 하면 슬리퍼를 끌면서 오는 아이도 있고 좋아하는 이불을 돌돌 말고 오는 아이도 있었다. 나긋나긋 동화책을 읽어 주는 사서의 목소리에 아이들은 자연스럽게 엎드리거나 혹은 누운 채로 상상의 나래를 펼쳤다. 어떤 아이들은 이야기를 듣는 중에 잠들어 버리기도 했다. 행사가 끝나면 부모들은 아이들을 안고 집으로 돌아왔다.

그러한 경험 속에서 도서관은 나에게 새로운 의미로 다가왔다. 여유라곤 없이 100미터 달리기를 하듯 살아온 나는 비로소 안식과 휴식을 얻을 수 있었고 다시 책을 가까이 두게 되었다.

국제백신연구소 도서관 사서가 되다

편안한 쉼표의 시간도 어느덧 흘러 귀국 날짜가 다가왔다. 새로운 동네로 이사를 하고, 아이들은 학교에 적응하느라 바쁘고…, 그리고 나는 대학 강사로 복잡다단한 서울의 일상으로 돌아왔다. 대학에서 학생들을 가르치는 일은 무척 보람이 있었다. 하지만 강사 신분이라는 불안정한 상황에서 한 해, 한 해를 보내며 나의 에너지는 고갈되어 갔다. 또 연구논문을 쓰는 일은 즐겁고 재미있었지만 두 아이를 방치한 채로 밤 늦게까지 연구에만 매달릴 수도 없었다.

'내가 좋아하는 일을 하려고 아이들에게 계속 양보하라고만 해야 하는 걸까?'

회의와 갈등이 계속되었다. 아이들이 유치원에만 들어가면 기본 육아는 끝날 거라고 기대했건만 아이들은 커 갈수록 엄마의 더 많은 손길을 필요로 하였다. 아이가 어리건 크건 엄마는 늘 필요하였다.

끝나지 않을 것 같은 방황 속에서 오아시스를 만났다. 우연히 학과 사무실에서 대학원 후배를 만났는데, 미국 도서관에 취직하게 되어서 교수님께 인사를 하러 들렀다고 했다. 그 후배를 통해 국제백신연구소 도서관에 사서가 필요하다는 것을 알게 되었고, 그렇게 나는 국제백신연구소 도서관 사서가 되었다.

처음에는 모든 회의와 문서를 100퍼센트 영어로 진행해야 한다는 것이 다소 버거웠으나 매일 반복되다 보니 어느덧 익숙해졌다. 현재 나의 상사는 캐나다인이고 연구소 소장님은 프랑스인인데, 도서관과 사서의 역할을 열린 시각으로 바라보고 부서 및 기관에 기여할 수 있는 여러 역할들을 제안해 주어서 늘 감사한 마음이다.

국제백신연구소의 업무 환경은 계획된 실적과 결과물에 차질이 없는 한 개인적인 영역은 거의 관여하지 않는 분위기다. 시간 활용에 있어서도 다소 융통성이 있는 편이라, 그동안 아이들과 일터 사이에서 항상 동동거렸던 나의 무거운 마음을 너무나도 편안하게 해 주었다. 또 다국적 구성원이 모인 만큼 서로 다른 문화에서 오는 오해와 갈등을 최소화하고자 각자의 프라이버시를 최대한 존중하는 분위기이다 보니, 조직 생활에서 따라오는 스트레스도 거의 없다.

과거의 나는 항상 무언가에 쫓기듯 치열하고 바쁘게 살았다. 그러한 삶 속에서 성취감을 느끼며 열심히 사는 기쁨을 누렸다. 하지만 지금의 다소 느린 삶 또한 그와는 또 다른 측면으로 나에게 행복을 주고 마음을 평안하게 해 준다. 30대의 나는 커리어 성취에 우선순위를 두었었지만, 40대가 된 현재는 나를 둘러싼 가족과 친구들의 소중함을 새롭게 느끼며 살고 있다. 그리고 이렇게 소중한 사람들과 나의 일을 병행할 수 있어서 참으로 감사하다.

미래의 후배 사서들에게 당부하고픈 말

도서관은 비영리기관으로서 지식과 정보를 후세대에 전승해야 하는 사명이 있다. 그러나 세계적인 불황이 계속되면서 도서관에도 경쟁의 논리가 적용되고 있다. 많은 도서관이 효율적인 자산 운영을 위해 예산을 감축하는 한편 새로운 수익 모델 창출을 고민한다. 기존의 업무와 구조만을 답습한다면 생존 자체도 불투명한 시대가 되었다.

이를 극복하기 위해서는 무엇보다도 유연하고 창의적인 아이디어가 필요하다. 바로 도서관의 성격에 맞는 새로운 사업을 제안하는 것이다. 물론 도서관마다 처한 상황과 사명이 조금씩 다른 만큼 그에 맞는 사업을 기획해야 한다. 내가 연구기금 발굴에 힘을 쏟는 것도 우리 연

:: 국제백신연구소 도서관의 모빌렉. 이곳에는 디지털 아카이브로 구축하게 될 중요한 자료와 문서가 보존돼 있다.

구소의 특성에 따른 것이다.

세상에는 우리가 잘 모르는 다양한 직업과 세계가 존재한다. 자칫 고정관념에 사로잡혀 그 실체를 제대로 파악하지 못하는 경우도 많다. 도서관도 마찬가지다. 보통 사람들은 도서관에서 일한다고 하면 책 정리를 제일 먼저 떠올리곤 한다. 물론 도서 정리가 기본이기는 하지만 오늘날에는 다양한 모습의 도서관이 있고 도서관의 관종에 따라 업무의 폭도 넓다. 사서의 영역은 기본 업무를 기준으로 해서 무한대로 확장 가능하다. 이를 위해서는 기본 업무를 충실히 수행해야 하고 외국어와 컴퓨터 활용 능력을 갖춰야 한다. 그리고 서비스 정신은 사서가 갖춰야 할 가장 중요한 소양 중 하나다.

전공 영역이 다양하다면 사서로 일하는 데 큰 도움이 될 수 있다.

즉 문헌정보학 외에 다른 영역을 부전공 또는 복수 전공으로 공부한다면 해당 학문 영역의 주제전문사서로서 경쟁력을 갖출 수 있다. 예컨대 건축학 또는 생물학 등을 배우고 문헌정보학을 전공한다면 관련 학문 영역에서 보다 전문적인 정보서비스를 할 수 있다.

끝으로 한마디 덧붙이자면, 시각의 넓이에 따라 내가 보는 세상의 폭이 정해지는 것 같다. 생각보다 인생은 길고 기회도 많다. 가장 중요한 것은 내가 무엇을 좋아하는지를 아는 것이다. 만약 내가 무엇을 좋아하는지를 모른다면 현재 나에게 주어진 일을 좋아해 보는 것도 답이 될 수 있을 것이다.

문헌정보학의 학문적 영역은 생각보다 그 범위가 매우 넓다. 도서관 업무 관련 기본 과목은 물론이고 책의 범주를 넘어선 지식과 정보의 수집, 가공, 활용 영역으로 확장된다.

만약 일반인에게 도서관 사서가 무슨 일을 하는지 물으면, "책을 잘 이해하고 주제별로 잘 정리해서 나중에 이용자가 원할 때 잘 찾아 주는 일을 한다."라고 정의할 것이다. 만약 문헌정보학을 공부한 사람에게 도서관 사서의 일을 묻는다면 아마도 다음과 같이 답할 것이다.

"(책자와 같은 문헌정보를 포함하여) 지식과 정보의 내용을 잘 이해해서 잘 정리한 다음(정보조직학), 이용자가 원할 때에 잘 찾을 수 있도록(정보학) 제공하는 것(정보서비스)이 문헌정보학에서 배우는 핵심 영역이다. 또 예산, 정책, 인사 등 도서관이나 정보센터를 경영하는 데 필요한 영역(도서관경영학)과 기록 등 장기 보존에 관한 영역(기록관리학)도 문헌정보학의 주요 연구 대상이다."

이처럼 문헌정보학은 정보와 지식을 조직하고 활용하고 새롭게 가공하는 영역까지 다양하다.

"여보세요, 원격으로
제 컴퓨터 좀 봐주세요."

| 신정아 |

전남대 문헌정보학과를 졸업하고 연세대 문헌정보학과 석사, 중앙대 문헌정보학과 박사 과정을 수료했다.
현재 경기도사이버도서관을 운영하는 사서로 근무하고 있다.

"안녕하세요. 경기도사이버도서관입니다."

"여보세요, 도서관이죠? 직접 가서 자료를 좀 더 이용하고 싶은데
도서관이 어디에 있나요?"

"아! 네~ 우리 도서관은 일반 도서관과는 좀 달라요. 건물 내에서
서비스를 하는 게 아니라 인터넷으로만 운영하는 도서관입니다. 방문
하셔도 이용할 수 있는 공간이 없습니다."

내가 근무하는 곳은 디. 지. 털. 도서관이다. 일반 도서관과 다른 점
이라면 물리적 공간이 없다는 것과 제공하는 자료의 형식이 디지털을
기본으로 한다는 것 정도다. 이를 제외하면 다른 도서관의 역할과 크게
다르지 않다.

정보의 축적과 전달 방식은 역사적으로 크게 세 번의 전환기가 있

었다. 첫 번째는 구전(口傳)에서 기록으로 바뀌는 과정이다. 인류의 지
적 자산은 대부분 입에서 입으로 전달되었다. 흔히 문자를 기록할 매체
(대나무, 가죽, 천, 종이 등)가 없어 구전되었다고 생각하기 쉽지만, 문
자와 매체가 발명된 후에도 구전의 전통은 계속되었다.

켈트족이 대표적인 사례다. 철기시대 켈트족의 상당수가 문자를 썼
지만 기록은 거의 남아 있지 않다. 문자를 독점했던 켈트 다신교의 성
직자들이 지식을 말로만 전달했기 때문이다. 그들은 자신들의 지식이
문자라는 매체를 통해 외부로 나가는 것을 원치 않았다. 우리나라의 고
려청자 제조법도 마찬가지다. 구전으로만 전해지던 고려청자 제조법은
결국 어느 순간 대가 끊어져 온전한 제조법은 남아 있지 않다. 그러다
인류의 거듭되는 실수로 인해 문자를 통한 기록이라는 전환점을 맞이
했다.

두 번째는 도서관의 탄생이다. 도서관은 사적 기록물의 공적 전환
과 기록물의 공적 전파를 위해 설립되었다. 과거 권력자들에게 힘의 상
징이었던 지식은 근대에 도서관의 등장으로 누구나 쉽게 접하고 습득
할 수 있게 되었다.

세 번째 전환기는 정보의 디지털화이다. 책자 형태로 저장된 기록
이 디지털로 전환되어 전자책(e-book), 전자저널(e-journal), 웹 DB
로 제공되면서 정보 축적과 전달 방식에도 변화가 필요했다. 시대적 변
화에 맞춰 달라진 도서관의 새로운 모습이 바로 사이버도서관이다. 디
지털도서관, 사이버도서관, 전자도서관은 같은 개념의 다른 이름이다.
전통적인 도서관이 정보기술의 변화에 따라 아날로그에서 디지털로 정
보자원의 형식이 바뀐 것이 바로 디지털도서관이다.

도서관 & 디지털도서관

현재 내가 근무하고 있는 경기도사이버도서관(www.library.kr)은 10년의 역사를 가진 인터넷 공공도서관으로 인터넷이 연결돼 있는 곳이라면 누구나, 언제, 어디서나 평등하게 자료에 접근하여 이용할 수 있다. 이를 위하여 경기도사이버도서관은 인쇄 자료를 비롯해 동영상 자료, 음성 자료, 이미지 자료, 전자 자료 등 디지털화할 수 있는 모든 자료를 구비하여 홈페이지를 통해 서비스하고 있다. 또한 경기도에 있는 공공도서관들을 연결해 주는 네트워크 허브로서 이용자들이 좀 더 편리하게 공공도서관 자료와 서비스를 이용할 수 있도록 지원하고 있다.

지금은 디지털콘텐츠와 전자책이 많이 알려졌지만 10년 전만 해도 디지털도서관, 전자도서관에 대한 개념이 생소해 의견이 분분하였다. "미래의 도서관은 자료를 모두 디지털화하기 때문에 이용자들이 더 이상 도서관을 방문하지 않을 것이다." "더 이상 물리적인 도서관이 필요하지 않을 수도 있다." "집에서 웹사이트를 접속해서 자료를 찾기 때문에 더 이상 사서가 필요하지 않을 수도 있다." 등등 다양한 예언과 미래상이 무성했다.

경기도사이버도서관은 도서관의 미래에 대한 이러한 논의와 예측을 반영하여 만들어진 도서관이다. 수시로 바뀌는 디지털이라는 거센 변화의 바람에 순응해 돛을 조정하고, 인터넷이라는 큰 바다를 헤치며 디지털도서관의 미래를 찾아 여행 중이다.

다행스럽게도 지금까지 우리는 전통적인 공공도서관과의 협력을 통해 디지털 공공도서관이라는 큰 물길을 잘 만들어 나가고 있다. 최근 공공도서관의 동향을 보면 그 수가 꾸준히 증가하고 있으며, 정보기술

:: 디지털도서관의 핵심인 서버. 서버에 문제가 생기면 서비스 전면 중단이라는 대참 사가 발생하므로 실시간으로 관리한다.

의 발전에 따라 온라인을 통해 도서관 서비스의 질을 높이는 방안을 우선적으로 고민하고 디지털 서비스 확대를 통해 이용자들에게 한 걸음 더 가까이 다가가기 위해 노력하고 있음을 볼 수 있다.

급격한 정보 환경과 매체의 변화에 의해 책과 더불어 도서관의 미래 모습도 변화하고 있지만 넘쳐나는 정보를 모으고, 고르고, 정리하고, 제공하는 도서관 본연의 역할에 대한 중요성은 더욱 커질 것이다.

그렇다면 네이버, 다음, 구글 등 인터넷 포털과 디지털도서관의 차이는 무엇일까? 가장 큰 차이는 상업성과 공익성 사이에 있다. 포털이 상업적인 이익을 목적으로 하면서 공익을 추구한다면 디지털 공공도서관은 상업성을 고려하지 않고 공익성을 추구하는 것이 존재 이유가 된다. 다시 말해 포털은 인터넷에 등재된 데이터가 사회적으로 유익한 자료인지를 판단하기보다는 이용자가 원하는 정보를 사회윤리적으로 허용하는 범위 내에서 서비스할 뿐이다. 하지만 도서관은 데이터의 사회적 가치를 우선적으로 판단하고 원저자가 명확한 콘텐츠만을 제공한다. 포털에서 흔히 발견되는 '무단 복제', '펌' 등 출처가 불확실한 정보는 자료의 수요가 많더라도 제공하지 않는 것이 원칙이다.

또한 포털의 자료는 사람들의 관심이 사라지면 함께 사라지는 휘발성이 높은 자료들이다. 예를 들어 2012년 가을 유행하고 있는 '싸이'의 〈강남 스타일〉 동영상은 가장 인기 있는 디지털 자료로 수많은 포털이 메인으로 제공하고 있으나, 10년 뒤에는 아무도 찾지 않는 자료가 될 수도 있다. 그렇다면 포털은 굳이 이 동영상을 보관하지 않을지도 모른다. 그러나 디지털도서관이라면 이 자료의 시대사적 가치를 따져 자료로서 보관하고 공공에게 서비스한다. 도서관의 이러한 고유한 목적 때문에 디지털도서관의 필요성과 가치는 앞으로 더욱 높아질 것이다.

시공간을 넘어 누구나 정보에 접근할 수 있는 시대가 되었지만 자칫 정보의 홍수에 휩쓸리기 십상이다. 디지털도서관은 신뢰할 수 있고 가치 있는 정보를 찾는 사람들의 욕구를 해소하고, 빈부 차이로 인한 '정보 격차'를 줄일 수 있는 정보서비스와 정보 평가 및 활용 측면에서 그 중요성이 점점 더 증대되고 있다.

미래의 도서관을 그려 보면 전통적인 공공도서관은 사람들이 소통하는 공간으로서의 역할이 중요해지고 디지털도서관은 정보서비스가 더욱 강조될 것이다.

편리하지만 '어려운' 온라인 소통

"사이버도서관입니다."

"여보세요, 이용자인데요. 전자책을 보는 중에 갑자기 책이 사라져 버렸어요."

"그래요? 그럼, 어떤 문제가 있는지 자세히 설명해 주시겠습니까?"

"그런 건 필요 없고요, 지난번에 원격으로 처리해 주셨는데…. 지금 당장 제 컴퓨터 좀 봐주세요."

"…."

우리가 가장 많이 받는 이용자 전화다.

우리 도서관에서는 일반 이용자를 직접 만날 일은 많지 않다. 이용자들과 직접 의사소통을 하면 까칠한 이용자들의 민원도 쉽게 풀 수 있지만 온라인이나 전화로 서비스를 해야 하는 우리들은 이용자들과의 의사소통이 쉽지 않다. 전화로 이용자 상담을 하다가 자칫 어투로 인한 오해가 생겨 말이 막나가는 경우도 종종 발생한다.

컴퓨터나 전산에 서툰 이용자에게는 전화상으로는 설명이 어려워 대개 원격 지원을 통해 서비스를 하는데, 한 건의 민원을 해결하기 위해서는 많은 시간과 노력이 필요하다. 때로는 전화를 걸어 원격서비스로 자신의 컴퓨터 장애를 고쳐 달라는 무리한 요청을 하는 이용자를 응대해야 할 때도 있다.

물론 이용자와의 통화가 기쁘고 보람될 때도 있다. 한번은 해외에 거주하는 이용자가 감사의 뜻을 전한다며 국제 전화를 걸어왔다. 한국 책을 보기가 너무 어려웠는데, 우리 사이트를 통해서 좋은 한국 책을 읽을 수 있었다며 고맙다는 내용이었다. 홈페이지 이용자 게시판에 올라온 감사의 메시지를 볼 때면 무리한 요구를 하는 이용자나 다짜고짜 불만부터 쏟아 내는 이용자들에 대한 안 좋던 기억조차 눈 녹듯 사라져 버린다.

:: 디지털도서관 이용자가 홈페이지에 올린 감사의 글. 이런 글 하나에 사서는 백 가지 고충을 날려 버린다.

한편 디지털도서관은 24시간 열려 있는 도서관이다. 시간과 공간에 대한 제약이 없기 때문에 누구나 수시로 찾아오는 도서관이다. 그래서 더더욱 서비스 장애가 생기지 않도록 해야 하기에 디지털도서관 사서는 한시도 마음을 놓을 수 없다. 일반 도서관이라면 잠시 양해를 구할 정도의 일이 디지털도서관에서는 전면적인 서비스 중단으로 이어지게 되므로 실시간으로 서비스를 관리하는 것은 기본이다. 예를 들어 지난 여름과 같이 전력 과부하로 전기가 끊기면 일반 도서관은 사람들이 잠시 어두운 곳에서 땀을 닦으며 기다려 줄 수도 있지만, 디지털도서관에서는 이용자들은 아무것도 할 수 없는 그야말로 블랙아웃 상태가 되고 사서들은 패닉 그 자체다. 물론 시스템 관리는 전산 담당자의 몫이라 사서는 그나마 긴장에서 한 발짝 비켜나 있지만, 시스템 장애라는 긴급 상황이 터지면 사서들도 기본적인 조치는 할 수 있어야 한다.

'이용자'를 위해 그리고 '도서관'을 위해

경기도사이버도서관의 이용자는 크게 일반인과 경기도 일대의 도서관으로 구분할 수 있다.

　이용자가 우리 도서관에서 통합검색으로 찾은 책이 자신의 거주지 주변의 공공도서관에 있다는 사실을 확인하면 곧바로 달려가 대출을 하면 되고, 없다면 상호대차서비스*를 신청하면 된다. 이는 이용자 주변의 도서관에 소장돼 있지 않은 절판도서를 대출하고자 할 때 특히 유용한 서비스다.

　이용자들이 사이버도서관의 특징을 잘 알고 있어서일까, 우리 도서관 최고의 인기 서비스는 전자책이다. 하루 평균 1700권(2011년 기준)이 대출될 정도다. 최근에는 스마트폰 이용자가 늘면서 모바일 전자책도 이용률이 크게 늘고 있다. 전자책은 업체를 통해 구매하고 정리해 사이버 서가에 비치한다. 예산 부족 등의 이유로 전자책을 많이 구입할 수 없는 개별 도서관을 대신하여 경기도사이버도서관은 다량의 전자책을 구매해 회원들에게 무료로 서비스하고 있다.

　경기도사이버도서관은 경기도 내 180여 개의 공공도서관에도 서비스를 제공한다. 개별 도서관과의 협력을 통해 시너지 효과가 큰 사업을 개발하거나 도서관 단독으로 하기 어려운 일을 지원한다. 즉 도서관을 위한 도서관 역할을 하는 셈이다. 경기도 내 31개 자치단체의 공공도서관들이 소장하고 있는 도서의 통합검색을 지원하기 위해 2000만 건의 종합목록데이터베이스**를 구축하여 운영하고 있으며, 이 시스템을 통해 도서관 간의 상호대차서비스와 임산부와 영유아 및 장애인을 위한 무료 택배 대출서비스를 하고 있다.

　도서관 지원센터로서 사서를 위한 직무연수 프로그램을 운영하고

* 타 도서관이 소장하고 있는 자료를 신청해 전달받는 서비스.
** 도서관들이 구축, 운영하고 있는 자료관리시스템의 DB를 한곳에 종합하여 관리하기 위해 만든 DB.

:: 디지털도서관에서 개발한 아이들을 위한 도서관 교육용 콘텐츠들.

도서관 교육용 콘텐츠를 개발하기도 한다. 지난 2009년에는 아이들을 위한 교육용 콘텐츠로 『뿡뿡이와 함께하는 도서관 여행』와 『상상이와 함께하는 도서관 여행』을 만들었는데, '방귀대장 뿡뿡이'를 사서로 변신시켜서 폭발적인 반응을 얻었다. 하지만 2탄 제작에 들어갈 즈음 뿡뿡이의 몸값(저작권료)을 감당하기가 어려워져 '상상이'로 캐릭터를 바꿀 수밖에 없었다.

나아가 다문화 사회가 사회적인 이슈가 되면서 우리 도서관에서는 10개국 언어를 지원하는 경기도사이버다문화도서관(global.library.kr)을 구축하여 외국인이 필요로 하는 정보를 제공하고, 예산이 부족한 작은도서관*에 도서관 자동화 프로그램을 무상으로 보급하는 일도 하고 있다.

* 작은도서관은 주민의 생활공간 가까운 곳에 위치한 생활친화적 문화 기반 시설로 도서관법에서는 건물 면적 33제곱미터 이상, 열람석 6석 이상, 자료 1000권 이상이어야 한다고 규정하고 있다. 작은도서관의 운영 형태는 매우 다양하게 나타나고 있으며 설립 주체에 따라 공립과 사립으로 구분할 수 있다.

디지털도서관 사서는 IT에 밝아야 한다

난 참 운이 좋은 사람이다. 고등학교를 졸업할 무렵 친척 오빠의 추천으로 문헌정보학과에 가게 되었는데, 지금까지 그 선택을 한 번도 후회해 본 적이 없기 때문이다. 항상 책과 함께하면서, 자료를 분류하고 조직하고 제공하는 서비스는 다른 사람들까지 행복하게 해 주는 일이었다.

나의 첫 직장은 도서관 자동화 프로그램을 제작, 배포하는 회사였다. 2000년대 초 국가사업의 일환으로 도서관 전산화가 대대적으로 진행되었고, 나는 사서로서 공공도서관의 전산화를 통해 도서관 발전에 기여한다는 자부심에 늦은 밤까지 일이 계속되어도 힘든 줄을 몰랐다.

지금 생각해 보면 호랑이 담배 피던 시절인가 싶을 정도로 먼 이야기 같지만, 당시엔 도서관 현장의 사서들도 컴퓨터에 익숙하지 않아 웃지 못할 에피소드가 많았다. 어느 날 도서관 사서로부터 프로그램에 데이터 오류가 발생한다는 민원 전화를 받았다. 나는 오류가 있는 파일을 메일로 보내 달라고 했다. 그로부터 일주일 정도 지났을까, 전화 통화를 했던 그 도서관에서 우편물이 하나 도착했다. 오류가 발생하는 데이터를 플로피디스크에 잘 담아서 실제 우편물로 보내왔던 것이다. 교육을 할 때도 마찬가지였다. "커서를 화면에 두시고요."라고 설명하니 컴퓨터에 서툰 수강생이 마우스를 들어 실제로 모니터에 갖다 댔다. 그렇게 우여곡절을 겪어 가는 동안 도서관들은 점차 전산화되었고 프로그램도 나날이 업그레이드되었다.

도서관 자동화 프로그램 회사에서 일한 지 5년 정도 지나자 반복되는 업무와 프로그램 민원에 슬슬 지쳐 갔다. 불현듯 도서관 사서가 되

:: 경기도도서관 난장 '우리 도서관 좌충우돌, 책 읽는 도시 만들기'의 행사. 2011년에는 대전에서 열렸는데 문헌정보학 분야 전문가와 전국 도서관 사서 등 200여 명이 참가했다.

어야겠다는 생각이 들었다. 회사에서 일한 열정으로 도서관 현장에서 일한다면 무엇이든 다 해낼 수 있을 것 같았다. 그때 마침 내 눈에 경기도사이버도서관 사서직 채용 공고가 들어왔다.

새로운 일을 시작할 수 있는 기회는 그렇게 찾아왔다. 당시엔 회사 일에 너무 지쳐 그만두고자 했지만, 그간 쌓아 온 경험과 경력이 사이버도서관에서 가장 필요한 무기가 되었다. 그렇다! 어떤 경험이라도 쓸 데가 있는 법. 원하는 곳에 도달하기 위해서는 현재의 경험을 차곡차곡 쌓아야 한다는 걸 나는 다시 한 번 깨달았다.

디지털도서관 사서는 컴퓨터와 정보기술에 능숙할수록 채용은 물론 실제 업무에서 유리하다. 정보기술 습득하기가 두려워 현재 서비스에만 안주하게 되면 새로운 프로그램을 개발하기 어렵고 향후 도서관 서비스나 프로그램 개발 방향을 잡아 가기도 쉽지 않다. 웹상에서 서비스를 하기 때문에 디지털콘텐츠와 저작권에 대한 지식도 쌓아야 한다.
아울러 도서관 환경에 따른 서비스 개발 기획력도 갖춰야 한다.

현재 국내 도서관 전산화 시스템을 다루는 회사 중 큰 규모의 회사들은 다음과
같다.

회사명	회사 홈페이지	도서관 전산 프로그램명
리베카	www.libeka.co.kr	LIBEKA / LIBEKA S4
미르테크	www.mirtech.co.kr/mir	SLIMA
아이네크	www.inek.co.kr	SOLARS 7
퓨쳐누리	www.futurenuri.co.kr	ILUS / Tulip 2.0
한국통합기술	www.kaitinc.co.kr	KOLAS II / KOLASYS

회사마다 주력하는 도서관 관종이 다르지만, 최근에는 관종에 상관없이 시스템
을 판매하고 있다. 일반적으로 회사들은 자체 솔루션을 개발하여 도서관에 판매
하는데, 도서관의 규모와 특성에 맞추어(customizing) 해당 도서관만을 위한 시
스템을 개발하기도 한다.

문헌정보학과를 졸업하고 도서관 전산화 관련 회사에 입사하는 경우 크게 세 파
트로 나뉘어 일을 하게 된다. 첫 번째는 도서관 업무 지원 파트로 도서관 시스템
활용과 관련한 교육, 전화 및 인터넷을 통한 도서관 지원 업무를 담당한다. 두
번째는 영업 파트로 새롭게 개관하는 도서관이나 시스템을 바꾸려는 도서관을
대상으로 시스템 컨설팅과 영업을 담당한다. 세 번째는 전산 개발 파트로 DB나
프로그램 개발 능력이 있는 자에 한한다.

한편 디지털도서관 사서라고 해서 책에 대한 정보에 소홀할 수는 없다. 자신이 근무하는 도서관의 특성 그리고 자신의 업무 분야와 관련 있는 사회적인 이슈와 흐름을 주시하면서 지식정보를 습득해야 한다. 우리 도서관의 경우 현재 출판계에서 출간되는 책들의 흐름과 이용자의 관심 분야에 주의를 기울이고 있으며 관련 정보를 수집해서 참고정보원*으로 구축, 서비스하고 있다.

디지털 세계로 떠나는 큰 배 한 척

사서로 일하면서 한 번도 후회한 적이 없다. 주변에 참 좋은 동료들이 많기 때문이다. 책을 좋아하고 새로운 정보의 가치를 더불어 나누기 위해 노력하는 그들의 열정은 내게 힘든 일도 잘 해낼 수 있는 에너지가 된다. 어느 한 지역에 한정하지 않고 많은 도서관과 전문기관의 사람을 만날 수 있고 그러한 만남을 통해 새로운 서비스 개발에 필요한 아이디어가 샘솟는다.

연령, 성별, 인종, 빈부의 격차 없이 모든 사람들이 정보에 접근하고 정보를 이용하도록 배려하는 디지털도서관 사서의 역할은 전통적인 공공도서관 사서와 크게 다르지 않다. 도서관에서 지적 호기심을 충족시킬 수 있는 것은 사서의 가장 큰 장점이라고 할 수 있겠다. 늘 도서관과 함께하기에 더 적극적으로 지적 호기심을 충족시킬 수 있으며, 배우고 고민한 결과를 도서관 서비스와 프로그램으로 바꾸어 나갈 수 있으

* 주제를 기반으로 도서관 외부에서 참조할 수 있는 권위 있는 참고도서, 관련 출판물 및 인터넷 사이트 정보 등을 구축하는 것.

므로 그 즐거움이 매우 크다. 특히 디지털도서관은 도서관을 접하기 어려운 상태에 있는 소외된 이웃들에게 세상을 보여 주는 창이 되어 주고 있기에 보람도 크다. 나아가 경기도사이버도서관에서 개발한 주제 독서 활동 및 정보 활용 프로그램이 도서관 현장에서 아이들과 청소년들에게 희망과 꿈을 심어 줄 수 있으며, 경기도사이버도서관을 통해 전 세계 사람들의 목소리를 들을 수 있고 그들과 책과 정보와 도서관에 대해 이야기할 수 있으니 얼마나 행복한가.

이러한 즐거움을 누리고 싶은 사람이 있다면 기꺼이 디지털도서관 사서로 초대하고 싶다. 더 넓은 디지털 세계로 가는 큰 배 한 척이 우리 디지털 사서들을 기다리고 있다.

디지털도서관 사서가 되고 싶다면

디지털도서관 사서가 되고자 하는 경우 먼저 사서 자격증을 취득해야 한다. 그리고 전산 및 정보기술에 대한 지식과 도서관 근무 경험이 풍부할수록 유리하다.

업무는 사서직 업무와 전산직 업무로 구분할 수 있다. 현재 경기도사이버도서관에는 사서팀장 1명, 사서 2명, 전산 1명 등 총 4명이 근무하고 있다. 하는 일은 교육·콘텐츠 개발 업무, 독서 진흥을 위한 독서·홍보 업무, 시스템을 담당하는 전산 업무로 구분되어 있지만, 직원이 많지 않은 관계로 팀장부터 팀원까지 모두 멀티플레이어로서의 역할을 수행해야 한다.

우아한 사서연구원,
사서 고생하다?

| 장금연 |

1994년 부산대 문헌정보학과를 졸업하고 성균관대에서 문헌정보학 석·박사를 마쳤다. 1997년 한국교육학
술정보원(KERIS)에 입사해 현재 학술정보서비스 연구와 서비스 운영에 관련된 일을 하고 있다.

"**문헌정보학과?** 처음 들어 보는데?"

"도서관학과에서 이름이 바뀐 거예요."

"졸업하면 서점에서 일하니?"

"그보단 사서가 돼서 대학도서관, 공공도서관 같은 곳이나 관련 기관에 취직하는 경우가 많아요."

대학에 입학한 후 졸업할 때까지 학과의 정체성을 묻는 질문을 얼마나 많이 받았을까. 아마 셀 수도 없을 만큼 많았던 것 같다. 대학에 막 입학한 새내기로 '세상을 다 가진 것 같았던' 나는 "왜 사람들이 잘 모르는 학과에 들어와 이 고생을 사서 하는 걸까?" 하며 살짝 후회해 본 적도 있다.

내가 문헌정보학과를 선택한 계기는 아주 단순했다. 고3 어느 날 담

임선생님이 "문헌정보학과가 참신해 보이는데 넌 어떠니?" 하며 문헌
정보학과에 대해 설명해 주셨고, 대학에서까지 엄숙하게 학문에만 몰
입하고 싶지 않았던 나는 눈을 반짝이며 OK 사인을 보냈다.

두둥~. 드디어 학과 오리엔테이션 시간. 들뜬 가슴을 진정시키며
자리에 앉자 학과장님이 "여러분들은 우리 학교 문헌정보학과 제2회
입학생입니다." 하시더니 도서관학과가 문헌정보학과로 바뀐 배경을
설명하기 시작했다. '이럴 수가! 도서관학과에서 개명된 거라고?' 그
제야 문헌정보학과의 실체를 알게 된 나는 입학 전 나의 진로를 꼼꼼하
게 따져 보지 못한 스스로를 나무랐다.

문헌정보학과는 전형적인 여초(女超) 학과였다. 내 동기들 중 여학
생은 30명이나 되었지만 남학생은 달랑 8명에 불과했다. 엄숙하고 조
용한 학과가 싫어서 선택한 문헌정보학과인데 동기들은 대부분 조용한
성향의 소유자들이었다. 한눈에 딱 봐도 책을 좋아할 것만 같은 스타일
의 학생들이 모여 있었다. 입학 전 기대했던 활발한 학과 생활이 물 건
너간 것만 같은 불길한 예감이 들었다.

'도서관학개론', '목록', '서지학' 등 문헌정보학과의 필수 과목 강
의를 들으면서 나는 너무나 조용한 범생이 친구들 속에 섞이지도 못하
고 문헌정보학이라는 학문에 정을 붙이지도 못한 채 어느덧 4학년 마
지막 학기를 보내고 있었다.

문헌정보학과 졸업생, 단박에 취업하다

"내일 10시까지 와. 서울에 있는 회사인데 부장님이 내려오신다니

까 면접 한번 봐."

졸업을 앞두고 취업을 걱정하던 나에게 한 통의 전화가 걸려왔다. 대학도서관에서 근무하던 선배가 서울에 있는 도서관 전산화 전문 업체에 면접을 주선해 준 것이다. 도서관 전산화가 이제 막 활발하게 시작되던 때였다.

그렇게 얼떨결에 직장인이 되었다. 부산이 고향이었던 나는 서울에 집도 구하지 못한 채 면접 본 지 일주일 만에 상경해 출근 준비를 했다.

회사에서 내가 맡은 일은 도서관 전산화를 위해 필요한 시스템을 설치하고 이를 활용할 수 있도록 이용자 교육을 하고 사후 운영을 지원하는 일이었다. 서버와 네트워크 설치, 각종 데이터베이스 변환, SQL(Structure Query Language: 사용자와 관계형 데이터베이스를 연결시켜 주는 표준검색언어) 작성, 데이터 오류 검열 등등 다 처음 해 보는 일이라 낯설고 어려웠지만 시행착오를 거치면서 하나씩 배워 나갔다. 대학 4년 동안 학교에서 배운 것보다 2년 동안 회사에서 배운 게 더 많았던 것 같다. 업무를 전산화하는 과정은 기존의 업무를 파악하지 않고는 불가능했기에 나는 도서관이 돌아가는 데 필요한 전반적인 업무를 모두 경험했다. 그렇게 50여 개의 대학도서관을 전산화하는 과정에서 쌓은 실력과 경험은 이후 KERIS로 옮겨 대학도서관 정책을 기획하고 운영하는 데 큰 도움이 되었다.

회사원이 된 지 1년쯤 지나자 어느 정도 자리가 잡혀 일이 한결 수월해지고 재미도 있었지만, 딱 한 가지 나를 괴롭히는 게 있었다. 바로 사람들 앞에 서는 일이었다. 대학 때 발표가 포함된 수업은 아예 수강 신청을 포기할 정도였는데, 새로운 프로젝트를 따내기 위해서는 프레젠테이션이 필수이고 시스템을 설치한 후에는 이용자들 앞에 서서 교육을 해야 하니 그 스트레스는 말로 다할 수가 없었다.

그러나 쇠가 불에 단련이 되듯이 프레젠테이션과 교육이 거듭될수록 사람들 앞에 서는 일이 점점 자연스러워졌고 발표에도 자신감이 붙기 시작했다.

사서, 우아한 연구원이 되다

첫 직장에서 2년이 지났을 즈음 문헌정보학과 졸업생들의 취업 로망인 KERIS(한국교육학술정보원)*에 입사할 기회가 생겼다. KERIS는 교육의 전산화를 선도하는 교육부 산하 정부기관으로 문헌정보학, 교육학, 컴퓨터공학, 전산학 등 다양한 분야의 전문가들이 근무하고 있다. 그중 문헌정보학과 출신은 대학도서관의 소장 자료를 공동으로 활용할 수 있는 정책을 만들고 이를 실현시킬 수 있는 시스템을 개발해 각 대학에 적용하는 일을 한다.

"어디에서 근무하세요?"

"음⋯." 잠깐의 침묵이 흐른다.

"KERIS라고요, 한국교육학술정보원이라는 데에서 근무해요. 정부 산하 기관이에요."

도서관업계에 종사하는 사람이 아니라면 다음 질문은 영락없이,

"교육? 뭐? 거기가 뭐하는 곳이에요?"

---

* 1999년 4월 22일 설립된 KERIS는 한국교육개발원 부설 멀티미디어교육지원센터(KMEC)와 한국학술진흥재단 부설 첨단학술정보센터(KRIC)가 통합되어 교육학술연구정보화로 국가 교육 발전을 이루기 위해 설립된 기관이다. KERIS는 스마트교육, 학술연구정보화, 교육행정정보화(NEIS) 등 교육정책 기획, 정책 개발, 서비스 운영 업무를 수행하고 있다.

"교육정보와 학술정보를 기획하고 운영하는 기관이에요. 전 대학도 서관 관련 업무를 하는 학술연구정보본부에서 일하고 있어요."

동료들은 사람들한테 KERIS라고만 해도 "아~~ 거기."라는 반응을 듣는 게 소원이란다.

이젠 나도 요령이 생겨서 상대방이 학부모라면 "NEIS(교육행정정보시스템)* 아시죠? NEIS가 운영하는 기관이에요."라고 대답한다.

그렇다고 여기서 대화가 끝나는 건 아니다.

"공무원이에요?"

"아니에요. 국가공무원법에 따라 채용은 하는데 전혀 상관없어요. 그냥 준공무원이라고 생각하시면 돼요."

이렇게 3단계의 질문이 오간 후에야 비로소 신상 조사가 끝난다. NEIS가 언론에 많이 노출된 덕에 KERIS를 설명하는 과정이 2단계로 줄어서 고마울 따름이다.

KERIS에 입사하기 전 나는 막연하게 그곳에 가면 멋진 일을 할 수 있을 것만 같았다. 그동안 대학도서관 전산화 업무를 하며 갈고닦았던 실력으로 새로운 기관에서 멋진 사람들과 함께 우아하게 일할 수 있을 것 같은 느낌이었달까. 연구원이라는 직함도 마음에 들었다.

하지만 그러한 환상은 그리 오래가지 않았다. 전국 대학도서관의 소장 자료를 공동으로 활용하는 일은 생각보다 쉽지 않았다. 종합목록과 상호대차를 위한 합의를 이끌어 내는 과정에서 몇몇 대학도서관의 반대에 부딪친 것이다. 특히 학교마다 데이터를 입력하는 지침이 제각각이

* NEIS(National Education Information Systems)는 전국의 초·중등학교, 시도 교육청 및 산하 기관, 교육과학기술부를 인터넷으로 연결하여 교육 관련 정보를 공동으로 이용하기 위한 전산 환경을 구축하는 교육행정정보시스템이다.

:: 학술정보운영위원회 회의에서 진행을 맡은 필자. 그가 맡은 업무 중 가장 우아한 일이라고 한다.

라 데이터베이스를 통합하는 작업은 내가 생각했던 '우아한' 정책 수립 과는 거리가 멀었다. 각 대학도서관 관계자의 의견을 수렴하기 위해 동 분서주해야 했고 원활한 소통을 위해 중재에 나서야 할 때도 많았다.

단계적으로 일을 처리하기 위해 나는 먼저 20개 대학을 선정해 사 업별로 학술정보운영위원회를 구성하였다. 즉 종합목록, 상호대차, 원 문공유 등 3개 운영위원회를 통해 각 대학의 의견을 모으고 KERIS는 운영위원회와 협력해 해결책을 찾기로 한 것이다.(현재 이 3개 운영위 원회는 교육부에서 진행하는 대학도서관 평가에 영향을 끼치는 중요한 조직으로 위상이 높아졌다.)

그중 내가 맡은 위원회는 원문공유운영위원회로, 여기서 나는 회칙 을 정하고 자료를 작성하여 발표를 하고 또 안건을 선정해 회의를 진행 하는 등의 일을 맡아 했다. 그야말로 운영위원회 코디네이터다.

대학마다 경영 원칙과 이해관계가 다르다 보니 의견을 취합하는 과정은 결코 만만치 않았다. 다수결에 의한 투표로 안건을 결정한 것도 각기 다른 의견을 원만하게 수렴하기 위해서였다.

2006년에 있었던 운영위원회 회의는 지금도 잊을 수가 없다. 네이버, 다음 등 인터넷 포털에 각 대학이 소장하고 있는 학술정보를 제공할 것인가에 대한 토론이 끝나고 드디어 의결의 순간이 다가왔다.

"그럼 토론은 이것으로 마치고 안건을 투표로 결정하겠습니다."

"…."

"땅. 땅. 땅. 이 안건은 부결되었습니다."

이럴 수가…. 이론적으로 따져 봤을 때 이용자가 몰리는 인터넷 포털사이트를 통해 대학이 소장한 정보를 공유하는 것은 대학도서관의 서비스를 외부에 알릴 수 있는 절호의 기회가 아닌가. 내심 가결될 것이라고 기대했건만…, 대학도서관의 늘어나는 업무와 저작권 침해 논란 등에 부담을 느낀 위원들의 반대표가 생각보다 많았던 것이다.(나중에 저작권을 개방하자는 카피레프트 운동의 일종인 CCL(Creative Commons License)이 자리 잡으면서 이 안건은 자연스럽게 해결되었다.)

1년에 두 번씩 치르는 운영위원회의 회의에 어느새 익숙해져 이제 나는 회의를 주관하고, 아울러 추진하는 일의 현황을 발표하고 안건을 보고하는 등의 끝날 것 같지 않은 긴 회의를 유연히 진행하게 되었다. 이 회의가 내가 맡은 업무 중 가장 우아한 업무가 아닌가 싶다.

밤 12시의 라면 배달과 과일 깎기 신공

대학도서관 전체의 협력을 이끌어 내어 학술정보자원을 공동 활용하는 체제를 구축하기 위해 사업을 구상하고 그 사업을 교육부 등 정부에 성과로 보고하는 일은 내가 맡은 중요한 업무 중 하나다. 정책 개발도 중요하고 운영위원회와 같은 조직을 꾸려 활용하는 것도 중요하지만, 이러한 일을 하다 보면 역시 가장 중요한 것은 사람이라는 생각이 든다. 대학도서관에서 일하는 사서들이 한자리에 모여 서로 이해하는 공감대가 형성된다면 협력을 이끌어 내는 과정이 훨씬 더 수월하지 않을까.

대학도서관 관계자들이 1년에 한 번씩 모여 최근 현안에 대해 토론하고 밤새 이야기꽃을 피우는 전국대학도서관대회는 이렇게 탄생되었다. 2001년 시작된 이 행사는 올해 12회째를 맞고 있다.

많은 사람들이 모이는 전국대학도서관대회를 기획하고 추진하는 과정에서 벌어진 재미있거나 황당한 에피소드는 한두 가지가 아니다.

제1회 행사를 위해 잡은 장소는 천안에 위치한 상록리조트. 지금은 리모델링을 마치고 깔끔하게 변신했지만, 그때만 해도 방과 복도의 전등이 자동으로 켜지지 않는 구식 건물이었다.

행사 전날 도착한 우리는 낮에는 세미나 준비를 하고 밤 11시부터는 4인 1조로 팀을 꾸려 특급호텔 수준의 서비스를 제공하기 위한 룸 세팅 작업에 들어갔다. 당시 팀장님이 내린 지시의 핵심은 '감동'. 방마다 컵라면, 김치, 물 등을 냉장고에 채워서 참가자에게 감동을 전해 주자는 취지였다. 그런데 어두컴컴한 부엌에서 손님 맞을 준비를 끝내고 돌아오는 중에 갑자기 뒤에서 괴성이 들리는 게 아닌가.

"아~~~악!! 문 열어 주세요!"

동료들과 나는 혼비백산해 빛의 속도로 복도를 뛰어나왔다. 밖으로 나온 뒤에야 우리는 비로소 정신을 차렸고 부엌에 누군가 혼자 남아 있

:: 전국도서관대회(2007년). KERIS 연구원들이 전국 도서관 관계자들을 맞을 준비를 하고 있다.

다는 것을 알게 됐다.

돌이켜 보면 즐거운 추억이지만, 산 중턱에 위치한 콘도에서 네 명씩 짝을 지어 그 야밤에 휴대전화 하나에 의지해 어두운 복도와 방을 돌아다니던 장면은 영락없는 '귀곡 산장'이었다.

그뿐이랴. 100인분의 다과를 준비하기 위해 멜론 수십 통을 10여 분 만에 깎기도 했다. 우리들은 마치 과일 깎기 경연대회라도 참가한 듯 입을 굳게 다물고 멜론 깎기에 돌입했다. 사각사각 들리는 멜론 깎는 소리와 수북하게 쌓여 가는 껍질만이 그때의 긴장감을 말해 줄 뿐이었다. 단 네 번의 칼질에 일정한 네모 크기로 잘린 멜론을 접시에 올리며 서로 감탄하던 순간은 지금도 잊을 수가 없다.

전국대학도서관대회는 참가자들의 호평에 힘입어 이제는 500여 명이 참가할 정도로 규모가 커졌으며, 전문가들을 초빙해 대학도서관의 발전 방향에 대한 세미나를 열고 토론을 하는 등 행사 내용도 알차게

:: 전국도서관대회의 세미나(2012년). 규모가 커진 만큼 프로그램 구성과 준비에 더욱 심혈을 기울이고 있다.

성장했다.

KERIS에서는 매해 10명 미만의 소규모 회의부터 200~300명이 넘는 행사들을 주최한다. 나 또한 그 일원으로서 직접 프로그램을 기획하고 준비하면서 대학도서관 현장이 변화하는 모습을 지켜봐 왔다. 행사가 진행되는 동안은 긴장의 연속이지만 무사히 끝내고 난 뒤의 쾌감은 다음 행사를 준비할 수 있도록 스스로를 독려하는 엔도르핀이 되기도 한다.

대학도서관과 KERIS는 운명공동체다

"그런데 상호대차가 뭐예요? 자료를 자세히 안 봤는데 대학도서관에 돈 빌려 주는 거예요?"

　1999년 대학도서관을 하나의 정보공동체로 만들겠다는 목표를 세우고 이러한 계획을 발표하는 자리에서 KERIS 내 다른 부서의 동료가 조용히 다가와 조심스럽게 물었다.

　담당자로서는 다소 황당한 질문이기는 했지만 그의 질문은 나에게 커다란 문제의식을 던졌다. 그동안 도서관 관련 용어가 너무 낯설고 어려워 용어 자체는 물론이고 무슨 일을 하는지 알기 어렵다는 지적이 많았던 것이다. 우리가 우리들만의 언어로 소통하면서 외부와의 소통을 차단하고 있었던 것은 아닌지 자문하게 되었다. 이때부터 가능하면 쉬운 용어로 보고서를 작성하고 어려운 용어는 필히 주석을 다는 등 우리만의 언어에서 그들이 알아들을 수 있는 언어로 서비스를 할 수 있도록 노력했다.

　그리고 이때 시작된 지식정보구축사업은 4년쯤 지나자 어느 정도 자리가 잡혔다. 얼마 전에는 미국 MIT에서 개발한 Dspace를 국내에 도입하기도 했다.

　Dspace는 대학도서관과 중앙통제시스템을 연결해 실시간으로 데이터를 가져올 수 있는 시스템이다.

　"아, 이런 시스템을 만들어서 대학에 보급하면 좋겠다."

　문제는 예산이었다. 시스템 도입 예산을 정부로부터 확보해야만 하는 난관에 부딪친 것이다. 그동안 대학도서관에 필요한 도서나 서버 구매 비용을 간접적으로 지원한 적은 있었지만, 대학도서관에 예산을 직접 지원하기 위한 예산을 정부로부터 받은 적은 없었다.

　"준비하는 자에게 기회가 온다."고 했던가. 당시 정보통신부가 추진하던 지식자원관리사업을 통해 시스템을 도입하고 필요한 장비를 대학에 보급할 수 있는 예산을 확보했다. 물론 이 예산을 따내기 위해 우리는 몇날 며칠 야근을 해 가며 프레젠테이션 준비를 해야 했다. 이를 위해 대학도서관에서 일하는 분들과 더 좋은 활용 방향을 고민하고 더 나은 시스템을 개발하기 위해 머리를 맞대고 궁리와 고민을 거듭했던 것은 두말하면 잔소리다.

사실 1991년 KRIC*가 KERIS로 통합되면서 KERIS는 대학도서관 현장의 반발에 부딪쳤다. 대학도서관의 자료를 누구나 사용하게 되면 되레 대학도서관의 발전을 막게 될 것이라는 의견에서부터 종합목록으로 통합해 목록(도서의 제목, 저자, 출판사 등 서지 사항을 특정 규칙에 의해 기술한 자료) 데이터를 공유하면 목록작업을 해 온 사서의 일자리가 없어질 것이라는 위기론에 이르기까지 KERIS의 역할에 대한 반대 의견이 다양했다. 그러나 지금은 대학도서관이 개별적으로 진행하기 어려운 시스템 표준화의 가이드라인을 제시하고 정부로부터 예산을 확보하는 등 대학도서관을 도와주고 있다는 인식이 확산되면서 KERIS가 대학도서관과 함께하는 운명공동체라는 인식이 현장에 자리 잡았다.

KERIS에 입사한 후 5년 정도 됐을 때까지도 나는 내 일만 열심히 하면 된다고 생각했다. 그러나 요즈음 들어서는 국가정보센터로서 KERIS의 위상을 높이기 위해서는 보다 적극적으로 일을 해야 하겠다는 각오를 다지게 된다. 대학도서관의 발전이 없으면 KERIS의 발전도 기대하기 어려울 뿐 아니라 대학도서관과 KERIS는 그야말로 공동운명체, 아니 운명공동체이기 때문이다.

* KRIC(Korea Research Information Center)는 대학도서관 학술정보를 공동 활용하기 위해 설립된 첨단학술정보센터로 1999년에 KERIS로 통합되었다.

학교도서관은 천국,
사서교사는 천사

| 이덕주 |

서울 마포고 시절 도서반 동아리 활동을 하면서 책과 도서관에 관심을 갖은 것이 계기가 되어 1986년에 성균관대 도서관학과에 입학했다. 1993년 송곡여자고등학교 사서교사가 됐다. 이후 도서관 자원봉사 동아리 서랑 학생들과 함께 도서관을 운영하며 교과교사들과 공동으로 프로젝트 수업을 진행하는 등 도서관을 교수학습지원센터로서 키워 나가고 있다.

　　도서관에서 하는 국사 프로젝트 수업의 마지막 날에 학생들은 발표를 한다.

　　'도서관에서 수업을 진행하는 탓에 수업 집중도가 떨어지지 않을까? 아이들이 스스로 생각하고 움직여서 프로젝트를 수행해야 하는데 잘할 수 있을까…?' 처음엔 이 생소한 수업에 대해 교사들은 모두 걱정이 많았다.

　　국사교사는 "국사 수업에 흥미가 없거나 의욕이라곤 눈곱만치도 찾아볼 수 없던 아이들도 있는데 프로젝트 수업을 할 때만큼은 모두가 깨어 있어요. 주제를 정하고 서로 논의하고 필요한 자료를 찾는 모습이 대견하다니까요."라며 놀라운 발견이라도 한 듯 감격해한다.

　　도서관 프로젝트 수업은 사서교사와 국사교사가 아이들에게 과제를 주고 최종 발표까지 도서관에서 진행하는 학생 참여형 수업이다. 사서교사로서 나는 학생들에게 자료를 찾는 법을 알려 주고 보고서를 작성하는 법과 프레젠테이션 방법을 가르쳐 준다. 교실에서 교사가 교과 내용을 일방적으로 주입시키는 수업보다는 아이들이 직접 참여하기에 수업은 활기가 넘치고 교과교사도 나에게 고마워한다.

사서교사로서 당연하게 도와주는 것일 뿐인데 감사의 인사를 받기가 때론 겸연쩍다. 교실에서 진행해도 될 수업을 사서교사와 함께 진행하겠다고 결정한 교과교사들에게 되레 감사를 표하고 싶다. 도서관에서 자신의 수업이 공개되는 것이 두려울 수 있고, 아이들의 자발성에 대한 믿음 없이는 프로젝트 수업을 할 수 없기 때문이다.

잠자던 교실, 프로젝트 수업으로 활기를 되찾다

발표 날은 평소보다 더 활기차다. 발표할 파일을 미리 설치해 두느라 컴퓨터에 몰려 있는 아이들이 있는가 하면, 한쪽에서는 한복을 입고 발표를 하겠다며 옷을 갈아입느라고 야단법석이다. 드디어 발표 시작. 아이들의 표정이 자못 진지하다.

첫 번째 조의 주제는 '기생'. 한복 차림의 아이들이 등장했다. 아이들은 마치 조선시대 기생이 빙의라도 한 양 발표에 몰입했다. 그간 학생들은 발표를 준비하며 도서관 DB를 통해 관련 서적과 논문까지 찾아보는 열의를 보였다. 그만큼 발표 내용이 충실했다. 지난 10시간 동안 도서관에서 아이들을 가르치면서 힘들었던 기억들이 눈 녹듯 사라졌다. '저 말썽꾸러기들이 어떻게 내가 가르쳐 주지 않은 것까지 알아

:: 도서관 프로젝트 수업 중의 송곡여고 학생들.

냈을까? 발표하는 데 의상까지 신경 쓰다니 기특하군.' 어느새 입가에 미소가 그려졌다. 아이들에게 도서관은 자기주도학습의 장이 될 수 있다. 스스로 지적 탐구를 하며 쾌감을 맛보게 되는 것이다. 도서관에서의 학습 경험은 아이들이 커 가는 과정에서 두고두고 중요한 기억이 되어 성장의 자양분이 될 것이다.

그다음 조는 '의자왕'이라는 주제를 드라마처럼 만들어 발표했다. 아이들은 마치 프로 방송작가라도 된 듯 『삼국사기』, 『삼국유사』 등의 책을 찾아보면서 한 가지 역사적 사건에 대해 평가가 엇갈리는 지점들에 주목했다. 그러면서 역사 자료라고 무조건 믿을 것이 아니라 비판적으로 봐야 한다는 것을 스스로 깨우쳤다.

마지막 조는 '결혼'을 주제로 전통혼례식 제안서를 만들어 왔다. 본인들이 웨딩플래너가 되어서 아직 미혼인 국사교사의 결혼식을 전통 방식과 현대식의 퓨전으로 만들어 왔다. 국사 선생님의 신랑감을 연예

:: 도서관에서 하는 국사 프로젝트 수업을 위한 책들이 꽂혀 있는 서가.

인들 중에서 캐스팅해 오고 피로연의 코스 요리까지 정리하는 등의 꼼꼼함도 보였다.

프로젝트 수업을 진행하면서 나 역시 역사 지식을 꽤 많이 얻을 수 있었다. 국사교사가 지향하는 수업의 목표와 국사 수업의 애환도 알게 되었다. 최근에는 사회교사와 5개 출판사의 사회 교과서를 비교한 뒤 몇 개 주제를 추출하여 도서관 프로젝트 수업을 진행하기도 했다. 교과교사들의 도서관에 대한 관심도 높아졌다. 사회교사와 국사교사는 도서관에서 수업을 하면서 반(半) 사서교사가 됐다는 말을 하기도 한다. 그들은 도서관 홈페이지 이용법, 도서관 DB 활용법, KDC 분류법, 참고문헌 작성법, 보고서 및 기획서 작성법, 프레젠테이션 노하우 등을 익혀서 내가 바쁠 때는 사서교사 역할을 대신해 주기도 한다.

아직도 공교육의 현장에는 교사가 주도하는 주입식 수업이 많다. 나는 학생들에게 평생학습 능력을 키워 주기 위해서 교과교사들과 사서교사들이 협력하여 학생들이 수업에 적극 참여할 수 있도록 유도해야 한다고 믿는다. 교과교사 혼자서는 학생들이 스스로 자료를 찾고 보고서를 작성하고 발표하는 수업을 시도할 엄두가 안 나겠지만 자료 전문가인 사서교사가 적극 협력하면 정보 활용 능력을 키워 주는 수업이 가능해진다. 학생들이 도서관의 다양한 자료를 자유자재로 활용하기까지는 시간이 걸리겠지만, 장기적으로는 스스로 공부하고 문제를 해결하는 방법을 알게 될 것이다.

사서교사와 함께 도서관을 운영하는 서랑의 아이들

"후배들이 도서관을 제대로 정리하는지 시험을 봐야겠어요."

"음, 후배들을 가르치는 건 좋지만 시험이라는 형식은 아닌 것 같다. 동아리 활동을 하면서까지도 시험이라는 스트레스를 줄 필요가 있을까?"

하지만 아직 서툰 후배들을 깨우쳐 주겠다는 선배 아이들의 마음과 도서관에 대한 뜨거운 관심에 슬며시 미소가 지어졌다.

우리 도서관은 쉬는 시간마다 도서관 자원봉사 동아리 '서랑' 학생들이 와서 사서교사를 도와준다. 수업 준비로도 충분히 바쁠 텐데 도서반 학생들은 쉬는 시간마다 돌아가면서 대출대를 지킨다. 대출과 반납은 물론 서가에 책 꽂기, 프린터와 노트북, 복사기 등 각종 기자재 관리 등의 일을 한다. 점심시간에도 교대로 식사를 하면서 도서관을 지킨다.

일주일에 한 번뿐이지만 특별활동 시간에 나는 서랑 학생들을 지도한다. 도서관과 책을 도구로 다양한 활동을 하는데, 그중에서도 학생들의 자치 능력을 길러 주는 활동이 참여도가 높다. 동아리 대표를 뽑는 단장 선거를 위해 공청회를 열기도 하는데, 이때는 단장 후보에게 동아리와 도서관에 대한 의식과 가치판단이 드러나는 질문들이 쏟아진다. 왜 단장을 하려고 하는지, 동아리를 탈퇴하려 하는 동기에게 무슨 말을 해 주어야 할지, 선후배 사이가 안 좋을 때는 어떻게 풀지 등등. 그런 질문들 중에 꼭 있는 질문 하나는 사서교사와의 갈등에 관한 질문이다.

"사서교사가 부당한 꼬투리를 잡아서 서랑 활동을 막거나 도서관의 운영을 서랑의 동의 없이 마구잡이로 진행하려고 하면 어떻게 하실 건가요?"

"사서교사를 적절히 견제하고 부당한 지시를 할 때는 적극 대응해야 합니다."

"그러면 지금이 바로 그런 상황이라고 가정하고 사서 선생님께 실제로 따져 보세요."

사서교사는 이 대목에서 권위적인 태도로 연기를 해서 정말 문제가 있을 때 사서교사에게 부당함을 지적하고 잘 설득할 수 있는 친구가 드러나도록, 그럼으로써 학생들이 판단할 수 있도록 해 줘야 한다. 아이들은 이런 질문을 하고 답을 하는 과정에서 도서관의 의미를 깨닫고 애정도 키워 간다.

서랑의 아이들은 참 적극적이다. 도서관에서 일한다고 해서 장학금을 받는 것도 아니고 봉사 점수를 받는 것도 아닌데 책임감이 강하다. 아마도 도서관의 운영과 중요한 결정에 아이들이 직접 참여하기 때문일 것이다. 언젠가는 졸업생이 학교를 찾아와,

"송곡여고 도서관은 우리 도서반 서랑이 지켜야 돼. 선생님이 마치 대한민국의 학교도서관을 모두 책임진 것마냥 출장이 많잖아. 우리가

도서관의 주인이라는 점을 잊지 마."

하며 후배들과 결의를 다지기도 했다. 사실 이 말은 극성인 선배들이 후배들에게 전수하는 지침 중에 빠지지 않는 대목이기도 하다.

이렇듯 서랑의 아이들은 '내가 도서관의 주인'이라는 의식이 강하다.

"선생님, ○○ 통신회사에서 지원자 수가 많은 학교에 5000만 원어치의 도서관 리모델링을 해 준대요. 이거 우리 학교를 위한 거예요."

그날로 아이들은 전단지를 만들어 선후배 재학생들은 물론이고 동네 주민들에게까지 도서관 홍보를 하였다. 그리고 마침내 전국의 수많은 명문교를 제치고 이벤트의 두 번째 주인공이 되었다. 그렇게 도서반 아이들이 벌어 온 리모델링 자금으로, 아이들이 원하는 대로 도서관 리모델링을 했고, 아이들이 그토록 바라던 따뜻한 온돌방이 도서관 안에 만들어졌다. 나와 아이들은 우리 도서관의 콘셉트를 '문화와 예술이 넘치는 도서관'으로 정하고 그랜드 피아노, 탁구대 등을 들여놓고 갤러리 코너를 만들었다.

이후 도서관 리모델링을 주도했던 학생이 졸업을 앞두고 나를 찾아와 "제가 도서관장이고 제가 만든 도서관인데 저는 왜 졸업을 해야 하나요?" 하면서 아쉬운 마음을 전하기도 했다. 비록 도서관에서 자원봉사를 하는 아이들이지만 도서관에 주인 의식을 가지면 이처럼 교사가 생각지도 못한 일을 척척 해낸다. 그리고 학교도서관의 자원봉사자는 단순한 봉사자가 아니라 사서교사의 소중한 동료이자 동지이기도 하다.

서랑의 아이들 중에는 입학사정관제로 문헌정보학과를 선택하는 아이들도 많다. 그래서 해마다 수시모집을 앞두고 3학년 학생들이 종종 나를 찾아온다. 수시모집에 지원할 자기소개서를 점검해 달라며. 그럴 때면 나는 학생부를 참고해 입학 가능한 대학을 찾아 주고 아이들과 고민을 나눈다. 서랑의 아이들은 나에게 큰 자랑거리이자 빛나는 미래이다.

"사람이 책이다" – 사랑을 중계하는 사서

오늘의 수업이 모두 끝났음을 알리는 종이 울리면 도서관은 한 번 더 바빠진다. 나는 일반 교사들과는 생활 패턴이 다르다. 교과교사들이 퇴근을 준비할 때 사서교사는 더 바빠지는 것이다. 공식적으로는 오후 4시 30분이면 도서관을 닫아야 하지만 한 번도 제시간에 닫아 본 적이 없다. 한두 시간씩 더 열려 있는 날이 많다. 일반 학생들의 도서관 이용이 끝나면 도서반 학생들과 상담을 하거나 책 읽는 모임을 갖거나 방과 후 수업을 하는 경우도 있다.

사서교사는 사람을 대출해 주기도 한다. 장래 직업에 대해 고민하는 학생들을 위해 졸업한 선배들을 학교로 초대해 그들의 이야기를 듣는 '언니와의 수다'를 도서관에서 진행한다. 간호사, 엔지니어, 디자이너, 작가, 스튜어디스로 일하고 있는 선배들과의 만남은 학생들이 자신이 하고 싶어 하는 일을 찾을 수 있는 기회가 되기에 매우 소중한 시간이다. 나는 별도로 '언니와의 수다' 파일을 만들었는데, 여기에는 동창회는 물론 사회 각 분야에서 활동하고 있는 졸업생들의 연락처가 빼곡히 적혀 있다. '언니와의 수다'를 위해 나는 재학생들에게 미리 의견을 구했는데, '간호사로 근무하고 있는 언니를 만나고 싶다', '빵집을 운영하는 선배를 만나게 해 달라' 등 다양한 요구가 있었고 이를 적극 받아들

:: 송곡여고 도서관에서 진행하는 졸업생과 재학생들의 유쾌한 만남 '언니와의 수다'.

여 수소문을 했던 것이다.

방학, 도전과 충전의 시간

사서교사들은 방학 때가 되면 연수를 한다. 지난 연수의 주제는 '도서관 프로젝트 학습'이었다. 대학 캠퍼스의 강의실과 기숙사를 빌려 초·중·고 사서교사 90명이 모여 '학교도서관과 수업 시간을 어떻게 하면 효율적으로 연결할 수 있을까'에 대해 머리를 맞대고 고민했다.

사서교사 연수에는 사서교사 외에도 프로젝트 수업에 관심이 있는 교사들이 참가한다. 사서교사 정원이 있는 학교는 전국에 700개 학교(2011년 교육통계)에 불과하다. 나머지 학교들은 교과교사가 학교도서관 운영을 겸하거나 학부모의 도움을 받기도 하고, 계약직 사서에 의해 운영되는 경우도 많다.(전국 4600개 학교, 2011년 교육통계)

학교도서관은 학생들의 아픈 마음을 치유하는 곳이기도 하다. 입시 문제와 함께 학교 폭력, 왕따 등 아이들의 정서적 결핍으로 인한 학교 문제가 사회문제로 떠오른 지 오래다. 나는 이 중에서도 학교 폭력을 해결하는 방법을 도서관에서 찾아보았다. 아이들의 쉼터 혹은 해방구 역할을 도서관이 할 수는 없을까? 상처받은 아이들을 다독이는 데 도서관이 할 수 있는 일은 뭘까?

실제로 학교도서관을 청소년의 정서 지원 센터 개념으로 운영하는 사서교사들도 있다. 사서교사들은 청소년 상담에 관한 공부를 하고 이를 토대로 도서관을 정서 지원의 장소로 활용한다. 이럴 때는 고등학교 사서교사도 그림책을 활용한다. 심리적으로 불안한 아이들에게는 텍스트 위주의 책보다는 그림책이 훨씬 효과적이기 때문이다.

성적으로 인생이 결정되는 그런 사회에서 마음이 아프지 않은 아이들이 얼마나 될까. 나는 학교도서관이 그런 아이들에게 아픈 마음을 내려놓을 수 있는 공간이 되기를 진심으로 바란다.

사서교사는 사서이기 이전에 교사다

사서교사가 되겠다며 교생 실습을 오는 문헌정보학과 4학년 학생들이 많다. 나는 오리엔테이션 시간에 그들에게 당부한다. 책을 어떻게 분류하고 어떻게 정리할지 고민하기에 앞서 아이들과 어떻게 마음을 나누고 소통할지를 먼저 생각해야 한다고. 이것이 바로 사서교사의 첫 번째 자질이라고 감히 말하고 싶다. 책을 좋아하고 책을 정확하게 정리하는 일에 관심이 많다면 사서교사보다는 일반적인 도서관의 사서가 더 어울릴 듯하다. 사서교사는 무엇보다 아이들을 좋아해야 한다. 책보다 사람이 먼저다.

다음으로 사서교사로서 제대로 서비스를 하기 위해서는 도서관을 잘 만들어야 한다. 교실이자 자원인 학교도서관이 제대로 갖춰지지 않으면 독서상담, 진학상담, 프로젝트 학습 지원 모두가 불가능하다. 후배 사서들에게 "도서관인 윤리선언에 기초해서 일상의 난관을 극복해 나갈 의지를 갖고 도서관을 만들어라."라고 주문하고 싶다. 사서가 충실하게 학교도서관을 운영하면 자연스럽게 다양한 프로그램이 생기게 마련이다. 교과교사가 운영하는 도서관에 비했을 때 사서교사가 있는 학교도서관은 뭐가 달라도 달라야 하지 않겠나.

사서교사는 원칙적으로 1인 사서다. 학교도서관의 관장부터 청소부 역할까지 일당백의 자세로 일해야 한다. 사서교사 임용 후 다른 학교도서관을 벤치마킹하기 위해 탐방할 때의 일이다. 오십이 다 된 여자 선배 교사가 운영하는 도서관이었는데, 그날 그 선배가 망치와 대못이 든 커다란 공구상자를 들고 나타난 게 아닌가.

"웬만한 책꽂이 수리는 내가 직접 하는걸."

선배를 보며 학교도서관을 운영하려면 사명감이 없이는 불가능하겠구나 하는 생각이 들었다.

사서교사들은 학교도서관에서 이렇듯 1인 3역 혹은 4역 이상의 일을 한다. 때로는 사서로, 때로는 기획자로, 때로는 교사로, 때로는 상담자로 변신한다.

도서관은 천국, 사서교사는 천사

교사들은 1년에 한 번씩 동료, 학부모, 학생 들로부터 평가 내지는 만족도 조사를 받는다. 사서교사도 마찬가지다. 올해도 어김없이 많은 학생들이 나에게 다양한 이야기를 남겨 주었다. "도서관 덕분에 행복

했습니다.” “좋은 정보를 알게 돼서 고맙습니다.” 등등의 감사 인사도 많았지만 그보다 훨씬 더 많은 이야기는 학생들에게 더 친절하게 대해 달라는 것이었다. 처음엔 ‘나보고 뭘 더 어쩌라는 거지?’ 하는 생각에 아이들의 말이 상처로 남았다.

이런 고민을 창피를 무릅쓰고 동료 교사들에게 털어놓았더니, 학생들이 사서교사에게 기대하는 친절의 수준이 일반 교사들에게 기대하는 수준보다 훨씬 높은 것 같다며 위로해 주었다.

우리나라에서 고등학교는 치열한 입시 경쟁 교육의 장이다. 다른 교과교사들은 교실이 붕괴되고 교권이 땅에 떨어지고 교실에서 수업하기가 점점 더 힘들다고 한다. 또 아이들은 아이들대로 교실에서 하루 종일 수업을 받기가 힘들다고 한다. 오죽하면 ‘학교 지옥’이란 말까지 등장했을까.

그런 와중에 도서관만큼은 아이들에게 천국이다. 도서관에선 시험도, 등급도, 차별도 없다. 책을 좋아하는 많은 사람들에게도 “읽을 책이 쌓여 있는 도서관은 천국”이라고 한다. 그렇다면 나는 천국에서 근무하는 것이다. 그런데 도서관이 진정한 천국이라면 서비스를 받는 사람만이 아니라 그 속에서 일하는 사람에게도 천국이어야 한다. 나에게 도서관은 천국이다.(물론 어떤 사서교사는 도서관이 전쟁터라고 한다.) 천국에서 근무를 하니, 아이들이 나에게 천사이기를 요구하고 기대하는 것 같다.

혹시라도 나의 굳은 표정이 천국으로 아이들이 들어오는 것을 막고 있는 것은 아닌지 반성한다. 내일보다 오늘은 더 친절한 사서교사가 되겠다고 마음을 다잡으며 얼굴에 미소를 만들어 본다. 왜? 난 천국에서 근무하는 천사니까.

사서가 될 것인가,
사무원이 될 것인가

| 김휘출 |

경북대 도서관학과를 졸업하고 성균관대 대학원에서 문헌정보학 박사학위를 받았다. 1986년 한양대도서관 사서로 입사하여 20년 넘게 근무하고 있다. 2005년부터 3년간 라오스 루앙프라방국립대학교 설립 프로젝트에 참가해 도서관 부문 자문을 하기도 했다. 저서로 『사서를 위한 인터넷』, 『정보검색과 인터넷』, 『금융정보검색실무』(공저), 『인터넷을 이용한 참고봉사』 등이 있다.

한양대학교 도서관에 근무한 지 약 10년이 지난 어느 날 학생 시절부터 터프하기로 소문난 친구가 나를 찾아왔다. 그는 사무실에 들어오면서 다짜고짜 "야, 휘출아! 니 여기서 뭐 하노?" 하고 큰 소리로 말했다. 다른 사서들이 있다는 건 아랑곳하지 않았다. 그는 내가 장차 거창한 인물이 될 것이라고 기대라도 한 양 도서관에 있는 나를 안타까워했다.

오랜 방황을 끝내고 사서의 길로

'사서 김휘출'은 사실 대학을 졸업하고 교보생명에서 3년간 근무할 때까지 상상도 못했다. 대학 시절 나는 사회계열로 입학했다. 1학년 성적에 따라 2학년 때 학과를 정했는데, 도서관학과에는 1학년 때 성적을 제대로 받지 못한, 이른바 놀던 학생들이 별다른 생각 없이 모였다.

교수들은 놀기 좋아하는 학생들에게 도서관학의 학문적 매력을 보여 주지 못했다. 교수들에게 "도서관학도 학문이냐?" 하며 생트집을 잡고 막걸리를 퍼 마셨다. 하지만 그랬던 친구들이 지금은 전국의 각 도서관에서 관리자로서 멋지게 일하고 있다. 일찌감치 교수를 꿈꾸었던 친구는 문헌정보학과(도서관학과의 명칭이 이렇게 바뀌었다) 교수가 되어 후학을 양성하고 있다.

나는 도서관학을 공부했지만 사서가 될 생각은 애초부터 없었다. 그래서 경영학을 부전공으로 선택하여 취업 준비를 했고 졸업 후 교보생명에 입사했다. 하지만 교보생명에서 나에게 떨어진 일은 전공에 맞춰 조사부, 즉 국내 보험 관련 문헌 조사였다. 적성에 맞지 않아서 영업부로 옮겼다. 하지만 영업도 체질이 아니었는지 시간이 지날수록 의욕 대신 피로만 누적되었다.

직장 생활을 접고 유학을 준비하였지만 그것도 형편이 허락하지 않았다. 그러던 중 사서가 된 친구들을 만났는데 친구들의 얼굴에서 평온함을 찾을 수 있었다. 생활도 편안해 보였다. 친구들을 둘러싸고 있는 책이 눈에 들어오기 시작한 것도 그때였다.

사서 같지 않은 사서의 좌충우돌 도서관 적응기

나는 곧 대학도서관의 문을 두드렸다. 그리고 한양대학교 도서관에 취업하면서 다짐했다. 도서관에 있는 책을 다 읽는 날 사직서를 내겠다고. 하지만 25년이 지난 지금, 못 본 책들이 태반이다.

사서가 되지 않으려고 안간힘을 쓰다 들어선 사서의 길은 고난의 연속이었다. 외향적인 성격의 소유자인 나는 대학 시절 막걸리 마시느라 공부를 소홀히 한 탓에 전공 지식이 부족했다. 전공 지식은 그런대로 채워 나갔지만 도서관 사서로서 성격을 맞추는 게 쉽지 않았다. 비록 3년이라는 짧은 기간이었지만 비즈니스 세계의 맛을 본 터라 조용해 보이는 도서관에 적응이 더디기만 했다.

호칭부터 업무 태도까지 달라도 너무 달랐다. 입사 서류에 잉크도 마르지 않은 신입 사서가 고참 사서들에게 기업문화를 강요하다가 타박을 받기도 하였고, 고참 사서들에게 주식 거래법을 알려 주어 손해를 보게 하는 등 그야말로 좌충우돌하였다.

그 외에도 나에게는 또 다른 험준한 산이 가로막고 있었다. 사서라는 직업이 여자에게 어울리지 남자에게 어울리지 않는다는 고정관념이 그것이다. 실제로 도서관에는 남자 사서보다 여자 사서가 더 많았고, 그나마도 모두 온순해(?) 보였다. 남을 바꾸기 어렵다면 내가 바뀌어야 한다. 온순해져야겠다고 굳게 다짐도 해 봤지만 결코 쉬운 일이 아니었다. 궁여지책으로 노동조합위원장이 되어 1년 동안 도서관 밖에서 근무했다. 그리고 1년 후에 돌아온 도서관은…, 여전히 낯설었다.

불행 중 다행이라면 공과대학 도서실에 홀로 근무를 하게 된 것이었다. 마침 도서실에는 386컴퓨터가 들어와 있었다. 나는 컴퓨터에 매달리기로 했다. 주머니를 털어 내 돈으로 장만한 컴퓨터를 사무실에 설치하고 하루 종일 컴퓨터와 씨름을 했다.

이후 나는 내 연배의 친구들에 비해 컴퓨터와 인터넷을 상당히 잘

쓰게 되었다. 그렇게 익힌 컴퓨터 기술 덕분에 지금까지 업무를 처리하는 데 많은 이득을 보고 있다.

주제전담사서는 대학도서관의 꽃

나는 한양대학교 도서관의 과학기술 분야 주제전담사서다. 주제전담사서라는 용어를 처음 듣는 사람이라면 명칭이 약간 애매모호하게 느껴질 수도 있을 것이다. 우리나라 도서관은 미국의 사서제도를 벤치마킹하고 있다. 도서관 용어나 명칭도 미국 도서관에서 쓰는 것을 그대로 번역해서 다소 어색할 수 있다.

미국에서는 사서가 되는 과정이 한국과 다르다. 대부분 학부 과정에서 문학, 수학, 과학 등의 전공 공부를 하고 대학원에서 사서 공부를 마쳐야 사서가 될 수 있다. 하지만 우리나라는 학부에서 사서 과정을 이수하면 자격증이 나온다. 미국과 달리 전공별 전문사서가 나오기 어려운 여건이다.

과학기술 분야 주제전담사서로서 나는 수학, 화학, 물리학, 생명과학, 건축학, 전기전자학, 컴퓨터공학 대학교수들이 연구와 강의를 위해 필요로 하는 책을 선정하고 관련 정보를 제공한다. 대학도서관 주제전담사서로서 가장 중요한 일은 좋은 전공도서를 추천하는 것이다. 이를 위해 국내 도서는 물론이고 해외에서 발행되는 원서도 구입해야 한다. 문헌정보학밖에 모르는 나에게 전공별로 좋은 도서를 찾아내기란 애당초 쉬운 일이 아니었다. 그래서 처음에는 서평을 보고 선정하기도 했는데, 대부분 출판사가 마케팅 차원에서 작성한 것이라서 왜곡된 부분이 많았다.

대학도서관을 이용해 본 사람이라면 책은 많은데 막상 찾는 책은 없는 경우를 종종 겪었을 것이다. 바로 이런 잘못된 도서선정시스템 때문이다. 나는 나의 부족한 점을 극복하기 위하여 각 전공 분야 교수들에게 전공도서를 추천해 달라고 부탁했다. 하지만 극소수만이 응답을 해 와 실효성이 크지 않았다. 주제전담사서라면 자신이 책임지고 있는 분야에 대한 이해도를 높이기 위해 스스로 끊임없이 공부하고 연구해야 한다.

전공도서를 선정하는 일 이외의 시간에는 이용자들을 위한 정보 안내, 도서관 자료 활용법 교육 그리고 도서의 대출과 반납, 정리 등 일반적인 사서 업무를 한다.

병은 의사에게, 약은 약사에게, 정보는 사서에게

사서에게는 정보를 안내하는 순간이 매우 중요하다. 좋은 자료를 수집하는 일 다음으로 중요한 것이 바로 도서관 이용자와의 대면이다. 이용자와 대면하는 것은 의사가 환자를 진료하는 과정과 비슷하다. 의사가 문진을 하듯 이용자에게 현재 갖고 있는 정보는 무엇이고 어떤 수준의 정보를 찾는지 꼼꼼하게 물어야 한다. 의사가 환자의 아픈 부위를 진단하여 처방을 내린다면 사서들은 이용자들이 필요로 하는 정보 혹은 필요할 것으로 짐작되는 정보를 제시해 준다.

사서의 말 한마디가 이용자에게 어떠한 영향을 주는지는 객관적으로 측정하기 어렵다. 그러나 사서가 권하는 책 한 권이 이용자의 인생을 바꿀 수 있고, 사서가 제때 제공하는 좋은 정보로 국가의 부를 축적할 수 있는 우수한 논문이 탄생할 수도 있다. 이것이 내가 이용자와 많은 대화를 하고 책을 많이 읽어 내공을 쌓으려는 이유다.

대학도서관 사서로서 가장 보람된 순간이라면 졸업 시즌 때 대학원생들이 졸업논문을 들고 와 그동안 논문을 쓰는 데 많은 도움을 얻었다며 감사의 말을 건네는 순간이다.

그런데 요즈음은 이런 학생들을 만나기가 어렵다. 인터넷 매체가 활성화되면서 사서와 이용자 사이에 대화가 단절된 것이 큰 원인이다. 이제는 교수들도 전자저널을 이용해 논문을 쓰고 학생들도 인터넷에 의존하여 리포트를 써 버린다.

그렇다고 아쉬운 점만 있는 것은 아니다. 인터넷으로 인하여 학생과 교수, 사서와 이용자 간 대화는 줄어들고 있지만, 대신에 그들에게 다양한 정보원과 정보에 접근하는 방법을 가르칠 기회가 많아졌다. 사서의 업무 영역이 새롭게 넓어진 것이다.

사서를 저술가와 강연자로 키운 인터넷

인터넷은 나에게 남다른 의미가 있다. 인터넷이 보급되지 않았다면 지금까지 계속 사서로서 근무할 수 있었을지 장담하기 어려울 정도다.

나는 인터넷 제1세대다. 1990년대 초반에는 인터넷을 사용하려면 포항공대의 텔넷(TELNET)에 접속해야만 했고 이후에는 천리안이 등장하면서 PC통신으로 발전했다. 당시만 해도 인터넷 관련 책은 국내 서점을 죄 뒤져도 두 권 정도에 불과했다. 컴퓨터에 관한 지식은 전혀 없었지만, 새로움으로 가득한 인터넷을 남들보다 먼저 안다는 것은 희열 그 자체였다. 그렇게 나는 인터넷에 깊숙이 빠져들게 되었다.

그러던 어느 날 미국에서 가장 인터넷을 많이 쓰는 직업군이 사서라는 인터넷 기사를 보게 되었다. 문득 혼자만 아는 데 머무르기보다 다른 사서들에게도 인터넷을 두루 알려야겠다는 의무감이 들었다. 『사서를 위한 인터넷』 집필은 그렇게 시작되었다.

책이 출간된 후 도서관학 관련 도서 중 그렇게 많이 팔린 책은 없었다며 출판사 관계자가 칭찬의 말을 건넸다. 사서들뿐 아니라 대학교 내 교수들로부터 인터넷 입문서로서 매우 유용했다는 전화를 받기도 했다. 이후 나는 어떻게 하면 인터넷을 도서관 서비스에 활용할 수 있을까에 대해 연구했고, 전국을 다니며 사서들과 기업의 정보관리자들을 대상으로 인터넷 강의를 했다. 도서관과 인터넷 관련 각종 세미나에서 발표도 했다.

그중에서도 삼성그룹의 임원들을 대상으로 한 강의가 가장 기억에 남는다. 1990대 중반이었다. 나는 강의 중에 조만간 보험도 인터넷으로 가입하는 시대가 올 것이라고 말했다. 그랬더니 삼성생명에 근무한다는 임원이 조목조목 구체적으로 질문을 던졌다. 나는 내가 아는 범위 내에서 충실히 설명하고 겨우 강의를 마쳤다. 그로부터 6개월 뒤 우리나라 최초로 보험회사 내에 인터넷 사업팀이 생겨났다. 강의에서 미래를 예측한 것이 현실화가 된 것이어서 나 자신도 적잖이 놀랐다.

그러면서 도서관도 변화가 불가피하다는 것을 깨달았다. 나는 다가올 인터넷 시대를 위해 사서들도 도서관의 변화를 위한 준비를 해야 한다고 목소리를 높이기 시작했다.

두 번의 벤치마킹, 한국은 미국과 다르다

전산화와 인터넷은 도서관에 큰 변화를 가져왔다. 지금까지 해 오던 업무가 사라지기도 했고 새로운 업무가 생겨나기도 했다. 그와 함께 도서 대출 건수가 확 줄어들었다. 화들짝 놀란 대학도서관들은 어떻게 된 일인지, 어떻게 해야 도서 대출 건수를 다시 늘릴 수 있을지 방향을 잡기 위해 분주하게 움직이기 시작했다. 나는 미국의 사서들이 궁금했다. 대학도서관이 가장 발달한 미국 동부 지역 대학도서관을 가 보기로 했다. 미국의 아이비리그 명문인 컬럼비아대학 도서관의 역사학 주제전문사서와 뉴욕대학 도서관의 뉴미디어 주제전문사서로부터 인터뷰에 응해 주겠다는 답변을 받고, 2003년 겨울 혼자서 뉴욕행 비행기에 몸을 실었다. 내친김에 뉴욕의 공공도서관, 하버드대학의 대학도서관, 미국 의회도서관 등도 둘러봤다.

학교 내에 90여 개의 도서관이 있는 하버드대학의 대학도서관 등 세계 최고의 대학도서관과 규모를 비교하는 것은 아무런 의미가 없었다. 더군다나 미국의 대학교육시스템은 우리와 너무 달라 어디서부터 뭘 배워야 할지 난감했다. 가장 큰 소득이라면 미국에서는 대학도서관 사서가 전문가로 대접받고 있다는 것을 직접 확인한 정도였다. 국내에서는 대학도서관 사서가 전문직으로 잘 알려져 있지 않지만 미국의 대학도서관 사서들은 직업에 대한 자부심이 대단했다.

하지만 인터넷 시대를 맞아 그들도 우리와 마찬가지로 위기에 직면해 있었다. 우리가 겪지 않은 예산 축소 문제로 되레 더 큰 고난을 겪고 있었다. 모두에게 위기인 시기였지만, 우리는 손을 놓고 있는 반면에 미국의 사서들은 해결 방법을 모색하기 위해 연구를 하고 있었다. 그들은 정보통신기술을 도서관에 접목해 새로운 서비스를 시험하고 관련 사례를 공유하면서 정보를 생산하여 전문 지식을 쌓아 가고 있었다.

다시 2년이 흘러 2005년 나는 미국 서부 지역 대학도서관들을 벤치마킹하기 위해 또 한 번 비행기에 몸을 실었다. 그사이 그들은 여러 가지 새로운 서비스를 정착시켜 나가고 있었다.

두 번의 해외 벤치마킹을 거쳐 나는 대학도서관 사서의 정체성을 찾아 나갔다. 결론부터 말하자면 미국과 다른 국내 환경에 맞춰 우리 스스로가 해법을 찾아야 한다. 대학도서관 사서들은 자신의 기존 업무 외에 어떻게 하면 교수들에게 논문 작성에 필요한 자료를 충분히 찾아 줄 것인가, 어떻게 하면 대학생들이 좋은 책을 많이 읽게 할 것인가, 어떻게 하면 대학도서관을 더 좋은 학습 공간으로 만들 수 있을까 등 업무 개선을 위한 연구에 더욱 힘을 기울여야 한다.

영어 되는 사서, 할 수 있는 일도 많아진다

나의 하루 일과는 오전 7시 영어회화 수강으로 시작된다. 지금으로부터 7년 전 일이다. 한 세미나에 참석했는데, 쉬는 시간에 복도에 나가 보니 외국인 강사와 사서들이 자유롭게 토론을 하고 있었다. 나도 그 토론에 끼고 싶었지만 한마디도 할 수가 없었다. 꿔다 놓은 보릿자루마냥 한 켠에 서 있을 뿐…. 충격을 받은 나는 곧장 영어 공부를 시작했고 오늘까지 영어를 놓지 않고 있다.

욕심을 부려 2006년 IFLA서울대회에서는 영어로 발표도 했다. 또 라오스 루앙푸라방국립대학교 도서관 건립 지원 프로젝트에 참가하였

:: 2006년 IFLA서울대회에서 영어로 발표를 하는 필자.

으며 저개발국가 사서 초청 교육에도 참가했다. 영어 실력이 가능하게 해 준 일들이다.

현재 일부 대학에서는 외국 교수들이 많아지면서 직원 회의를 영어로 하기도 한다. 또 한국으로 유학 온 외국 학생들의 급증으로 외국인들과의 간단한 대화가 일상이 되어 가고 있다. 이들에게 충실한 정보서비스를 제공하기 위해, 나아가 더 많은 기회를 잡기 위해 영어회화는 사서들에게도 필수다.

사서가 될 것인가, 사무원이 될 것인가

대학도서관 사서 되기는 어렵지 않다. 사서 자격증이 있으면 누구나 가능하다. 최근에는 사서 자격증이 없어도 대학교육과 연구에 이바

:: 국립중앙도서관에서 진행된 '아시아·아프리카 문화동반자' 사서 초청 교육에 참가한 필자.

지할 능력이 있다고 검증되면 사서 자격증 취득을 조건으로 채용하기도 한다.

그러나 사서가 되는 것보다 어떤 사서로 성장할 것인가가 더 중요하다. 주어진 업무만 처리하다 보면 사서는 온데간데없이 사라지고 사무원으로서의 자신만 남는다. 스스로 대학교육과 연구에 이바지할 능력을 키우지 못하고 이용자들의 지적 호기심을 자극할 수 있는 정보를 생산할 능력을 갖추지 못하면 대학도서관 사서라는 자부심을 갖기는 어렵다.

교수들은 대학에서 학생들을 가르치지만 사서들은 학생뿐만 아니라 교수를 가르칠 기회도 많다. 나는 SCI 활용 교육, 각종 DB 활용법, 논문 작성법 등을 학생과 교수 모두에게 강의했다. 특히 한양대학교 교육대학원에서는 '논문작성법과 교육통계'라는 과목으로 몇 학기를 강의했으며 2005년에 우수 강의상을 받기도 했다.

대학도서관 사서는 스스로 일을 찾아서 하는 직업이다. 이것은 자신의 능력을 발휘할 기회가 많다는 것을 의미하기도 하고, 독립적으로 일을 찾아서 하다 보면 사서로서 성공할 가능성이 크다는 의미이기도 하다.

수백만 권의 책을 가까이에 두고 각종 스포츠 시설을 이용하면서 창밖으로 사시사철 풍경이 바뀌는 넓은 캠퍼스가 펼쳐져 있는 직장에 다니는 사람이 몇 명이나 될까. 나는 그런 사람들 중 한 사람이다. 2011년 모 신문에 '대학 교직원은 신이 숨겨 둔 직장'이라는 내용의 기사가 크게 실린 적이 있다. 이후로 결혼정보업체들이 각 대학교 정문을 매일같이 드나든다는 소문이 돌 정도다. 우스갯소리지만, 여자든 남자든 대학도서관 사서만 되면 결혼 걱정은 하지 않아도 될 것 같다.

책 읽기를 좋아하고 연구하기를 좋아하는 사람이라면 대학도서관 사서를 권한다. 넓은 세상보다 순수한 세상을 보기를 원하는 사람이라면 딱이다.

전 세계인을 상대로
책을 서비스하다

| 강미경 |

숙명여대 도서관학과를 졸업하고 숙명여대 도서관에서 사서로 2년간 일하다가 미국으로 이민을 떠났다.
1993년에 UCLA 정보학 석사 과정을 마친 후 UCLA 도서관의 한국학 전문사서로 시작하여, UC버클리대와
스탠퍼드대 한국학 사서를 거쳐 현재 하버드대학 하버드옌칭도서관 한국관을 총괄하는 전문사서로 있다.

"미경이를 교대나 사대에 보내고 싶은데요."

"미경이가 교대나 사대에 가서 평생 선생님으로 남기에는 아깝죠."

내가 안정된 직장 여성이 되기를 바랐던 엄마가 나를 교대나 사대
에 보내고 싶다고 하자 담임선생님이 한 말이다. 담임선생님은 교대 대
신 도서관학과를 추천했다. 슈바이처 같은 의사가 되고 싶었던 나에게
도서관학과는 무척 생소했지만, 졸업 후 취업이 잘된다는 선생님의 강
력한 권유로 도서관학과에 입학했다.

돌이켜 보면 나는 무척 '사서스러운' 사람으로 커 온 것 같다. 친구
와 전화 통화를 하다가도 근거가 모호한 말들이 오가면 즉석에서 검색
을 해서 사실 여부를 확인하고야 만다. 그 모습을 옆에서 지켜보던 동
료가 나에게 '사서 짓'을 한다며 놀려 대기도 한다.

나는 '과 수석'의 명예를 안고 대학을 졸업한 후 곧장 모교 도서관의 사서가 되었다. 한국의 대학도서관 사서는 대개 순환 근무를 한다. 그 덕에 목록사서로, 참고사서로 각각 1년씩 경력을 쌓을 수 있었다.

하지만 부모님이 결정한 미국 이민으로 나의 한국 사서 경력은 여기까지가 끝이다. 미국에서 나는 UCLA 대학원에 입학했고 UCLA 동아도서관에서 한국 자료를 정리하는 인턴십 기회를 얻었다. 이때 도서관에서 주 20시간씩 일한 경력은 대학원 졸업 후 정직원으로 채용하겠다는 도서관 측의 제의로 이어졌다. 마침 UCLA 동아도서관에 한국학 사서가 없어서 한국 자료를 담당할 사람이 필요했던 것이다. 한국학 전문사서의 길은 그렇게 열렸다.

미국 대학도서관의 전문사서 채용기

미국에서는 ALA(American Library Association)가 인증하는 석사 과정을 마쳐야만 전문사서(professional librarian) 자격을 얻을 수 있다. 사서 채용 과정도 한국과 다르다. 자리가 비었다고 무조건 채용하는 것이 아니라 업무에 적합한 사람이 나타날 때까지 공석으로 비워 두고 임시 대행으로 업무를 메꾸어 나간다. 미국 대학도서관에서 사서를 채용하는 과정은 다음과 같이 이루어진다. 먼저 대학도서관에서 사서 채용 모집 공고를 낸다. 서류 심사를 통해 지원자들을 1차 추려 낸 후 적합하다고 판단되는 지원자 2~3명 혹은 3~4명을 선정해 인터뷰에 초청한다. 대학도서관은 사서 한 사람을 채용하기 위해 임시채용위원회를 구성하고 모집 공고부터 서류 심사, 인터뷰, 최종 추천 과정 등 채용에 전력한다.

인터뷰 대상자를 위한 비행기표, 호텔 숙박 등 일체 비용은 학교가 부담한다. 인터뷰는 보통 지원자 한 사람당 1일 혹은 2일 정도가 소요되며 사서직 업무와 관련된 인사들, 즉 도서관 행정직, 직원, 관련 교수진 등 다양한 그룹의 사람들과 개인적으로 혹은 그룹으로 만나서 하루 종일 이어진다. 장서개발 담당 사서나 관리직 사서를 채용하는 경우에는 도서관 직원들 앞에서 직책 관련 주제에 대해 발표를 하게 하고 질의응답을 하는 등 조금 더 복잡하고 까다로운 과정을 거친 후에 비로소 채용이 결정된다. 인턴십이나 계약직으로 일하면서 자신의 능력을 미리 검증받는다면 인터뷰가 한결 수월하게 진행될 수도 있다. 모든 채용과정에는 추천자들을 통한 검증 과정을 거치는데, 이때 입사하려는 도서관에 근무하는 사람의 추천을 받는다면 점수를 좀 더 따서 긍정적인 결과를 얻을 수 있다. 한국학 사서와 같이 특정 언어나 기술이 요구되는 분야의 사서직인 경우 더욱 그렇다.

사서 한 사람을 채용하기 위해 6개월에서 1년 정도 공을 들이기에 대부분 유경험자들이 지원하고 또 대부분 경력자들이 채용된다.

나는 UCLA, 버클리대학, 스탠포드대학에서 한국학 전문사서를 거쳐 지금은 하버드대학 하버드옌칭도서관에서 한국관을 총괄하고 있다. 그렇다 보니 다른 한국학 사서에 비해 인터뷰 경험이 많은 편이다.

하버드옌칭도서관 한국학 전문사서

하버드옌칭도서관은 동아시아학 도서관으로서 이미 세계적인 명성

:: 동아시아학 도서관으로서 세계적인 명성을 자랑하는 하버드옌칭도서관.

을 자랑한다. 하버드대학의 유명세도 탔겠지만 서구에서 가장 많은 동아시아학 장서를 보유하고 있는 도서관이기에 옌칭도서관의 이름만으로도 인지도가 상당하다. 우리 도서관은 하버드옌칭연구소 소속으로 1928년에 중국학, 일본학 장서를 중심으로 출범하여 현재는 중국학, 일본학, 한국학, 월남학, 동아시아학 웨스턴언어 컬렉션으로 동아시아학을 아우르는 도서관으로 발전했다. 2012년 현재 약 140만 권의 장서를 소장하고 있으며 매년 약 4만 권씩 장서가 늘고 있다. 규모에서 보면 하버드 내 73개 도서관 중 세 번째로 크다. 하버드옌칭연구소와는 여전히 긴밀한 관계를 유지하고 있으며 동아시아 관련 학과는 물론 중국학연구소, 일본학연구소, 한국학연구소와도 협조하고 있다. 현재 하버드옌칭도서관의 전문사서는 관장을 포함하여 총 10명이다.

1993년 내가 UCLA 동아도서관에서 한국학 전문사서로 일을 시작할 때만 해도 한국학 장서를 이제 막 갖추기 시작하는 단계라 나 혼자서 장서개발에서 수서·목록, 참고봉사 등 대부분의 일을 책임졌지만 지금 이곳에서는 장서개발과 참고봉사에만 주력하고 있다.

한편 나에게는 관리자로서 해야 할 일도 있다. 직원들의 인사고과 등 부서 운영을 위한 행정 업무와 하버드옌칭도서관 내 다양한 코디네이터 역할이다. 기술서비스 코디네이터, 전자정보 코디네이터 등이 대표적이다. 기술서비스 코디네이터로서 나는 도서관 전체의 업무 과정을 점검하고 개선해야 하며 전자정보 코디네이터로서는 DB의 저작권 일체를 점검해야 한다.

백년을 내다보는 장서개발

미국 대학도서관은 장서의 양보다는 질을 중요하게 여기기에 장서개발자(bibliographer)라는 직책이 따로 있고 자료 선정에 책임이 크다. 그래서 대우가 좀 특별하기도 하다. 장서개발자가 모든 분야의 장서를 다 다루는 것은 아니고 전문 주제 분야가 따로 있다. 그래서 나는 한국학 주제전문사서로 불리기도 한다. 주제전문사서는 특정 주제 분야 혹은 특정 지역학에 전문성을 갖고 일하게 된다. 장서개발자 혹은 주제전문사서는 연구와 자료의 추세를 파악할 수 있어야 하기에 해당 주제 분야에서 박사학위를 취득한 사람들이 많다.

각 도서관은 주제별로 장서개발정책을 먼저 세운다. 한국 대학도서관이 학부 학생을 위한 자료를 우선적으로 구입하는 것과 달리 미국 대학도서관은 학술도서관으로서의 역할을 장서개발의 엄격한 기준으로 정하고 있다. 연구와 교육 과정에 필요한 자료를 중심으로 장서개발정책을 세우기 때문에 학생들이 신청한 도서가 이 같은 정책 기준에 어긋나거나 연구나 수업에 필요하지 않다는 판단이 서면 장서개발자가 단호히 거절하기도 한다. 소일거리로 보려는 책이나 공공도서관의 성격에

:: 2011년 모스크바에서 열린 유럽한국학총회에서 발표를 하고 있는 필자.

맞는 자료를 구입 요청하는 경우가 대표적이다. 개인적으로 장서를 기증할 때도 같은 기준이 적용된다. 미국의 대학도서관은 대학원생 이상의 연구자를 대상으로 하는 도서관과 학부 학생을 대상으로 하는 도서관을 별도로 지정해서 도서관 성격에 맞추어 장서개발정책을 수립한다.

나는 하버드엔칭도서관 한국관의 3대 한국학 사서이자 장서개발자다. 1958년부터 1989년까지는 김성하 사서, 1990년부터 2005년까지는 윤충남 사서가 한국학 장서를 개발했고, 그 장서들은 지금까지도 빛을 발하고 있다. 한국학 장서개발을 위해 나는 일 년에 적어도 한두 번은 한국에 출장을 간다. 인맥을 중요시하는 한국 사회의 특성상 직접 만나서 해결해야 하는 일이 많은 탓에 도서관과 관련 기관들을 방문하고 회의에 참석한다. 중요한 도서유통사와 DB유통사를 방문하기도 한다. 아울러 해마다 열리는 북미 동아시아학회 참가는 필수이고 도서관계 전반적인 동향을 파악하기 위해 ALA연례회의에도 참석한다.

대학도서관의 장서개발은 현재보다 미래를 염두에 두어야 한다. 길게는 10년에서 50년, 예산이 허락한다면 100년을 내다보며 장서를 수집해야 한다. 대학도서관의 장서는 백년대계를 세우는 교육자의 자세가 아니라면 품격을 유지하기 어렵다. 하버드대 대학도서관의 가치를 높이 평가하는 이유는 지난 375년 동안 축적한 자료의 보고(寶庫)로서 학술적인 가치가 뛰어나기 때문이다. 현재보다는 역사적 맥락을 조망하는 연구가 많은 인문사회과학 분야의 장서개발을 맡고 있는 사서라면 항상 미래에 진행될 연구를 염두에 두고 자료를 수집해야 한다. 이러한 노력으로 현재 우리 도서관의 동아시아학 자료 그리고 한국관의 한국학 자료는 질적으로 우수하다는 명성을 얻었다.

행정가로, 사업가로, 학자로 – 사서는 멀티플레이어

"어머, 책을 정말 많이 보시겠어요."

"정확히 말하면 책 표지를 많이 보는 편이죠."

주변에서 사서라고 하면 도서관 대출대에 앉아 일하는 사람을 떠올리며 제일 먼저 하는 말이다. 사서를 보는 사회적인 눈이 아직은 대출 혹은 정리 정도의 고정관념에 묶여 있는 것 같다. 그래서일까, 내가 출장이라도 갈라치면 '사서가 무슨 출장을 다 갈까?' 하며 의아해하는 모습으로 쳐다보는 이도 있다.

미국의 주제전문사서는 다양한 역할을 수행하는 전문가다. 먼저, 관리자로서의 사서다. 도서관에도 행정 업무가 있다는 사실을 사람들은 잘 모른다. 미국의 대학도서관은 채용할 때 행정직과 사서직을 구분하지 않기에 관리직으로 승진을 하면 사서가 행정직을 겸하게 된다. 대학도서관의 도서관장도 대부분 전문사서들이 맡고 있다. 그들은 도서관에 대한 전문 지식을 바탕으로 관리자로서 부서를 이끌어 나가야 하기에 리더십과 경영관리력을 갖춰야 한다.

사서는 사업가의 자세도 겸비해야 한다. 장서개발을 위해 외부 업체들을 만나야 할 때, 도서관 행정 혹은 도서관 프로젝트 등과 관련해 다른 부서 담당자와 협상을 해야 할 때면 사서는 사업가 마인드로 그들을 만나야 한다. 비영리기관일수록 사업가 마인드를 갖추기가 어렵지만, 협상 테이블에 앉았을 때 상대에게 아마추어와 같은 모습을 보여서는 안 된다.

사서는 학자이기도 하다. 미국 대학도서관의 사서 중에는 박사학위 소지자들이 많다. 우리 도서관의 주제전문사서들만 해도 대부분 해당 분야의 박사 출신이다. 특히 장서개발자들 중에는 자신이 하고 싶은 연구를 병행하면서 사서의 일을 즐기는 이들이 많다. 그렇다 보니 학술연구 결과물들을 출판하는 사서도 있다. 연구 환경을 갖춘 미국 대학도서관의 최대 수혜자라고 할 수 있다. 주제전문사서라면 변화하는 학계의 흐름과 학술 동향 등을 파악해야 하기 때문에 학자적인 면모는 사실 자연스러운 모습이기도 하다. 그들은 학회 활동에 꾸준히 참여하고 학술연구 활동 등 학자로서 자기계발에 대한 투자도 게을리하지 않는다.

사서는 도서관의 첫인상을 결정하는 사람

미국에서는 갓 대학에 입학한 신입생들에게 대학도서관을 안내해주는 사람이 바로 사서다. 벤치마킹을 위해 도서관을 방문하겠다는 요청이 접수되면 그들을 맞이하고 도서관을 소개하는 사람도 사서다. 나

역시 학생들을 위한 오리엔테이션, 우리 도서관을 처음 방문하는 교수들과 학자들을 위한 안내와 자료 이용법 강의를 한다. 사람을 만날 때 첫인상이 중요하듯이 도서관의 첫인상을 결정짓는 사서가 얼마나 중요한지는 더 설명하지 않아도 될 것 같다.

사서는 도서관의 대표이기도 하다. 한국학 주제전문사서로서 한국 출장을 가면 나는 하버드옌칭도서관의 대표가 된다. 내가 하는 일은 한국학 컬렉션에 관한 것이 대부분이지만, 언제 어디서든 하버드옌칭도서관의 대표라는 것을 잊지 않는다. 개인 자격이 아닌 도서관의 대표로 기관을 방문하고 담당자를 만나면 일을 처리하는 자세가 달라진다.

또 사서는 연결자 역할도 해야 한다. 도서관과 교수, 학생 사이에서 연결고리가 되어야 한다는 의미다. 도서관의 주요 고객인 교수들과 학생들에게 그들이 필요로 하는 책과 자료를 안내하고 도서관의 서비스를 알려 준다. 특히 교수들과의 긴밀한 의사소통은 서로의 업무를 이해하고 도서관 서비스를 개선하는 데 큰 도움이 된다.

20여 년을 사서로 일하면서 내린 결론은 '사서는 서비스직'이라는 것이다. 장서개발, 목록작업, 참고봉사 등 도서관의 모든 업무는 대학의 연구와 교육 활동을 지원하기 위한 것이며 이용자를 위한 일이다. 그저 맡은 일을 충실히 처리하고 서비스했을 뿐인데 과분한 감사의 인사를 건네는 분들이 많다. 그럴 때면 사서로서 큰 보람을 느낀다. 어린 시절 나는 슈바이처 박사처럼 의사가 되어 남을 도와주면서 살기를 꿈꾸었다. 나의 그 작은 꿈은 사서가 되어 도서관 이용자들이 필요한 정보를 찾고 이용하는 데 도움을 주는 것으로 이루어졌다고 보아도 되지 않을까. 도서관에서 책을 매개로 사람들에게 서비스할 수 있어서 진심으로 행복하고, 그들의 감사 인사 한마디가 너무나 소중하다.

3장

더 넓은 사서의 세계

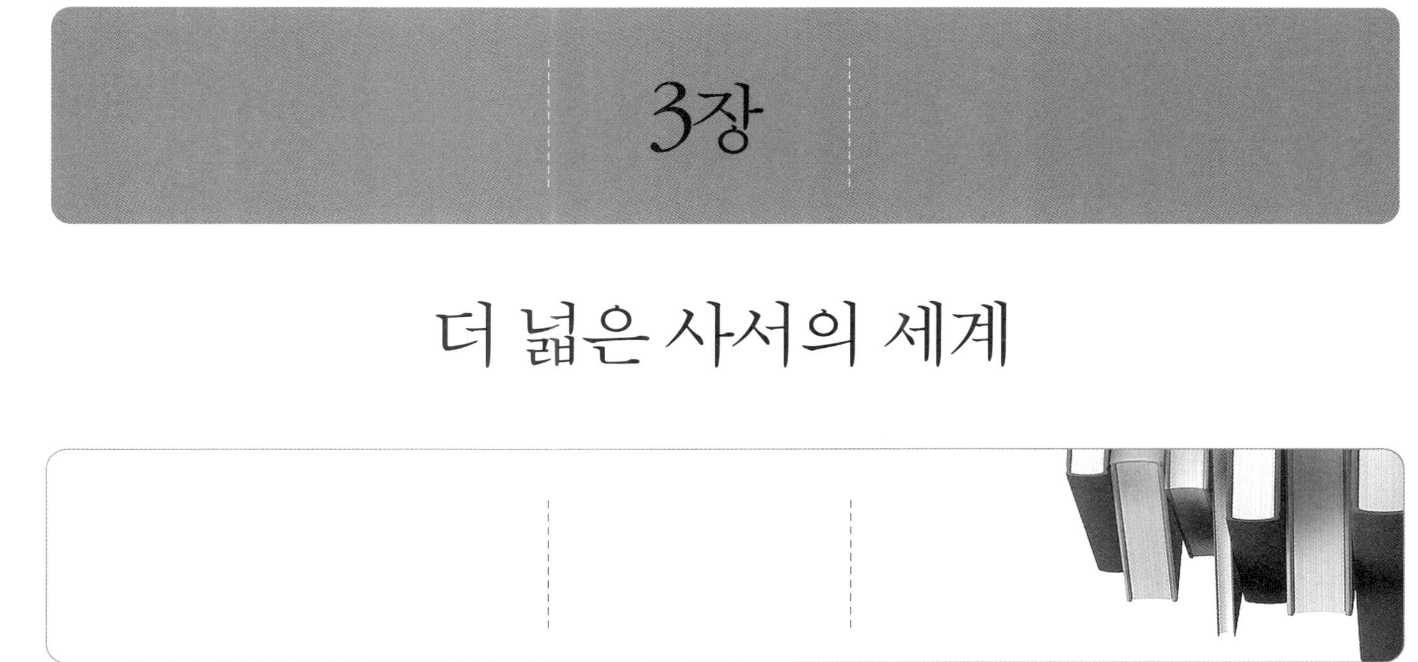

대통령의 기록은 곧 나라의 기록

| 임근혜 |

성균관대 문헌정보학과를 졸업하고 동 대학원에서 석사 과정을 수료했다. 1990년 서울대 중앙도서관을 시작으로 공직에 입문했다. 1996년 정부기록보존소(현 국가기록원)로 자리를 옮겼다. 1998년부터 3년간 행정자치부 자료실을 거쳐 국가기록원에서 기록물 수집 업무를 담당하고 있다.

국가기록원으로 자리를 옮긴 지 15년. 그동안 주로 수집 업무를 담당해 온 나는 지난 4년간 대통령기록물을 수집했으며 2012년부터는 경제부처 기록물을 수집해 관리하고 있다. 도서관에서 도서를 구입, 기증, 교환, 납본하는 전 과정을 '수서'라 하는데 기록원에서는 수서 대신 '수집'이란 용어를 쓴다. 수집 업무를 하면서 가장 기억에 남는 일은 대통령기록물의 수집이었다.

최규하 전 대통령의 기록물들

첫 만남은 최규하 전 대통령이 남긴 기록물들이었다. 2007년 대통령기록물의 중요성과 대통령기록물의 보호, 보존 및 활용을 위해 대통령기록물법이 제정되었고 같은 해 국가기록원 소속으로 대통령기록관이 설치되었다. 본격적으로 그리고 체계적으로 대통령기록물을 수집할 수 있는 근거가 마련된 것이다. 2009년 당시 대통령기록관에서 수집업무를 하던 나는 우선 9명의 전직 대통령 비서관들과 유족, 관련 인사들에게 대통령기록관을 알리고 기록물 수집의 필요성을 설명하기 위해 전화, 편지는 물론 직접 찾아가 뵈었다.

최규하 전 대통령의 장남 최윤홍 회장님과는 2009년 여름 서교동 사저에서 처음 만났다. 서울시가 전직 대통령의 사저를 문화재로 조성하는 사업을 추진 중에 있어서 그날 모임에는 서울시 문화재과 관계자들도 배석했다. 몇 차례 유족과의 만남을 거쳐 그해 10월에 있을 최규하 전 대통령의 3주기 추도식 이후에 작업을 하기로 일정을 잡았다.

2010년 1월부터 4월까지 장장 3개월에 걸쳐 사저 내 기록물을 정리하였다. 국가기록원 직원으로서 사저로 파견 나와 기록물을 정리하는 일이 처음이라 어디서부터 어떻게 시작해야 할지 막막하고 조심스러웠지만, 일단 부딪쳐 보기로 마음먹고 사저를 영상으로 남기는 작업부터 시작했다. 건물 내부와 외부를 구석구석 꼼꼼하게 촬영하여 그대로 기록했다. 영상 자료는 온라인 콘텐츠 구축, 재현 전시 등에 다양하게 활용할 수 있기에 매우 중요한 기록 중 하나다. 사저는 단아한 2층 양옥에 지하실이 있는 건물로 최 전 대통령은 30년을 이곳에서 지내셨다.

기록물 정리가 끝나면 성남의 나라기록관에 소재한 대통령기록관으로 이송하기로 했다. 이후 서울시가 사저를 전시관으로 조성하는 공사를 하는 중에 우리는 전시기록물 선별을 마쳐서 대통령기록관에서 서울시에 대여를 하는 것으로 방향을 잡았다.

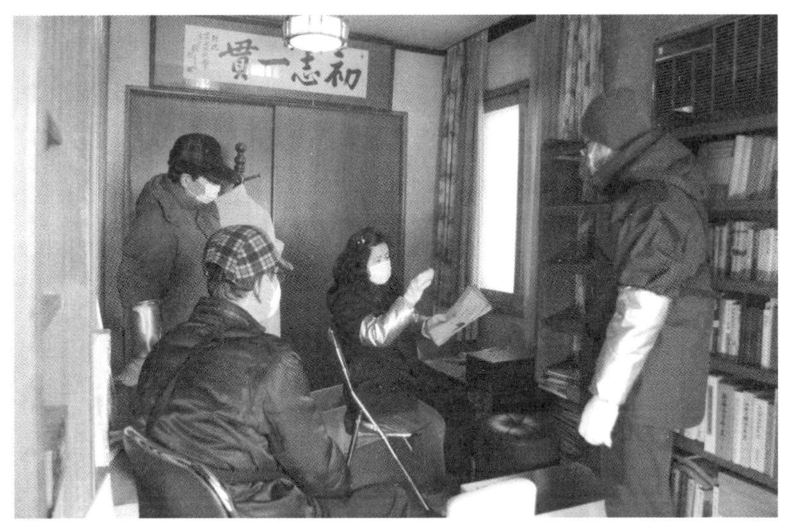

:: 최규하 전 대통령의 사저에서 추위와 먼지와 싸워 가며 기록물들을 수집하던 당시의 필자.

2010년 1월 4일 유난히도 추운 아침, 나는 작업복 차림을 하고 서교동으로 첫 출근을 했다. 몇 년간 비어 있던 집이라 먼지가 수북이 쌓여 있었고 집 안은 냉기로 가득했다. 석유난로 한 대를 갖다 놨는데 그것만으로는 온기를 느끼기 어려웠다. 실내와 실외의 온도차가 크지 않은 탓에 손발이 시려 감각이 무뎌지고 얼굴이 빨개졌다. 추위보다 더 괴로운 것은 먼지였다. 어찌나 먼지가 심하던지 숨이 막힐 지경이었다.

최 회장님과 전 대통령 비서관 그리고 수집 담당 직원 서너 명이 함께 작업을 시작했다. 기록물의 내용을 파악하고 촬영을 하고 목록을 작성하고 보존 상자에 넣었다. 그날 한 일을 일지로 남기는 것도 잊지 않았다. 기록물을 들춰 보면서 그간 몰랐던 시대적 사실에 놀라기도 했고 때로는 눈물이 흐를 정도로 감동적인 대목도 접했다. 마치 과거로의 여행이라도 하는 기분이었다. 그 많은 기록을 고스란히 보존해 둔 최 전 대통령이 존경스러웠다.

문서·사진류 194상자, 선물·유품류 660점, 가구·집기류 25점 등 5톤 트럭 5대 분량의 기록물이 총 3회에 걸쳐 이송되었다. 기록물 중에는 관용차인 벤츠 1대도 포함되어 있었다. 기록물이 서교동을 떠나 나라기록관에 입고되던 첫날 서교동 사저와 대통령기록관 두 곳에서 이관제(移管祭)를 올렸다. 종교적인 이유로 반대하는 이도 있었지만, 나는 유품이 있던 자리를 떠나가고 오는 것에 대한 고(告)함이라 생각했다. 그리고 최 회장님은 이를 자식 된 도리로 생각하시는 것 같았다.

국가기록원은 2012년 7월 16일 최규하 전 대통령 탄생일에 맞추어 유가족과 기록물 기증협약을 체결해 2만 7000여 건의 기록물을 국가가 체계적으로 관리할 토대를 마련했으며, 이 유품들은 서울시 전시관 개관에 맞춰 국민들에게 공개될 예정이다.

김영삼 전 대통령의 기록물들

"각하께서 여러분들을 잠시 만나고 싶다고 하십니다."
"네? 네!"
2010년 4월 김영삼 전 대통령의 상도동 사저에서 연락이 왔다. 거제도 생가에 건립 예정인 기념관에 전시할 기록물에 대해 협의하자는 게 요지였다. 수집 담당 직원들과 상도동에 가서 업무 협의를 하고 있는데, 비서실장이 들어와 김 전 대통령이 우리를 만나고 싶다고 하는 게 아닌가.

"본인이 소장하고 있는 기록물을 대통령기록관에서 잘 관리하여 보존해 주길 바랍니다. 여러분들은 역사에 남을 중요한 일을 하고 있으니

:: 대통령기록물 수집에 앞서 김영삼 전 대통령과 면담 중인 필자와 동료들.

사명감을 갖고 열심히 일해 주기 바랍니다."

갑작스럽게 이루어진 면담에서 김 전 대통령은 그렇게 말씀하시며 국가기록원의 조직, 현황 등에 대해 여러 가지 질문을 하셨다.

아직도 그날의 기억이 또렷하다. 기록물은 김 전 대통령 재임 시절 집무실과 관저에서 사용했던 액자, 선물, 사진, 책 등으로 5톤 트럭 3대 분량의 약 2만여 건. 경기도 연천군에 위치한 물류 창고에서 컨테이너 3대에 나누어 12년간 보관해 온 것들이었다.

연천 현장에 도착하여 컨테이너를 여는 순간 눈앞에 펼쳐진 기록물 더미에 가슴이 벅차올랐다. 역사적 사건의 증거들을 내 두 눈으로 처음 확인하는 순간의 감동은 늘 새롭고 가슴이 벅차다.

우선 컨테이너 속 기록물들을 보존 환경이 잘 갖춰진 나라기록관으로 이송하는 게 급선무였다. 이송 후에는 직원들과 함께 서고에서 정리 작업을 했다. 문민정부 시절 김 전 대통령이 추진했던 국가의 주요 정

:: 컨테이너 속에서 잠자고 있던 기록물들이 드디어 빛을 보는 순간! 필자는 이때의 감동을 아직도 잊을 수 없다고 한다.

책과 대통령비서실에서 생산한 자료, '세계화' 비전을 내걸고 추진한 정상외교 등에 얽힌 역사적 기록이 다시 살아나는 순간이었다. 목록작업이 끝난 기록물들은 향후 평가를 거쳐 공개 기록물에 한해 정치, 역사, 대통령학을 연구하는 학자는 물론 국민에게 선보일 예정이다.

2010년 12월에는 김 전 대통령이 대통령기록관장과 함께 기증협약서에 서명하는 절차까지 마쳤다. 이로써 전직 대통령이 직접 자신의 기록물을 국가에 기증한 최초의 사례가 되었다.

김완희 박사와 박정희 전 대통령의 서한

대통령 관련 핵심 인사를 대상으로 수집한 기록물도 있다. 대표적

:: 2009년 10월 '박정희 전 대통령 기록물 특별전시회'에서 포즈를 취한 필자.

인 것으로 김완희 박사의 기록물이 있다.

2008년 미국에 거주하는 김완희 박사에게 기록물 기증에 대한 협조 메일을 보냈다. 그러자 김완희 박사가 2009년에 한국에 일시 방문한다며 그때 만나자는 전갈을 보내왔다. 김 박사는 한국 전자산업의 기틀을 마련한 인물이다. 박정희 전 대통령의 초청으로 전자산업 육성 진흥책을 입안하는 등 민간인 신분으로 대통령 자문 역할을 했다. 2009년 김 박사는 '박정희 전 대통령 기록물 특별전시회' 개막식 참석을 위해 귀국하시며 우리가 요청한 기록물들을 들고 오셨다.

특히 40여 년간 고이 간직해 온, 박 전 대통령과 김 박사가 1967년부터 1979년까지 주고받은 103점의 서한은 우리나라 과학기술 육성을 위한 고뇌와 당시 상황을 엿볼 수 있는 귀중한 기록물이었다.

아쉬운 점이 있다면 서한을 모두 기증받지 못했다는 것이다. 김 박사의 기록물 기증이 언론에 오르내릴 때 서한에 언급된 주요 인사의 유족 분이 김 박사를 찾아가 이야기를 나눴고, 김 박사는 일부 기록물을 도로 가져가셨다. 비공개를 전제로 김 박사를 완곡하게 설득해 봤지만…, 나의 정성이 부족했었나 보다. 박사님은 2011년 5월에 작고하셨다. 기회가 항상 있는 것은 아닌데 싶어 아직도 후회가 남는다.

국가기록물 중에는 중요하고도 민감한 기록이 많다. 또 수많은 기록물이 현재진행형으로 생산되고 있다. 국가기록원에 몸담고 있는 우리는 기록물의 옥석을 가려 수집하고 공개될 시 파장이 예상되는 기록물들에 보호 장치를 단단히 하고 있다. 후대까지 영구히 기록문화를 향유할 수 있도록 보존, 관리하는 것이 우리의 임무다.

기록을 보존하고 관리하는 아키비스트

아키비스트(archivist). 일반인들에겐 낯선 직업이지만 기록보존소(archives)에서 기록을 관리하는 역할을 하는 전문가다. 도서관(library)에 사서(librarian)가 있다면 기록보존소에는 아키비스트가 있다. 아키비스트는 공공기관이 생산한 기록물 중 가치 있는 기록물을 선별하여 보존하는 일을 한다. 기록물의 수집, 평가, 정리, 기술은 물론 기록정보서비스 제공 등 기록과 관리 전반의 일을 수행한다. 공공기관에는 기록물관리전문요원을 두어야 하는데, 자격 요건은 공공기록물관리에 관한 법률 및 시행령(개정 2011. 2. 22)에 의거하여 기록관리학 석사학위 이상을 취득한 자 혹은 기록관리학 학사학위를 취득한 자, 역사학 또는 문헌정보학 학사학위 이상을 취득한 자로서 행정안전부령으로 정하는 기록관리학 교육 과정을 이수하고, 행정안전부장관이 시행하는 기록물관리전문요원 시험에 합격해야 한다.

기록관리학 교육 과정을 운영하는 대학으로는 명지대 한국기록관리학교육원, 이화여대 기록관리교육원, 한남대 기록관리학교육원 등이 있으며 기록관리학 대학원은 전국 21개 대학에 설치되어 있다.

국가기록원의 주인은 기록물이다. 2008년에 개관한 세계 최첨단 기록관리 전문 시설인 나라기록관(경기도 성남 소재)은 84개의 전문 서고와 14개의 보존복원시설을 갖추고 있다. 이곳에서 기록물은 특별한 관리를 받으며 후대의 기록유산으로 전승된다. 또 2014년 세종시에 건립 예정인 대통령기록관은 국정 운영의 핵심 기록인 대통령기록물을 보존하는 시설로, 초대 이승만 대통령부터 이명박 대통령까지의 기록물과 미래의 대통령 기록물을 한곳에 모아 체계적으로 관리할 예정이다.

돌아보면, 나는 운이 참 좋은 사람이다. 소중한 역사적 기록물을 수집하는 경험을 많이 했으니 말이다. 2011년 프랑스에 있던 외규장각 도서가 우리나라로 돌아왔듯 아직도 국내 혹은 해외 어딘가에 있을 우리의 기록물들이 제자리를 찾아 빛을 발하기를 늘 마음으로 바란다.

'기록이 없으면 역사가 없다.' 새삼 이 글귀가 떠오른다.

우리나라는 찬란한 기록유산을 보유하고 있다. 유네스코 세계기록유산으로 등재된 세계 최초의 금속활자인 『직지심체요절』과 『조선왕조실록』, 『승정원일기』 등이 풍성한 기록유산의 전통을 웅변하고 있다.

그러나 일제강점에 의한 국권 상실로 기록문화의 전통이 단절되고 정부 수립 이후에도 한국전쟁, 정치적 격변기를 거치면서 수많은 기록물들이 소실되었다. 그러다 1999년 정부는 우리의 유구한 기록문화를 현대에 계승시키고자 기록관리법을 제정했다. 공공기관의 투명하고 책임 있는 행정 구현, 공공기록물의 안전한 보존과 효율적 활용을 위해 제정한 법이다.

기록물의 수집 범위는 국가기관과 지방자치단체가 생산하고 접수하는 업무 기록, 정부 산하 공공기관의 주요한 기록, 민간이 소장한 기록, 해외에 산재해 있는 기록 중 국가적으로 보존 가치가 있는 것을 그 대상으로 한다. 기록물의 종류에는 문서를 비롯해 도서, 대장, 카드, 도면, 시청각물, 전자문서, 행정박물 등 모든 형태의 기록정보를 포함한다.

1969년 당시 중앙부처 중 하나였던 총무처 소속으로 정부기록보존소가 설치되었고 2004년에 국가기록원으로 명칭이 바뀌었다. 현재는 행정안전부 소속이다. 국가기록원에는 다양한 직렬의 공무원이 있다. 2012년 현재 정원은 338명으로 절반 이상이 전문직이다. 사서직을 비롯해 학예·기록·공업·보건연구직, 보존복원 분야 전문가 등으로 구성되어 있다.

국가기록원의 본원은 대전에 대전기록관과 함께 위치해 있으며 경기도 성남에 나라기록관, 부산에 역사기록관 그리고 소속기관으로 대통령기록관을 두고 있다. 그 밖에 서울과 광주에 기록정보센터를 운영하고 있다. 우리나라 국민이라면 국가기록원에 소장된 기록물을 열람할 수 있고 전산화된 기록물 중 공개 가능한 자료는 인터넷 등으로 목록과 내용을 찾아볼 수 있다.

국가기록원의 주요 소장 기록물로는 『조선왕조실록』, 대한제국기 공문서, 일제강점기 통치문서, 정부 수립 이후의 대통령 결재문서를 비롯해 중앙과 지방자치단체에서 생산한 주요 기록물과 당시의 역사적 상황을 가장 생생히 전달하는 시청각기록물, 역대 대통령별 통치활동 녹음기록, 비디오테이프 및 대한뉴스 등의 영상필름이 있다. 행정박물류나 대통령이 외국 국가원수에게 받은 선물, 해외 순방 중에 받은 선물 등도 있다. 이 기록물들은 국가기록원의 상설전시관(대전, 성남, 부산)과 기획 전시 등을 통해 국민에게 소개되고 있으며, 국가기록원 견학을 통해 다양한 기록문화를 접할 기회를 제공하고 있다.

그뿐 아니다. 국가적으로 영구히 보존할 가치가 있는 민간의 기록물을 발굴하여 관리하고 있다. 천안함 인양 기록물, 조선해로 표기된 고지도 복원, 3·1독립선언서, 안창호 일기, 4·19부상자 기록의 복제 등이 대표적이다. 수많은 민간 기록물의 복원과 복제 지원을 통해 기록유산의 훼손과 멸실을 방지하기 위한 것이다.

한편 공공기관이 생산하는 기록물은 일정 기간 관리된 후 폐기되고 영구히 보존할 기록만이 국가기록원으로 이관된다. 이런 일련의 업무를 전문적이고 체계적으로 하도록 공공기관에 기록물관리전문요원을 의무적을 배치하고 있다.

국가기록원으로 이관된 기록은 보존 가치와 활용도를 평가하여 마이크로필름이나 광디스크 등의 매체에 수록한다. 도서와는 다르게 대부분의 기록물이 유일본이기 때문에 원본은 서고에 보존하고 열람을 위해서는 대체 매체를 활용한다. 기록물을 기술하고 편철하여 보존 상자에 편성하고 종이기록물은 소독을 거쳐 보존서고에 입고한다. 훼손된 기록물을 복원하고 종이가 누렇게 변하고 부서지는 등 산화가 심한 기록물을 탈산 처리한다.

국가기록원은 이와 같은 과정을 거쳐 우리의 기록문화를 수집, 관리, 보존하여 현 세대뿐 아니라 미래의 세대에게 전하는 일을 하고 있다.

과학기술정보는 KISTI에서 한 방에 큐!

| 노경란 |

1990년 전남대 문헌정보학과를 졸업하고 연세대에서 1994년 석사학위, 2006년 박사학위를 취득했다. '계량서지적' 기법을 이용해 특허와 논문 간 지식 흐름, 과학의 산업화를 규명하는 데 관심을 보인 것이 한국과학기술정보연구원(KISTI) 업무의 밑거름이 됐다. 현재 한국과학기술정보연구원 연구원으로서 NDSL서비스실에서 다양한 정보서비스를 제공하고 있다. 개인적으로 블로그 '노박사의 지식공작소'를 운영하고 있다.

오전 10시, 행사 대행업체와의 미팅이다. 오늘은 COLLNET 국제 컨퍼런스 개최에 앞서 센터장의 현안 점검이 있는 날이다. 어제 밤일을 하고도 채 끝내지 못해 새벽까지 이어진 작업. 그러고도 오전 8시에 출근해 보고할 자료를 준비했다. 국제 컨퍼런스 웹사이트 기획안, 디자인 시안, 홍보 전시 부스 공간 운영 방안, 국내외 참가자들의 온라인 등록 시스템 등에 관한 의견과 협의 사항….

국내 계량정보학의 역사를 새로 쓰다 – COLLNET

COLLNET은 매년 세계 주요 나라를 순회하며 열리는 국제 컨퍼런

:: 대규모 국제 컨퍼런스 COLLNET의 성공적인 개최로 우리는 KISTI의 역량을 증명했다.

스로 과학기술 분야의 연구 경향을 계량서지학적, 과학계량학적 방법으로 측정하고 이와 관련된 이론 및 현상 등에 관한 최신 동향을 교류하는 장이다. 계량서지학은 애초 문헌정보학에 속한 연구 영역인데, 최근에는 과학정책을 수립하거나 기술경영을 하는 분야에서도 많은 연구가 이뤄지고 연구자나 연구기관의 연구 성과를 측정, 평가하는 데도 사용되고 있다. 지식 사회에 들어서면서 지식정보가 중요해져 지식정보의 영향력을 정량적으로 측정하려는 시도가 전 세계적으로 진행되면서 다시 부상하는 학문이다.

우리가 COLLNET 컨퍼런스를 유치하게 된 데는 2009년 중국에서 열린 제11회 행사에 참가한 우리나라 연구자들이 한국과학기술정보연구원(KISTI, Korea Institute of Science and Technology Information)을 적극적으로 추천한 것이 계기가 됐다.

KISTI가 행사를 개최할 수 있을지를 타진하기 위해 나는 2010년 인도에서 열린 컨퍼런스에 참가했다. 출장에서 돌아온 후 COLLNET의 창립자이자 리더인 힐드런 크레슈머(Hildrun Kretschmer) 박사에게

2012년 컨퍼런스를 한국에서 열기를 희망한다고 메일을 보냈다. 당시 이란과 에스토니아 등이 컨퍼런스 유치에 적극적이었기에 치열한 경쟁이 예상됐다. KISTI는 행사 유치의 의지와 열정을 여러 차례 피력했으며 행사를 주최할 수 있는 우리의 역량을 강조했다. 더욱이 한국은 이미 문헌정보학계의 국제 컨퍼런스인 IFLA(2006년), ICSTI(2008년)를 개최한 경험이 있어 COLLNET 컨퍼런스 유치에 큰 도움이 됐다.

영어와의 밀애 – "굿모닝, 닥터 크레슈머"

COLLNET은 저명한 학자의 초청 강연은 물론 학술대회가 동시에 열리는 대규모 국제 컨퍼런스라 해외 학자 2~3명을 초청하는 수준의 컨퍼런스와는 업무의 양과 질에서 비교할 수가 없다. 100편의 국내외 학술논문이 발표되고 100명 이상의 외국인이 참가한다.

COLLNET을 앞두고 나의 제일 큰 걱정은 영어였다. 공식 언어가 영어인 탓에 영어 울렁증이 되살아났다. 아침에 일어나면서부터 밤에 잠자리에 들 때까지 영어, 영어, 영어 고민뿐이었다. 영어를 극복하기 위해선 공부밖에 없었다. 올 1월부터 서너 시간씩 영어를 잘하기 위한 하드 트레이닝도 마다하지 않았다. 아침 8시 사무실에 도착해 스마트폰 영어 훈련 앱으로 한 시간 동안 영어 뉴스를 듣고 말하기 훈련을 했다. 퇴근 후 6시부터 7시까지 한 시간, 출퇴근 시간, 점심 식사 후 자투리 시간 등등 짬만 나면 나는 영어와 만나 사랑을 나눠야만 했다.

초청 연사들의 출입국 시 의전, 컨퍼런스 등록 등도 문제였고 날마다 전 세계에서 문의 메일이 쏟아졌다. 물론 모두 영어로…. 국제 컨퍼

:: COLLNET에서 테오 크레슈머
(Theo Kretschmer)와 함께한 필자.

런스 홈페이지에 게시할 영어 환영사를 작성하며 난감해했던 순간이 떠오른다. 처음부터 '맨땅에 헤딩'을 할 수는 없는 노릇. 정보를 찾는 데 전문적 역량을 갖춘 문헌정보학과 출신의 전문가가 바로 나 아니던 가. 인터넷에서 각종 국제 컨퍼런스 환영사를 찾아 문장의 구조를 파악한 후 우리 행사에 적합하게 재구성했더니 그럴싸하게 완성! 새로운 문구를 추가하는 센스도 잊지 않았다.

업무 자체가 영어와 관련된 것이 많으니 나로서는 영어 공부에 더할 나위 없이 좋은 기회였다. 여기에 COLLNET의 창립자인 크레슈머 박사와 COLLNET 참가를 원하는 해외 학자들과 부지런히 소통을 하는 과정에서 나의 영어 실력은 나날이 늘어 갔다. 태어나서 이렇게 영어를 많이 써 본 적이 있었던가 싶다.

경력은 시나브로 탄탄하게 쌓여 가는 것

KISTI에서는 국제 네트워크를 구축하고 선진 지식을 습득하기 위해 국제 컨퍼런스를 자주 개최한다. 돌아보면 10년 전만 해도 해외 전문가를 초청하는 일이 낯설고 어렵기만 했지만, 이젠 경력이 쌓여서일까, 부딪쳐 가며 일을 해결하는 과정이 익숙하다. 경력이란 이렇게 시나브로 탄탄하게 쌓이는 건가 보다.

COLLNET 행사 개최 4개월 전. 2주에 한 번씩 경과 및 주요 현안을 보고하고 행사 개최의 기본 계획, 예산, 홍보, 후원 업체 모집 계획 등을 살펴보면서 진행 사항을 점검했다. 그동안 한 일을 점검해 보니 '정말 많은 일들은 했구나.' 싶었다.

그렇다고 여기가 끝은 아니다. 참가자 등록과 참가 결제를 위한 결제시스템을 구축하고, 초청장, 포스터, 배너, e-DM 등의 제작 상태를 확인하고, KISTI 홈페이지에 외부인이 접속할 수 있도록 방화벽을 손보는 일 등 챙겨야 할 일이 한두 가지가 아니다. 개발서버, 응용서버, 리눅스, WAS서버, TOMCAT 등 대부분의 일을 전산으로 처리해야 하기에 잘 모르는 전산 용어들이 나를 괴롭혔지만, 어쨌든 내가 할 일은 시스템이 정상적으로 돌아가는지를 확인하는 것이다. 이것만큼은 철저하게 점검해야만 한다.

탁상공론이 아니라 몸을 움직여야 진도가 나간다는 것은 일을 해 본 사람만이 아는 사실이다. "고인 물은 썩는다."라는 진리를 되새기며 나는 끊임없이 흐르는 물속에서 또 한 번의 파고를 넘었다.

과학기술정보는 NDSL에서 한 방에 큐!

KISTI[*]는 올해 창립 50주년을 맞이하는 정부출연연구원으로 과학기술정보를 입수해 가공하고 분석해서 이용자에게 제공하는 등 전문정보를 다루는 연구원이다. KISTI를 한마디로 표현하라면 '역동성'이 떠오른다. KISTI는 국내외 정보 환경의 변화에 빠르게 적응해 움직이고 미래를 만들어 가는 곳이다.

현재 KISTI는 다양한 국내외 과학기술정보를 국내 최대의 과학기술정보 포털인 NDSL을 통해 유통시키고, 각종 분석 기법을 이용해 정보를 분석하여 미래 유망 기술을 탐색하고, 중소기업에 필요한 정보를 제공하는 등 다양한 업무를 수행하고 있다. 공공도서관이나 학교도서관처럼 도서를 대출, 반납하는 일은 거의 하지 않는다. 과거에는 종이책을 입수해 서가에 배열하고 대출하는 업무를 했지만, 2000년대 이후에는 디지털콘텐츠로 데이터베이스를 구축하고 유통하는 일을 주로 하고 있다.

"논문 원문 보기가 안 되는데요? 어떻게 해결 좀 해 주세요."

"NDSL에서 논문을 검색하는 중에 오류가 발생했어요."

"네이버 전문 정보에서 NDSL 검색 후 원문 보기는 어떻게 하나요?"

NDSL(National Discovery for Science Leaders)은 글로벌 리더를 위한 과학기술통합서비스로 국내외 과학기술논문은 물론 특허, 연구보

---

[*] 1960년대 경제적 자립과 산업화 추진을 위해 정부가 과학기술 발전에 집중하면서 1962년 우리나라 정보화의 시초인 한국과학기술정보센터(KORSTIC)가 출범했다. 1980년 산업연구원(KIET)으로 개편됐다가 1990년 다시 KIET에서 분리 독립해 산업기술정보원(KINITI)으로 개원했다. 1993년에 설립된 연구개발정보센터(KORDIC)와 2001년에 통합해 한국과학기술정보연구원(KISTI)이 출범했다.

고서, 동향분석보고서 등을 제공한다. 원문까지 볼 수 있어 우리나라 과학기술정보서비스의 수준을 꾸준하게 높여 가고 있다.

이용자들은 NDSL의 존재의 이유이기도 하지만 불편 사항이나 문제점, 개선 사항이 빼곡한 고객센터 상담 게시판을 볼 때면 때로 야속하기도 하다. 어떤 이용자들은 전화를 걸어 짜증을 내거나 욕설을 퍼붓기도 하고 "원장 바꿔!"라며 큰소리를 치기도 한다. 다양한 이용자들을 응대하다 보면 텔레마케터의 심정을 조금이나마 이해할 것 같다. 블랙리스트에 오를 법한 '무서운' 이용자들도 있지만 NDSL에 감사를 표시하는 이용자들도 많다. '고맙다', 'NDSL이 내 연구의 파트너다'와 같은 이용자의 칭찬을 들을 때면 힘이 불끈 솟아나는 것만 같다.

과학기술정보는 일반인들의 살림살이와 직접적인 연관이 없어서 잘 모르는 경우가 많다. 심지어 과학기술 분야를 전공하는 대학생과 연구자도 모를 때가 있다. 그래서 NDSL 교육을 하러 가면 제일 먼저 수강생들에게 "NDSL 하면 뭐가 떠오르나요? NDSL이 뭔지 아시는 분?"이라는 질문을 빼놓지 않는다. 한번은 엉뚱하게도 NDSL을 "닌텐도."라고 답하는 이가 있어 교육장에 웃음을 선사하기도 했다.

NDSL은 글로벌 리더를 위한 과학기술정보센터로 과학기술 분야 콘텐츠를 구축해 이용자들에게 서비스하며 고객센터를 운영한다. NDSL 서비스실에는 문헌정보학 전공자뿐만 아니라 전자계산학, 소프트웨어공학, 컴퓨터학, e-비즈니스, 정책학 등을 전공한 다양한 전문가들이 함께 일한다. NDSL 사람들의 전공이 각양각색인 것처럼 NDSL에는 논문, 학술지, 특허, 보고서, 동향, 표준 등 제공하는 콘텐츠도 다양하다.

나는 NDSL 서비스를 요리에 비유하곤 한다. 대부분의 요리사가 직접 농사를 짓기보다는 신선한 제철 재료를 구입해 깨끗이 손질한 후 고객의 식성과 식당의 분위기에 맞춰 요리를 하고 상을 차리는 것처럼 NDSL은 직접 콘텐츠를 생산하는 대신 외부에서 다양한 콘텐츠를 가져와 KISTI 서비스 기준에 맞춰 가공한 후 NDSL 서버에 올려놓는다. 아울러 이용자가 원하는 콘텐츠를 쉽고 빠르게 찾을 수 있도록 검색 기능을 제공하고 있다.

NDSL에 콘텐츠를 올리기까지는 국내 학회, 해외 출판사, 한국특허청, 기타 국내 콘텐츠 협력 기관의 도움이 필요하다. NDSL 사람들은 이들로부터 콘텐츠를 입수해 정확성, 일관성, 완전성 등 자체 기준을 충족하고 있는지 꼼꼼하게 점검한다. 식재료에 혹시 있을지 모를 불순물을 제거하고 먹기 좋게 다듬어 요리를 준비하듯이 콘텐츠의 품질을 점검하고 포맷에 맞춰 튜닝하는 공정 과정을 거친 후 검색을 위한 몇 가지 조치를 취한 다음에야 비로소 NDSL에 콘텐츠가 등록된다. 콘텐츠와 서비스가 제대로 돌아가는지, 이용자들이 쉽고 편하게 이용하고 있는지 NDSL의 웹페이지와 시스템을 모니터링하는 것도 우리의 역할이다.

모든 일에 도전의 기회는 열려 있다

KISTI에서는 도서관과는 다른 디지털 콘텐츠를 통한 여러 가지 서비스 업무를 경험할 수 있다. 정보 유통과 정보 분석은 물론 해외 전자저널 컨소시엄을 운영하거나, 국내 과학기술 분야 학회의 학술정보를 디지털화하는 작업에 참여하거나, 국내 정보의 생산과 소비를 파악할 수 있는 인용색인 데이터베이스를 구축해 볼 수 있다. 또 국가 연구개발사업을 통해 수행된 연구의 최종 결과물인 보고서를 입수, 가공해 시스템에 등록하는 일도 해 볼 수 있다.

KISTI는 인문사회계열과 이공계열 전공자들이 어울려 업무를 융합적으로 해낼 수 있는 곳이다. 하드웨어와 소프트웨어 위에 콘텐츠를 올려서 이용자들에게 제공한 후 피드백을 받는 일련의 정보서비스를 하는 업무 특성상 인문사회계나 이공계 어느 한쪽이 우월하다고 평가하기는 어렵다. 또 입사부터 매년 실시하는 개인 업무 평가, 승진에 이르기까지 동일한 규정을 적용한다. 그래서 우리는 사서 대신 연구원으로 불린다. 연구원이라는 직함에는 연구를 수행하고 그것을 학술논문으로 발표할 수 있는 능력을 갖추고 있다는 의미가 들어 있다. KISTI 연구부서에 입사하려면 석사학위 이상의 학력을 소지해야 한다. 국제 학술지에 발표한 논문의 수를 채용 조건에 포함하고 있어서 최근 몇 년 동안 해외파 박사들이 다수 입사하기도 했다.

부서 간 인력 이동이 개방적이라는 점도 KISTI의 특징이다. 해 보고 싶은 일이 있으면 해당 부서에 지원할 수 있다. 영어에 자신이 있다면 국제적인 활동에도 적극 참가할 수 있다. 긍정적이고 적극적인 성격의 소유자라면 어떤 부서에서든 자신의 잠재력을 시험하고 증명하면서 역량을 키워 나갈 수 있다.

문헌정보학 전공자가 가장 일하고 싶어 하는 기관 중 하나로 KISTI가 꼽힌다고 할 정도로 재수, 삼수를 해 가면서 입사를 시도하는 후배들도 많다. 요즈음에는 많은 이들이 급여 조건과 복지가 좋은 직장을 선망한다고 하는데, KISTI도 여기에 포함될 듯하다.

흥미진진한 도전과 성공 스토리가 있는 곳

내년이면 KISTI에 입사한 지 햇수로 20년이 된다. 아날로그 시대에 태어나 교육을 받은 나는 우리나라에 디지털 시대가 막을 올리던 1990년대에 과학기술정보의 맥을 짚는다는 KISTI에 입사했다.

KISTI는 지루함이란 단어가 비집고 들어올 여지가 없는 곳이다. 입사 후 처음 시도한 일들이 여러 건 있다. 2011년에는 과학기술 초보 이용자들을 위한 『지식정보활용 백문백답』을 출간하기도 했다. 디지털 시대를 대변하는 용어로 '빅데이터', '정보 폭발' 등이 꼽힌다. 엄청나게 쏟아지는 정보의 홍수에 휩쓸리지 않으려면 내가 필요한 것을 최대한 신속하게 찾는 방법을 알아야만 한다. 하지만 요즘 세대는 디지털 도구를 다루는 데는 능숙하지만 정보를 다루는 데는 다소 취약한 것 같다. 그래서 이 책을 기획하게 된 것이다.

"까짓것 한번 해 보자." 하며 단순하게 시작한 일이었지만, 원고를 묶어 한 권의 책을 내기까지는 복잡한 과정을 거쳐야 했다. 우선 100개의 질문을 뽑고 각 부서원들이 질문에 답을 하는 형식으로 원고를 작성했다. 그렇게 모은 원고의 내용을 꼼꼼히 확인하고 문장을 다듬는 데에만 수개월이 걸렸다. 그러고도 표지 디자인이 마음에 들지 않아 수차례 시안을 변경했다. 가장 어려웠던 것은 200쪽에 이르는 원고를 일일이 검토하는 것. 내용이 정확한지를 따져야 하는데 혼자서는 역부족이었다. 다행히 톡톡 튀는 후배가 힘을 보태 "잘할 수 있어." "아주 잘 나왔어. 좋은 책이 될 거야."라고 서로를 격려하며 기운을 북돋워 준 덕분에 우리는 마침내 책 한 권을 손에 쥘 수 있었다.

종이라는 아날로그 매체에 찍힌 내 이름 석 자는 묘한 쾌감을 맛보게 했다. 혹자는 "저자도 아니고 편집자일 뿐인데 무슨 쾌감이람?" 할지 모르지만 단어들이 모여 원고가 되고, 그 원고들이 묶여 인쇄를 거쳐 하나의 책이 만들어지기까지 들인 시간과 정성을 직접 느낄 수 있었기 때문이 아닐까 한다. 무형의 것은 시간과 함께 사라지지만 유형의 것은 오랫동안 남아 있기에 행복이 배가되는 것 같다.

KISTI에서 발간하는 기관지 담당자가 단행본을 보고 내용 구성이 좋다며 홍보 기사를 작성해 달라고 연락해 왔을 때엔 '내 작업이 헛되지 않았구나.' 싶어 무척 기뻤다.

좀 더 과거로 거슬러 올라가 학술지 자동체크인시스템을 개발한 것도 새로운 일에 대한 도전이었다. 1994년, 입사한 지 3개월이 되던 어느 날 정보자료실 업무를 정리해 보자는 단순한 생각으로 『정보관리연구편람』이라는 단행본을 발간했고, 국내 최초로 바코드를 이용해 학술지를 자동으로 관리할 수 있는 학술지 자동체크인시스템을 개발했다. 물론 개발 자체는 프로그래머가 했지만 아이디어와 개발에 필요한 내용들은 정보자료실에서 나왔다.

내가 연구소에 입사했던 1990년대 초반에 KINITI(산업기술정보원, 1991~2000년)는 국내에서 가장 많은 연속간행물을 보유하고 있었다. 또 자료 수집, 분류 목록, 정리, 배가를 신속하게 처리할 수 있는 자료관리시스템 전산화 분야에서도 선두를 달리고 있었다.

대대적으로 시스템 개편을 준비 중이던 1999년 나는 자료관리시스템 개발 부분을 맡았다. 시스템 개발에는 문헌정보학을 전공한 나 외에도 전산학을 전공하고 자료관리시스템을 담당했던 시스템 운영자와 외부 개발업체가 함께 참여했다. 다들 과거와는 다른 선진 시스템을 만들고자 하는 열정이 뜨거웠다.

당시 국내 도서관이나 정보실에서는 학술지가 입수될 때마다 매번 해당 학술지를 검색해 입수 처리하는 체크인시스템을 쓰고 있었다. 자동체크인시스템은 학술지를 일일이 검색하지 않고 부착된 바코드를 스캐닝해 입고를 완료하는 것으로, 한 사람이 하루에 수천 건까지 처리할 수 있을 정도로 업무의 효율을 높일 수 있었다.

나는 미국의 출판사이자 학술지 구독 대행사인 엡스코(EBSCO)를 방문해 자동체크인시스템을 어떻게 사용하고 있는지 눈으로 보고, 귀국 후 도서관 대출반납시스템에서 사용하는 바코드 값을 풀어 보았다. 아울러 바코드의 표준을 구하고 관련 해외 논문을 뒤져 가면서 자동체크인시스템을 만들어 나갔다. 매일 오전에 개발 회의를 하고 밤 9~10시까지 일하면서 6개월의 시간을 쏟아부었다. 그리고 2000년 2월 자료관리시스템을, 뒤이어 3월엔 큰 아이를 잇달아 출산했다.(돌아보면 임신을 한 무거운 몸으로 어찌 그 많은 일을 다 해냈을까 싶다.)

그해 4월 '산업기술정보원, SISAC 잡지 자동체크인시스템 개발'이라는 제목으로 기사가 실린 신문을 봤을 때의 그 기분은 지금도 나를 설레게 한다. 여러 사람과 공동 작업을 하며 한 걸음씩 앞으로 나아갈 때의 기쁨과 보람은 일을 하면서 얻는 또 하나의 소중한 선물이다.

매번 새로운 일을 할 때마다 내가 미처 알지 못했던 나의 가능성이 점점 더 깊어지고 넓어지는 것 같다. 앞으로도 나는 해 보지 않은 일에 도전할 것이다. 나날이 향상되는 실력은 나를 이 분야의 전문가로 만들어 줄 것이며 성공 스토리는 덤이 될 것이다.

"앗, 보물급 문화재가
사라져 버렸다!"

| 이재준 |

2005년 대구대 문헌정보학과를 졸업했다. 2009년 중앙대 대학원 기록관리학과 석사학위를 취득하고 동 대학원 문헌정보학과(서지학) 박사 과정을 수료했다. 현재 한국학중앙연구원 장서각에서 고문헌 관리 및 이용 업무를 담당하고 있다.

문헌정보학에서 '문헌'이란 텍스트로 된 종이자료를 말한다. 비도서 자료도 있지만 도서관에서 종이자료가 차지하는 비중은 거의 절대적이다. 종이자료는 과거부터 지금까지 끊임없이 생산, 전승되어 왔으며 역사적 사실을 증명해 주는 중요한 역할을 하고 있다. 종이자료 가운데 생산된 지 오래된, 즉 일반적으로 일제강점이 시작되는 1910년 이전에 간행되었거나 필사된 자료를 '고문헌'이라 한다.

국내에서 고문헌만을 위주로 운영되는 도서관은 규장각과 장서각을 포함해 몇 곳에 불과하다. 고문헌을 전문으로 다루는 사서도 많지 않고 업무 형태도 현대서의 경우와 많이 다르다. 그렇다 보니 현대서를 다루는 사서와는 다른 공부를 해야 하는 것도 사실이다.

고문헌 사서에게 꼭 필요한 것은…

고문헌 사서가 되려면 먼저 한문과 친해야 한다. 한문학자나 역사학자만큼 능통하진 않더라도 서명을 읽고 책의 주제를 파악하거나 저자를 떠올릴 정도는 돼야 한다. 나아가 서(序), 발문(跋文)과 목차를 읽고 간행 배경 및 특징을 파악할 수 있으면 더 좋다.

나는 학부 시절 한자능력검정 1급을 취득하고 개설된 한문 수업을 모조리 찾아 들었다. 그 덕에 처음 업무를 시작할 때 간혹 아주 어려운 글자를 만나지 않는 한 큰 어려움은 느끼지 못했다. 하지만 시간이 좀 지나자 한문은 기초 지식에 불과하고 정말 중요한 건 따로 있다는 사실을 깨달았다.

2005년, 처음 장서각에서 업무를 시작했을 때 일이다.

"여보세요, 고문헌 담당자 좀 바꿔 주세요."

"네, 말씀하세요."

"제가 학위논문을 쓰기 위해 책을 열람해야 합니다. 검색해 보니까 장서각에 『각세신편팔감상목(覺世新編八鑑常目)』이란 책이 있는 걸로 나오는데요. 이 책을 보려면 어떤 절차를 밟아야 하는지 알고 싶어요."

"…강…세…, 뭐라고요?"

처음 들어보는 서명이었다. 몇 번을 되묻고 난 후에야 정확한 서명을 알고 이용 절차를 설명해 줄 수 있었다. 그 사건은 나의 자만을 깨뜨리는 중요한 계기가 되었다.

'한자만 잘 읽는다고 일을 잘할 수 있는 게 아니구나.' 한자는 마음 먹고 시간을 투자하면 어느 정도 익힐 수 있지만 업무를 제대로 수행하려면 공부를 하는 등 개인적인 노력은 기본이고 실전 감각을 키우는 데

절대적인 시간이 필요했던 것이다.

실전 감각은 업무를 수행하면서 점차 실력이 쌓이는 과정에서 나타난다. 이는 책 내용, 시기, 저자, 판종, 간행 배경 등에 관한 사항으로 책의 신상을 감각적으로 파악하는 것이다. 한문 해독은 이러한 과정을 더 빨리, 자세히 알기 위해 필요한 자질이다. 한문 해독이 되면 기존의 이론을 근거로 자료의 대강을 파악하고 문헌의 내용을 읽어 구체적인 서지를 조사할 수 있다. 이 두 가지 요소가 장시간 축적되면 비로소 고문헌 전문사서로서의 역할을 충실히 수행할 수 있게 된다.

"『협길통의(協吉通義)』가 무슨 책입니까? 원본을 열람할 수 있습니까?"

"그 책은 서유방(徐有防)이 편찬한 술수(術數: 陰陽·占星術)에 관한 책입니다. 정조(正祖)의 명에 따라 1795년에 간행되었죠. 장서각에는 목판(木板)으로 간행해 적상산사고(赤裳山史庫)에 분장(分藏)되었던 책이 소장되어 있습니다. 규장각과 국립중앙도서관에도 동일본이 보관되어 있습니다. 내방하셔서 마이크로필름을 열람하셔도 되고 인터넷상에서도 열람할 수 있습니다…"

이 정도는 자료에 대한 최소한의 설명에 불과하다.

중요한 것은 이용자는 내가 아는 질문만 하지 않는다는 것. 예측할 수 없는 모든 분야의 주제를 물어오는 탓에 종종 난감한 상황에 처한다.

"우리나라에 낙타가 처음 들어온 시기에 대해 알고 싶은데요. 관련 역사 문헌을 알 수 있을까요?"

"한국학과 관련된 역사 분야이긴 한데 아무래도 동물사(動物史)에 특화된 질문인 것 같습니다. 이곳보다는 서울대공원에 연락해 보시는 편이 나을 것 같습니다. 서울대공원의 연구사 분들이 동물의 생태 및

:: 장서각의 서고 모습. 장서각의 수장고 내부는 365일 24시간 항온, 항습 등 환경관리가 중요하다.

관련 역사를 연구하는데, 그분들이 잘 알고 계실 것 같습니다."

동물에 관한 역사적 사실을 알고 싶어서 연락해 온 사례다. 아는 지식이 없어서 모르겠다며 전화를 끊을 수가 없어 정보를 얻을 만한 곳을 알려 주었다. 실전 감각이란 자료에 대해 자세히 설명할 수 있는 것 외에 이처럼 순간적으로 답변할 수 있는 임기응변까지도 포함된다.

실전 감각을 익히는 방법은 간단하다. 다만 시간이 걸릴 뿐이다. 고문헌을 자주 접해 서명과 형태에 익숙해지고 그 책을 좀 더 알려고 노력하면 된다. 수십만 권에 달하는 고문헌을 다 자세히 알 수도 없고 수많은 자료를 다루어야 하기 때문에 단시간에 이루어지는 것도 아니다. 결국은 열심히 공부해야 한다는 말이다. 나 역시 처음에는 무척 갑갑했고 아직도 모르는 책이 많다.

'한글로 된 책만 다루면 되지 힘들게 일할 필요 있나. 월급을 더 주는 것도 아닌데.' 대부분은 이런 과정을 어렵다 여겨 시작도 하지 않거나 실력이 늘지 않는다며 중도에 포기해 버린다. 하지만 고문헌 사서는 아무나 할 수 없고 또 많은 사람이 할 수도 없는, 그래서 더욱 애착이 가고 보람된 일이다.

보물급 문화재가 사라져 버린 날

장서각에서는 하루에 적게는 수종, 많게는 수백 종의 고문헌이 열람이나 촬영, 전시 등의 목적으로 이용된다. 수백 종의 책을 선별하고 확인하고 옮기는 데에는 많은 시간이 필요하다. 이용 후 다시 배가하는 일은 더욱 많은 시간이 걸린다.

2009년 12월쯤이었다. 그날도 무척 바쁜 날이었다. 이용이 끝난 자료를 바로 배가하지 않으면 양이 늘어나 걷잡을 수 없이 커지게 된다. 급한 마음에 동료에게 배가를 부탁했다. 당시 배가된 자료 중에는 문화재청의 보물 지정 후보도 들어 있었다.

보물 지정은 문화재청이 당해에 보물로 지정할 자료의 주제를 정해 관련 기관에 송부하면 각 기관이 보물 지정 가능성이 높은 자료를 조사해 후보로 올리는 방식으로 이루어진다. 우리가 보낸 보물 지정 후보에 대해 문화재청은 서류 심사를 완료하고 실사단을 파견하겠다는 공문을 이미 보내온 상태였다. 실사 2주를 앞두고 서고에 자료를 찾으러 갔다. 그런데 웬걸, 있어야 할 자리에 자료가 없었다. 주변 어딘가에 있을 거란 생각에 큰 걱정 없이 일주일을 보냈다. 그러고 나서 다시 찾아보기 위해 정위치 주변을 차분히 살폈다. 없었다. 마음이 조급해지기 시작했다. 타 기관에 대여되었나 싶어서 서류를 찾아보기도 하고, 귀중본이나 수진본 등을 두는 별치 자료 서고에 있을까 해서 일일이 확인했지만 허사였다.

시간은 흘러 어느덧 실사 3일 전이 되었다. 문화재청의 실사단 앞에 원본을 내놓지 못하는 초유의 사태가 발생할 지경이었다. 하루가 더 지나 실사가 이틀 앞으로 다가왔다. '관장님에게 보고해야 하나? 더 찾아볼까? 어떻게 책임져야 하지?' 오만 가지 생각과 걱정이 머리를 스쳐 지나갔다. 이성적으로는 이미 포기했는데 어쩔 수 없는 책임감과 혹시나 하는 마음 때문에 다시 서고를 찾았다. '마지막으로 한 번 더 찾아보자.'

문득 자료를 배가한 사람이 청구기호를 혼동했을지도 모른다는 생각이 떠올랐다. 그동안 다급한 나머지 한국본 서가만 찾아봤지, 중국본과 일본본 서가는 보지 않았었다. 먼저 중국본 서가부터 찾아보았다. 없었다. 남은 곳은 일본본 서가뿐. 청구기호에 따라 있을 법한 위치로 다가가는데 주위 책들과는 형태와 색깔이 사뭇 다른 자료가 눈에 들어왔다. 가슴이 뛰었다. 그토록 찾아 헤매던 보물 후보 자료가 아닌가. 그 순간 "악!" 하고 비명을 질렀던 것 같다. 같이 찾던 동료가 뛰어왔다. 우리는 함께 탄성을 질렀다. 그렇게 찾아낸 자료를 정위치에 가져다 놓고 안도의 한숨을 내쉬었다. 지난 일주일의 체증이 한번에 '쏙' 하고 내려가는 느낌이었다.

이렇게 한번 잘못 꽂힌 장서는 짧게는 며칠, 길게는 1년이 넘어 찾아내는 경우도 있다. 나는 정말 운이 좋았던 것이다.

사연 많았던 그 자료는 영조대왕이 친모인 숙빈 최씨의 사당에 올린 제문으로 원제는 「영조어필-숙빈최씨사우제문원고(英祖御筆-淑嬪崔氏祠宇祭文原稿)」다. 이 자료는 당시 문화재위원의 심사를 무사히 마치고 보물 제1631-1호로 지정되어 서고에 안전하게 보관되어 있다.

고문헌 사서는 고고하게 책상에 앉아 문화재를 관리하는 직업이 아니다. 고서 1책의 무게가 4~5킬로그램인 경우가 태반이고 심지어 20킬로그램이 넘는 경우도 있다. 이런 책을 들고 계단을 뛰어다녀야 하고 몇백 년 묵은 먼지를 먹으며 일해야 한다. 어디 그뿐인가. 워낙 귀한 자료를 다루다 보니 가끔은 구설수에 오르기도 한다. 오래전에 이미 훼손된 자료인데 마치 장서각에서 잘못 보존해서 훼손된 것으로 오해를 받아 뭇매를 맞기도 한다. 그럼에도 불구하고 이 일은 평생을 바쳐도 좋을 만큼 값진 일이다.

왕실도서관, 장서각

장서각은 고려시대부터 일제강점기까지 간행되거나 필사된 고문헌 16만여 점을 소장하고 있는 왕실도서관이다. 왕의 글인 어제(御製), 왕의 글씨인 어필(御筆), 왕실족보, 세계기록유산으로 등재된 의궤(儀軌)를 비롯해 국가에서 간행한 많은 관찬서(官撰書)들이 포함되어 있다. 그리고 민간에 전존되는 사대부가의 문집과 족보, 임명장, 재산 문서 등도 폭넓게 수집해 관리와 연구를 병행하고 있다.

고문헌 사서의 업무는 크게 고문헌 관리와 이용으로 나뉜다. 고문헌 관리는 구입부터 정리, 장서점검, 수장고 환경관리(항온·항습, 방충, 방제 등), 수장고 보안관리(출입 통제, 시스템 관리 등) 등으로 이루어진다. 수요 조사와 복본 조사를 거쳐 고문헌을 구입하는 과정은 현대서와 비슷하다. 다만 정가가 없기에 적정 금액을 판단하는 데 서지학적, 역사학적 지식이 필요하다. 실제로 고문헌 구입 시 1책을 1000만 원에

구입하거나 10책을 500만 원에 구입하기도 하는 등 편차가 크다. 유일본인지, 희귀본인지 등 국내의 소장량과 유통량에 대한 전반적인 현황을 꿰고 있어야 예산을 잘 활용할 수 있다.

고문헌의 정리는 경(經), 사(史), 자(子), 집(集)을 바탕으로 한 전통적 분류법인 사분법(四分法)을 쓰지만 KDC에 의거해 자료를 분류하는 곳도 있다. 사분법에서 경부(經部)는 『사서(四書)』, 『오경(五經)』, 『춘추(春秋)』 등의 유교 경전을, 사부(史部)는 역사(歷史), 전기(傳記), 족보(族譜), 정법(政法), 지리(地理), 명령서(命令書) 등 국가의 통치와 운영에 관련된 문헌을 포함한다. 자부(子部)는 유가(儒家), 도가(道家), 석가(釋迦), 병가(兵家), 의가(醫家), 예술(藝術) 등 제가(諸家)의 학설에 관한 문헌, 집부(集部)는 총집(總集), 별집(別集), 사곡(詞曲) 등 문장과 악장에 관한 문헌을 포함한다.

장서점검은 자료의 정수 조사, 상태 조사, 정위치 배가, 포쇄 등을 아우르는 용어다. 장서점검은 조선시대에도 있었는데, 사고(史庫)를 비롯한 각급 서적 보관처에서 정기적으로 했다. 특히 실록과 기타 서적의 점검 기록을 책으로 만든 『형지안(形止案)』에는 점검 시기와 장치(藏置) 서적의 목록이 일목요연하게 정리되어 있어 현재까지도 여러 연구에 참고자료로 활용되고 있다.

고문헌은 현대서와 달리 전자시스템(RFID)으로 장서점검을 할 수 없다. 일일이 수작업으로 해야 하기에 손이 많이 가고 시간도 오래 걸린다. 장서점검만 전담할 경우 1인이 1년에 약 5만 점 정도를 점검할 수 있을 것이다. 특히 포쇄는 매년 봄, 가을 중 청명한 날, 약한 바람과 햇빛으로 눅눅한 종이를 말리고 살균을 하는 전통 방식인데, 장서각은 지금도 이 방식 그대로 포쇄를 하고 있다. 다만 환경이나 인력 여건상

:: 오늘날까지도 바람과 햇빛으로 일일이 종이를 말리고 살균하는 전통 방식으로 장서점검을 한다.

선별적으로 시행한다. 포쇄 시에는 날씨 변화에 특별히 주의를 기울여야 한다. 바람이 강할 경우 책장이 찢기거나 책장 속에 끼여 있던 첨지나 문서가 날아갈 수 있다. 또 강한 햇빛에 장시간 노출시키면 책의 수분이 증발해 순식간에 변색되거나 휘어진다. 포쇄 시에는 한눈을 팔거나 자리를 비워서는 안 되며 전반적인 포쇄 상황을 주의 깊게 감독해야 한다.

좀이나 곰팡이 등으로 이미 훼손된 경우에는 고문헌 병원이라 할 수 있는 보존처리실로 보내진다. 이곳에서는 보존처리기술 전문가가 각종 기법으로 훼손된 고문헌을 보존처리한다. 또 훼손의 원인인 각종 곰팡이균, 벌레와 벌레 알 등을 제거해 훼손을 미연에 방지하고 있다.

수장고 내부는 365일 24시간 내내 항온, 항습을 유지한다. 매일 한두 번씩 시스템의 이상 유무를 확인하고 보고서를 분석해 일별, 주별, 월별로 환경의 변화 추이를 파악한다. 정기적으로 살충, 살균, 소독을

:: 훼손된 고문헌을 보존처리하는 모습. 고문헌은 관리 및 보존처리에 특별히 신중을 기한다.

하여 수장고 내 해충이나 곰팡이의 발생 및 증식을 억제한다. 수장고 내 무인경비시스템(감시 카메라, 열선 장비, 출입 카드) 등을 활용한 보안시스템으로 외부 침입 및 일반인의 출입을 철저히 통제하고 있다.

고문헌 이용 업무는 학술 열람, 영상 촬영, 사진 제공, 전시 대여, 견학 안내 등으로 구성된다. 현대서는 이용자가 직접 서고에서 자료를 골라 대출할 수 있지만, 고문헌은 단 1점이라도 공문(기관의 경우) 혹은 이용신청서(개인의 경우)를 받는다. 이용할 때도 처음부터 끝까지 담당자의 입회 아래 진행된다.

학술 열람은 주로 개인 연구자(교수, 대학원생 등) 중심으로 이루어지며 학위논문, 학술지 논문, 수업 과제 등에 참고하기 위해 원본 열람을 요청해 오는 경우가 많다. 영상 촬영은 KBS, MBC 등 방송사의 의뢰가 많다. 주로 교양 프로그램 제작에 쓸 자료를 제공한다. 사진 자료

요청자는 대부분 출판사다. 출판사는 전문도서나 교양도서를 출간할 때 삽도로 쓰기 위해 고문헌의 일부를 게재할 수 있도록 승인을 요청하거나 고해상도의 사진을 요구한다. 공공성이 담보되는 출판은 무상으로 제공하지만 상업적 용도의 출판은 규정에 따라 소정의 이용료를 받는다. 전시 대여는 박물관의 요청으로 진행된다. 국립박물관을 비롯해 각급 박물관, 미술관, 기념관 등에서 개최하는 전시를 지원한다. 관외 대여는 기관의 전시 대여를 제외하고는 불가능하다. 이 밖에 정부부처, 지자체, 대학교, 종중(宗中) 그리고 일본, 미국, 러시아 등의 외국 출판 기관에서도 이용 요청을 해 온다. 견학 안내는 장서각 시설 및 업무 프로세스에 관해 기관 및 개인에게 알기 쉽도록 설명하고 있다.

자료를 사용할 경우 간행물은 2부 이상, 영상물은 1부 이상을 제출하도록 하고 촬영된 파일은 모두 회수하는 등의 허가 조건이 따른다. 제출된 간행물과 영상물은 내원자가 이용할 수 있도록 비치하고 회수한 사진 파일은 다른 기관이 이용 요청을 할 때 같은 자료의 중복 촬영을 피할 수 있어 고문헌의 보존에 큰 도움이 된다.

고문헌은 문화재다

"여보세요, 여기 방송사인데요, 지금 지방에 촬영 차 왔다가 서울로 돌아가는 길인데요. 장서각에 잠깐 들러 고문헌 좀 촬영하려고 합니다."

"죄송합니다만 공문을 보내셔야 합니다."

"잠깐 들러 촬영만 하면 되는데 무슨 공문입니까?"

이런 전화는 화가 나기에 앞서 안타깝다. 고문헌은 문화재다. 문화재라는 것이 지나다가 불쑥 들러서 볼 수 있을 만큼 그렇게 하찮은 존재가 아니다. 세계 어느 나라도 이런 결례는 없다.

모 신문에 실린 기사가 생각난다. 기사에 따르면, 일본 궁내청 서릉부에 있는 한국 고문헌 이용을 위해 신청부터 촬영까지 한 달여의 기간이 소요되었고 휴대전화, 카메라 등 일체의 소지품 반입이 금지되었다. 신발은 실내화로 갈아 신고 화장실에서 한 번, 열람실에서 한 번 모두 두 번 손 세척을 한 후 4명의 감독 아래 열람이 이루어졌다.

고문헌은 소중한 기록유산이기에 한번 잃어버리거나 훼손되면 다른 자료로 대체할 수가 없고 원상 복구는 거의 불가능하다. 관리와 이용에 신중을 기하는 이유도 여기에 있다. 고문헌은 대부분 폐가제로 운영되며 원본의 열람을 최대한 제한한다. 대신 마이크로필름 열람이나 웹 열람 등의 시행에 많은 예산과 인력을 투입해 이용의 편의성을 높이고 있다.

원본 열람이 필요한 경우에는 조건이 만족되어야 승인된다. 예를 들어 촬영된 마이크로필름이 없거나 웹에 올려져 있지 않은 경우, 촬영 파일은 있으나 육안으로 잘 보이지 않는 경우, 원본을 꼭 봐야 알 수 있는 채색 그림, 종이의 섬유질, 비단 장정(裝幀), 침선(針線)의 조사가 필요한 경우에 원본 열람을 승인한다. 단 1책을 이용하더라도 절차를 엄격히 적용하기 때문에 이용자가 아무 때나 마음대로 이용할 수 없다. 공문이나 신청서를 접수한 후 회의를 거쳐 부서장의 승인 후 세부 일정을 잡아서 이용하도록 하고 있다.

이처럼 고문헌 이용 절차가 까다로운 것은 기록유산을 보호하기 위해 불필요한 이용을 방지하고자 하는 목적에서다. 문화재의 가치와 권

위는 이용자, 즉 국민이 만드는 것이다. 귀중한 문화재로 인식하고 소
중히 대할 때 비로소 세계적인 기록유산으로의 가치를 더욱 높이 인정
받게 될 것이다.

디지털 세상에 펼쳐지는
서비스를 내 손으로!

| 이지영 |

2008년 연세대 문헌정보학과를 졸업하고 동 대학원 문헌정보학과 석사 과정을 수료했다. 2009년 7월 다음 커뮤니케이션에 입사하여 검색기획팀을 거쳐 현재 데이터기획팀에서 기획자로 일하고 있다.

"**일을** 그렇게 하는 기획자가 어디 있습니까! 잘 좀 하세요."

입사 후 3개월 정도 지났을 때 함께 프로젝트를 진행하던 개발자가 나에게 던진 말이다. 꽤 규모가 크고 중요한 프로젝트에 부기획자로 처음 참여한 나는 회의 시간이면 불안하기만 했다. 일이 아직 서툰 데다가 개발자들이 쓰는 기술적인 용어와 개념을 도통 알아들을 수가 없었기 때문이다. 회의가 끝난 후 선배에게 물어야만 내가 할 일을 겨우 파악할 정도였다. 한번은 기획 내용을 개발자에게 명확하게 전달하지 못해서 프로그램 개발을 다시 해야만 한 적도 있었다. 열심히 했다고 생각했지만 일은 어렵고 실수가 반복됐다. 그러다 개발자에게 이런 호된 질책을 당한 것이다.

나는 입사 동기와 함께 옥상에 올라가 몇 시간을 서럽게 울었다.

입사 날짜와 상관없이 프로젝트의 당당한 구성원으로서 제 몫을 다 해야만 했다. 모른다고 봐주는 학교가 아니라 결과로 말하는 프로의 세계에 있었던 것이다. 특히 인터넷 서비스는 전 세계 어디에서든 접속이 가능하기 때문에 한 사람의 실수가 어마어마하게 많은 사람들에게 영향을 줄 수 있다는 것을 명심해야만 한다.

부족한 실력을 메꾸기 위해 늦은 밤까지 일했고, 그래도 일이 끝나지 않았을 때는 주말에 집에서 일을 마쳤다. 그리고 드디어 수개월 동안 준비한 첫 서비스를 시작하는 날이 되었다. 워낙 큰 프로젝트라 서비스 배포도 이용자들이 가장 적은 새벽으로 정했다. 전날 밤을 꼬박 세운 탓에 새벽 4시가 되자 눈꺼풀이 무거워지고 어깨가 뻐근했다. 침대로 곧장 달려가고 싶은 마음뿐이었다. 하지만 그간의 실수를 만회하기 위해서라도 밀려오는 졸음을 참고 버그를 찾아야만 했다. 그 덕에 프로젝트가 끝난 후 꼼꼼하게 일처리를 해 주었다는 칭찬을 받을 수 있었다.

문헌정보학은 내 운명!

책이 가득한 서점이나 도서관에는 특유의 냄새가 있다. 독서광은 아니었지만 어릴 적부터 나는 책이 뿜어내는 그 냄새가 좋았다. 도서관의 차분한 분위기와 책 향기 그리고 볕이 잘 드는 창가 자리가 나를 자주 부르곤 했다.

나는 수시모집 전형으로 연세대학교 문헌정보학과에 입학했다. 문헌정보학과가 도서관과 정보에 관련된 학과라는 선생님의 짧은 설명만 듣고 바로 학과를 선택했다. 취업도 순식간에 이루어졌다. 지원부터 1, 2차 면접을 거쳐 합격하기까지 한 달 만에, 그것도 딱 한 번의 지원으로 취업에 성공했다. 요즘 같은 취업난에 '빽'도 없는 나에게 일어난 기적 같은 일이다.

나만큼 대학 공부가 재미있었던 사람이 있을까. 졸업을 앞둔 나는 좀 더 공부하고 싶은 욕심에 대학원에 진학했다. 박사 과정 진학을 고민하던 석사 3학기, 조금씩 현장이 궁금해지기 시작했다.

"혹시 다음커뮤니케이션에서 일해 보고 싶은 사람 있으면 내 방으로 오세요. 그곳에서 일하는 여러분의 선배가 지원 방법을 알려 줄 거예요."

일을 해 보고 싶은 쪽으로 마음이 기울던 차에 기회가 왔다. '기회다. 잡자!' 망설임 없이 교수님을 찾아갔다. 교수님께 건네받은 선배의 연락처로 전화를 하면서 나의 입사 지원 절차가 시작됐다.

도서관이나 연구실로 취업하고 싶었던 터라 포털업계에 대해서는 사전 지식이 부족했다. 포털업계로 취업한 학과 선배들에게 조언을 구했고, 그만하면 내가 즐길 수 있는 영역이겠거니 싶었다.

부랴부랴 이력서와 자기소개서를 작성하고 면접 준비에 돌입했다. 수능 시험을 준비하던 고3 시절로 돌아간 듯 밤낮으로 관련 기사를 찾아서 읽고, IT 분야의 유명 블로그를 접속하면서 주요 개념을 정리하고, 이른바 '뜨는' 인터넷 서비스에 대해 나름 분석도 했다. 짧고 굵은 전력 질주 끝에 마침내 2009년 7월 다음커뮤니케이션 검색기획팀에 입사하게 됐다.

학과 선택에서부터 직업 선택에 이르기까지의 과정을 되돌아보면 단어 하나가 생각난다. 일.사.천.리. 게다가 순간의 선택은 매번 최선이었고 잘했다 믿고 있으니 자칭 행운아라 할 수 있겠다.

세상을 바꾸는 재능 기부, '도활'

대학을 다니면서 기억에 남는 일 중에 '도활'이 제일 먼저 떠오른다. 농촌 봉사활동을 줄여 농활이라고 하듯이 도서관 봉사활동을 줄여 도활이라고 한다. 도활은 연세대 문헌정보학과 출신 선배님과 학생이 주축이 되어 처음 시도한 활동이었다.

'도서관 희망원정대'라는 이름의 도활에 참가해 내가 처음 봉사를 하러 간 곳은 강원도 태백에 위치한 철암어린이도서관. 탄광촌 산골에 있는 작은 도서관에 도착하자 뜻밖의 광경이 벌어졌다. 인적이 드문 시골이라 여겼건만 도서관에는 아이들의 웃음소리가 넘쳐나고 있었다. 서울에서 온 형, 누나, 오빠, 언니 들이 신기하고 반가웠던지 아이들의 장난과 웃음이 끊이지 않았다.

우리는 각각 역할을 분담하여 업무를 맡았다. 일부는 도서관에 소장된 책과 기증받은 책을 분류하여 어린이도서관 수준에 맞춰 분류법을 적용했다. 그리고 일부는 장서 DB 구축과 전산화 작업을 했으며 나머지는 완료된 목록을 출력하여 바코드를 붙이는 라벨링 작업을 했다. 맡은 일이 끝난 다음에는 책들을 서가에 꽂는 배가 작업을 함께 했다. 정해진 시간 동안 목표한 분량을 마치고 돌아가야 했기에 준비해 간 목장갑을 끼고 밤늦도록 작업을 했다. 몸은 고되었지만 학교에서 배운 지식으로 누구의 도움도 받지 않고 도서관을 꾸려 본다는 생각에 가슴이 벅차고 보람도 컸다.

:: 대학 시절 '도활'은 전공을 실습하며 재능 기부도 할 수 있었던 소중한 경험이었다.

기본적인 도서관 전산화 작업과 서가 정리를 마친 후 사서 역할을 하는 지역 봉사자들에게 간단한 사서교육을 하고, 동네 꼬마들을 모아 놓고 도서관 이용법을 가르쳤다.

서툴고 미약한 우리가 무엇을 할 수 있을까, 처음에는 걱정이 앞섰지만 우리의 손길에 도서관이 한결 깔끔하게 정리되어 가는 것을 보면서 돈과는 비교할 수 없는 자신감을 얻게 됐다. 우리의 도활은 이후 지역 신문에 보도되기도 했고, 덕성여대, 명지대 등 다른 대학교의 문헌정보학과로 퍼져 나갔다.

도활 등 대학 시절 활동은 취업 후에 하는 일과 관계가 없어 보이지만 사실 그렇지 않다. 정보(책)와 이용자를 생각하면서 일한다는 차원에서 보면 내가 지금 하고 있는 데이터기획 업무와 기본 목적은 같다. 대학 시절의 보람찬 경험이 지금 내가 서비스를 즐겁게 기획하는 원동력이라고 믿는다.

디지털 세상에 펼쳐지는 서비스를 내 손으로!

아침 7시 50분, 사내 메신저의 그룹 대화창에 개발자들이 하나, 둘 모인다. 일반적으로 포털업계는 10시 출근인데(팀에 따라서 9시나 9시 30분까지 출근하기도 한다) 새로운 서비스를 시작하는 날은 출근이 이르다. 몇 개월 동안 나를 포함한 프로젝트 구성원들이 야근을 해 가며 열심히 준비한 서비스를 세상에 내놓는 순간이다. 두근두근.

'부디 아무런 문제가 없어야 할 텐데…. 뒤늦게 버그가 나타나는 건 아니겠지?'

걱정 반, 설렘 반으로 서비스 배포를 기다린다.

8시 정각, 서비스가 시작된다.

드디어 내가 기획한 내용이 세상에 나오게 됐다.

개발자가 서비스 배포를 완료하면 나는 이상이 없는지 다시 한 번 확인한다. 이상이 없으면 배포 작업이 완료된다. 배포 작업은 짧게는 5분, 길게는 몇 시간이 걸리기도 한다. 배포 시간은 별도로 정해져 있지 않고 대개 사람들의 이용이 뜸한 시간에 이루어진다. 아침 일찍부터 대기할 때도 있고, 밤늦게까지 회사에 남아 있어야 할 때도 있고, 집에서도 대기해야 할 때도 있지만 내가 기획한 서비스를 세상에 내놓는 그 순간은 기획자가 맛볼 수 있는 가장 짜릿한 순간이다.

나는 현재 데이터기획팀에 있다. 입사는 검색기획팀으로 했으나 2011년 검색기획팀의 친구 격인 데이터기획팀으로 옮겼다. 데이터기획팀에서 처음 맡은 일은 건강 컬렉션이었다. '질병'이나 '증상'을 검색어로 넣으면 건강과 관련된 콘텐츠를 검색 결과 상단에서 제공하는 서비스이다.

건강서비스로 예를 들어 데이터기획팀의 업무 중 일부를 간단히 설명하면 이렇다. 먼저 쿼리(query, 이용자가 검색창에 입력한 단어) 분석을 거쳐 검색 결과에서 건강과 관련된 컬렉션을 신규로 제공하는 것이 좋겠다는 의견이 발제된다. 이용자가 검색을 통해 어떤 건강정보를 찾는지 파악한 후 데이터별 CP(Contents Provider, 콘텐츠 제공자)를 정한다. CP는 외부 기관이 될 수도 있다. 데이터기획자는 데이터 전달 방식과 검색서비스 제공 방법 등을 포함한 기획안을 준비한다. 우리 회사는 서울아산병원과 제휴를 맺고 의학정보를 제공한다. 일단 계약이 성사되면 병원에서 샘플 데이터를 받아서 서비스를 제공할 검색 키워드 범위를 정하고 검색 결과로 보여 줄 화면을 기획한다. 여기까지가 서비스 구현을 위한 준비와 기획 단계다.

기획만으로는 결코 서비스가 완성되지 않는다. 개발자와 디자이너가 있어야만 실현된다. 아이디어로 시작된 기획을 인터넷상에서 실현시켜 주는 사람들이 바로 프로그램과 시스템을 담당하는 개발자, 웹디자이너다. 건축에 비유하면 기획자는 설계자, 개발자와 디자이너는 시공자다.

준비한 기획서로 개발자와 디자이너에게 설명을 하고 개발과 디자인을 의뢰한다. 1차 작업이 완료되면 테스트 및 QA(Quality Assurance, 품질 평가) 단계를 거치며 여러 차례 수정해야 서비스의 윤곽이 잡힌다. 그런 다음 서버에서 테스트를 한 후 배포 과정을 거쳐 네티즌과 만난다. 새로운 서비스가 시작된 후에도 기획자는 데이터를 보완하고 오류를 수정하는 등 관리를 해야 한다. 여기까지가 간략하게 정리해 본 업무 프로세스다. 실제로는 훨씬 더 많은 사람들과 협업을 하며, 그 중심에서 프로젝트를 이끄는 사람이 바로 기획자다.

문헌정보학 전공자가 유리한 포털 기획

포털업계의 기획 직군은 조직에 따라 차이는 있지만 크게 섹션 서비스 기획과 검색 관련 기획으로 나뉜다. 섹션 서비스란 '아고라', '미즈넷' 등의 콘텐츠 서비스이고, 섹션 서비스 기획은 이러한 콘텐츠 자체를 기획하고 만드는 업무다. 요리, 스포츠, 게임, 부동산 등 특정 주제에 대해 지식을 갖추면 섹션 서비스를 기획하는 데 도움이 된다.

반면 검색기획과 데이터기획은 섹션 서비스에서 나온 콘텐츠나 외부에서 생산, 구축된 데이터를 포털의 통합검색 결과에 제공하는 데 초점을 맞춘다. 이용자가 검색을 통해 무슨 정보를 찾고 싶어 할지, 어떤 방식으로 제공해야 이용자가 잘 찾을 수 있을지, 어떤 UI(User Interface)로 제공해야 찾은 정보를 쉽고 편하게 볼 수 있을지 등을 고민한다. 통합검색 결과 화면은 모두 검색기획과 데이터기획에서 기획한다.

검색기획과 데이터기획은 기본적으로 검색 메커니즘과 DB 관련 지식, 정보 이용자에 대한 이해가 있어야 할 수 있기에 문헌정보학과 전공자가 유리하다. 실제로 데이터기획팀과 검색기획팀의 절반 정도가 문헌정보학과 출신이고 내가 소속된 데이터기획팀 팀장 역시 문헌정보학과 출신이다.

기획자가 갖춰야 할 자질을 꼽으라면 의사소통 기술을 우선으로 들고 싶다. 포털에서 제공하는 모든 서비스는 기획자, 개발자(back-end 개발자, front-end 개발자 등), 데이터분석가, 디자이너, 데이터운영자, 제휴담당자 등 다양한 분야에서 업무를 수행하는 사람들과의 협업으로 진행되기 때문이다.

다음으로, 기획자는 세상의 변화에 촉을 세우고 있어야 한다. 인터

:: 팀 세미나를 준비 중인 필자. 끊임없이 연구하는 개발자들과 소통하기 위해 기획자들도 세미나를 하거나 개발자를 초청해 교육을 받는다.

넷에서는 최신 정보에 대한 요구가 굉장히 높다. 연예인의 최근 동향, 소위 뜨는 패션, 스포츠 경기의 실시간 스코어, 신제품의 상품평 등이 대표적이다. 또 이용자들의 요구가 바로바로 눈에 보이는 것이 실시간 이슈 검색어다. 많이 검색되는 키워드로 사회적인 이슈를 알 수 있으며 이용자들의 정보 요구도 실시간으로 확인할 수 있다. 기획자는 변화하는 사람들의 요구에 맞춰 서비스를 재빠르게 기획하고 제공하기 위해 사회 각 분야의 트렌드를 파악해야 한다.

IT기술에 대한 이해도를 높이는 것도 기획자의 자질 중 하나다. IT 업계에서는 개발 업무의 비중이 크고 개발자와의 소통이 매우 중요한 만큼 프로그램 및 인터넷 서비스 개발에 대한 기본 지식을 갖춰야 한다. 검색기획자나 데이터기획자 중에는 개발자 출신도 있는데 기획 과정에서 개발법이나 개발 가능성 등을 미리 염두에 둘 수 있어서 협업하는 개발자와의 의사소통이 쉬운 강점이 있다. 물론 모든 기획자가 개발자 수준의 지식을 갖춰야 하는 것은 아니다. 개발자의 말을 이해하고 의사소통을 할 수 있을 정도면 충분하다.

하루가 다르게 발전하는 기술로 IT업계에서 적용하는 기술도 변화가 빠르다. 내가 회사에 입사했을 때만 해도 모바일 서비스의 비중이 아주 낮았지만 지금은 우선순위 중에서도 상위권에 든다. 모바일과 관련된 기술도 풍부해졌다. 끊임없이 연구하는 개발자들과 소통하기 위해서는 기획자들도 보조를 맞춰야 한다. 이를 위해 팀원들이 모여 세미나를 하고 개발자를 초빙해 교육을 받으며 IT 관련 컨퍼런스에 참석하기도 한다.

IT업계는 학력보다는 능력이 먼저다

대부분의 IT업체들은 출신 학교나 학력을 크게 따지지 않는다. 기획자 중에는 석사학위자도 있지만 학부 출신도 많다.

다만 검색기획자, 데이터기획자 중에는 문헌정보학과 출신이 비교적 많다. 그렇다고 사서 자격증 소지자를 특별히 우대하거나 문헌정보학과 출신만 뽑는 것은 아니다. 심리학과, 영문학과, 사회학과, 경제학과 그리고 이공계 출신 기획자도 있다. 문헌정보학과 출신이라면 이미 학교에서 관련 용어와 개념을 배웠기 때문에 다른 학과 출신보다는 초기 스트레스가 적다. 정보제공서비스의 목적이나 이용자의 정체에 대해 어느 정도 감을 잡고 있다는 것도 큰 강점이다. 전자도서관, 대학도서관 사이트, 논문 제공 사이트 등 여러 인터넷 정보제공서비스를 분석

:: 여러 대의 모니터가 포진해 있는 필자의 책상. 필자와 희노애락을 같이하는 소중한 업무 공간이다.

하고 사용성을 평가하는 과제들을 수행해 본 덕분에 사용자가 어떤 정보를 원하는지, 정보를 어떻게 제공해야 하는지 더 깊이 고민하고 잘 파악할 수 있기 때문이다.

사서가 주로 도서관이라는 물리적 공간에서 출판 과정을 거친 검증된 정보(도서)를 다룬다면, 데이터기획자는 인터넷이라는 가상의 공간에서 검증된 정보 외에도 블로그, SNS 등에서 쏟아져 나오는 수많은 데이터(디지털정보)에서 옥석을 가린다. 도서관 사서와 데이터기획자의 공통점은 사람들에게 도움이 될 만한 정보를 선별하여 수집, 구축하고, 정보를 원하는 사람에게 제공하거나 찾아보기 쉽게 해 준다는 것이다. 제공한 정보가 이용자에게 큰 도움이 되거나 이롭게 쓰이면 그 과정에서 얻는 보람도 사서와 같다.

그러나 인터넷 공간에서는 기술 환경, 서비스 환경, 사용자의 취향 등 모든 것이 빠르게 바뀌기 때문에 데이터기획자는 도서관 사서에 비

해 업무 속도감이 훨씬 빠르다. 나는 오늘도 여러 대의 모니터에 둘러
싸여 내가 기획한 검색서비스를 유용하게 사용할 누군가를 위해 새로
운 서비스를 준비하고 있다.

디지털 사서에서 문헌정보학과
교수가 되기까지

| 배경재 |

성균관대 문헌정보학과를 졸업하고 동 대학원에서 박사학위를 받았다. LG상남도서관 사서 시절 청소년 과
학포털 'LG사이언스랜드', 독서장애인을 위한 '책 읽어주는 도서관' 등의 프로젝트를 진행했다. 현재 동덕
여대 문헌정보학과 교수로 있다. 영국의 에메랄드 출판 그룹에서 2010년 우수 논문상(Highly Comm-
ended Award)을 받았다.

나는 학생들을 가르친 지 이제 막 3년을 채워 가는 새내기 교수
다. 그래서인지 아직 교수라는 직함이 낯설다.

지난 10년간 사서로서 매력적인 삶을 살아왔다고 생각하는 나는,
사실 대학 강단으로 자리를 옮겼을 뿐 사서로서의 활동은 지금도 계속
하고 있다. 문헌정보학은 도서관과 정보 관련 기관 등 현장과 분리돼서
는 생명력을 유지하기 어려운 실용적인 학문이기 때문이다.

실패로서의 시작, 도서관 사서

청소년 시절 나는 선생님과 부모님 몰래 습작을 하며 작가를 꿈꾸

었다. 내가 다녔던 고등학교에는 학교도서관이 있었는데, 말이 도서관이지 지금 생각해 보면 1000여 권 정도의 책을 보관하던 '책 창고'였다. 학교에 도서관이 있는지조차 학생들이 모를 정도로 조그마했던 그 책 창고는 도서부 학생들의 전유물처럼 방과 후 아지트로 활용되었다. 책에 목말랐던 나는 자유롭게 도서관을 이용할 수 있는 도서부의 특권이 부러웠다. 그러나 그해 유난히 경쟁이 치열해서 도서부에는 들어가지 못했다. 인생 최초로 실패를 경험하는 순간이었다. 20년이 지난 지금은 그때의 기억이 많이 흐려져서 경미한 아쉬움으로 남아 있다.

대학 진학을 준비하면서 내가 문헌정보학과를 지원한 이유는 '정보'라는 단어가 너무나도 근사해 보여서였다. 솔직히 말해, 내 진로에 대해 나는 아무 생각이 없었다. 사기를 북돋는 차원에서 가끔 학생들에게 내 이런 얘기를 들려주곤 한다. 그때나 지금이나 많은 학생들이 진로에 대한 뚜렷한 목표의식을 갖지 못한 채 전공을 선택하고 있기 때문이다. 그리고 나의 경험에 비추어 볼 때 전공에 살가움을 느끼고 전문지식을 쌓아 나가기에 지금도 전혀 늦지 않았다는 것을 학생들에게 이야기해 주고 싶다.

입학할 때 사서에 별 관심이 없었던 것처럼 졸업 후 첫 직장도 전공과 무관한 대기업에 맡은 업무도 일반 행정직이었다. 약 2년 동안 전형적인 회사원 생활을 하면서 큰 조직의 행정 업무를 익혔다. 그때 배운 업무 지식을 지금까지도 유용하게 활용하고 있으니 상당히 유익한 시간이었다.

하지만 도서관은 늘 고향집 앞마당에 있는 우물 같은 존재로 남아 시간이 흐를수록 돌아가고 싶다는 간절함이 커졌다. 나는 내가 몸담고 있던 회사의 정보센터로 부서 이동을 요청했으나 받아들여지지 않았

:: LG상남도서관. 건축가 김수근이 설계한 자택을
LG 구자경 명예회장이 기증해 도서관으로 변모했다.

다. 그래서 3년이 되던 해, 첫 직장을 뒤로하고 LG상남도서관으로 자
리를 옮기게 되었다.

　사서라고 하면 흔히 단조로운 일상을 떠올리는 사람이 많다. 하지
만 나는 다른 세상을 먼저 맛본 경험이 있어서인지, 문헌정보학을 전공
한 사람에게 도서관 현장이 얼마나 소중한 곳인지를 안다.

　LG상남도서관은 국내 최초로 기업이 세운 디지털도서관으로 과학
기술 분야 공공도서관의 역할을 하고 있다. 실험적이면서 파격적인 정
보서비스를 설계하는 곳으로 유명한데, 운 좋게도 문헌정보학을 전공
하고 기업의 행정 업무를 익힌 나의 경력이 채용할 때 유리하게 작용했
던 것 같다.

사서는 정보전달자를 넘어 기획자가 되어야

사서, 더 정확히 말해 디지털 사서(digital librarian)로서의 생활은 모든 게 낯설었다. 더욱이 LG상남도서관에 주어진 미션 자체가 우리나라 도서관계에 새로운 역할을 제시하는 것이었기 때문에 1990년대에 학교에서 배운 전통적인 도서관의 업무 지식이 크게 도움이 되지 않았다. 새로운 지식을 배우고 심지어는 새로 만들어야만 하는 상황이었다. 아마도 전문도서관 사서라면 나와 비슷한 고민을 한 적이 있을 것이다. 특히 업무 특성상 석사, 박사학위를 가진 연구원에게 고도의 정보서비스를 제공해야 하는 경우에는 현실적으로 학부 수준 이상의 문헌정보학 지식이 필요할 때가 많다.

포털사이트들은 가치가 검증되지 않은 대량의 정보를 주로 검색의 형태로 제공하는 특성이 있는 반면, 디지털도서관은 디지털 사서 등의 전문 인력이 정보의 가치를 평가한 후 편리하게 이용할 수 있도록 조직하고 다양한 디지털 기술을 적용해 차별화된 방식으로 서비스하는 게 특징이다. 문헌정보학과 전공자들은 이 같은 전문 지식을 학부 과정에서 어느 정도 배우기에 포털사이트 또는 웹서비스를 제공하는 웹에이전시에서 환영을 받는다.

청소년을 위한 과학포털, 'LG사이언스랜드'

내가 도서관에서 맡은 첫 대형 프로젝트는 2003년 7월 오픈한 청소년을 위한 과학 웹사이트 'LG사이언스랜드(www.lg-sl.net)'다. 2000년대 초반은 어린이와 청소년의 이공계 기피 현상이 심각한 사회문제로 부각된 시기였는데, 도서관이 이 문제를 해결하는 데 기여하는 방법은 없을까 하는 고민에서 청소년을 위한 과학 웹사이트 프로젝트가 출발했다. 입사한 지 얼마 안 된 새내기 사서인 내게 LG사이언스랜드의 웹사이트 및 콘텐츠 기획이라는 중요한 일이 주어진 것이다. 약 2년여의 준비를 거쳐 웹사이트를 오픈하기까지의 과정은 내가 전문사서로 성장하는 계기가 됐다.

당시 LG상남도서관은 사서직으로 이루어진 기획운영팀 6명과 전산팀 3명, 관장 1명이 운영했으며 웹사이트 개발은 외부에 맡겼다. 프로젝트를 진행하면서 기획운영팀은 웹사이트의 전체 기획과 콘텐츠 개발을 담당하고, 전산팀은 프로젝트 관리를 하고, 외주 제작사는 실제 웹사이트 디자인 및 시스템 개발을 했다.

도서관의 일상 업무는 기존의 사이트를 안정적으로 운영하고 이용자가 필요로 하는 정보를 안내해 주는 일 정도였기 때문에 조직 내 구성원들과 큰 마찰 없이 원만하게 흘러갔지만 새로운 웹사이트 개발 프로젝트에 돌입하면 달랐다. 구성원들 모두가 긴장했고 서로가 바라보는 곳이 달라 때로는 갈등을 빚기도 했다. 기획운영팀은 다양한 콘텐츠로 가득 찬 최고의 웹사이트를 만들고자 했고, 전산팀은 기일 안에 정해진 임무를 수행하는 효과적인 프로젝트 관리를 하려 했으며, 외주 제작사는 업체의 인력, 시간 등 투입 요소를 최소화하고 싶어 했기에 갈등은 피해 갈 수가 없었다. 가장 어려웠던 점은 바로 이해 당사자들과 의견을 조율하고 현명하게 대처하는 일이었다. 그것은 실무 경험이 없으면 유연하게 해낼 수 없는 없는 과정이기도 했다. 모든 일은 사람이 하는 것이기에 효과적인 의사소통 능력은 프로젝트 성공에 가장 중요한 요소 중 하나다.

웹사이트 개발 프로젝트를 진행하면서 나는 사서가 정보전달자의

:: LG사이언스랜드의 '과학송' 서비스 화면. 과학 지식을 쉽게 배울 수 있도록 혈액순환송, 우주송, 소화송과 같은 과학송이 흥겨운 리듬과 함께 노래방처럼 구성돼 있다.

역할을 넘어 정보기획자의 역할을 할 수 있다는 것을 깨달았다. 그것도 아주 잘할 수 있다는 것을. 아직까지도 사서라고 하면 정보를 전달하는 정보중개자로 한정짓는 경우가 많은데, 사서를 정보를 새롭게 기획해 제공하는 이로 그 역할을 확장할 수 있다.

'지식 융합'이라는 개념이 조명받고 있는 오늘, 사서야말로 지식 융합을 가장 잘할 수 있는 사람들이다. 다양한 정보들의 속성을 잘 알고 다룰 수 있을 뿐 아니라 그것에 변화를 주어 새로운 정보를 만들 능력이 충분하기에 그렇다. 웹사이트를 만들면서 시도했던 새로운 기획 콘텐츠로 '과학송' 서비스가 있는데, 과학 교과서 지식을 유행하는 플래시 송(flash song)에 담은 것이었다. 과학 지식과 노래를 융합시킨 새로운 콘텐츠였다. 과학송은 지금도 LG사이언스랜드에서 매년 수백만 회 이상 다운로드되는 인기 콘텐츠다.

사회적 약자를 배려하는 도서관 서비스

기억에 남는 또 다른 프로젝트로 '책 읽어주는 도서관(voice.lg.
or.kr)'이 있다. 종이에 인쇄된 활자를 읽기가 어려운 독서장애인(시각,
청각, 지체 등의 신체적 장애나 정신적 장애로 독서에 어려움을 겪는
장애인)을 위해 2006년 5월 처음 시작한 서비스다. 유비쿼터스 기술을
활용해 웹서비스나 무선 인터넷을 통해 이용자가 음성도서를 PC나 시
각장애인 전용 휴대폰에 내려받아 언제든 자신이 원하는 때에 들을 수
있도록 하였다.

책 읽어주는 도서관 서비스는 시각장애인을 위한 독서 콘텐츠가 매
우 부족한 상황에서 도서관이 새로운 기술과 새로운 정보 매체로 어떻
게 사회적 약자를 배려할 수 있는지를 보여 준 좋은 사례로 평가받고
있다. 두꺼운 점자책 대신 가벼운 휴대폰만으로 독서를 할 수 있다니
얼마나 근사한가.

장애인을 위한 음성도서서비스, '책 읽어주는 도서관'

사실 책 읽어주는 도서관 프로젝트는 LG상남도서관의 독자적인 아
이디어로 출발했지만 서비스로 구현해 내려니 필요한 게 너무도 많았
다. 서비스를 완성하기 위해서는 우선 시각장애인용 음성도서를 들려
줄 수 있는 전용 휴대폰이 필요했으며, 그 밖에도 다양하고 복잡한 기
술이 뒷받침되어야 했다.

서비스 실현을 위해 LG 관계사들을 쫓아다니면서 취지를 설명하고
설득하는 데만 거의 1년여의 시간이 흘렀으니, 감히 '고행'이라는 표현
을 써도 되지 않을까. 다행히 LG전자, LG텔레콤, LG이노텍, LG데이

:: '책 읽어주는 도서관' 오픈 기념식에서 서울맹학교의 한 학생이 시각장애인 전용 휴대폰으로 음성도서를 내려받고 있다.

콤, LG CNS가 이 프로젝트의 취지에 공감해 기술과 인력을 제공하기로 했다. 금전적 가치로 환산해 보면 약 23억 원에 이르는 기부였다.

LG상남도서관을 회사라 치면 총 6개 회사의 연구원들이 시각장애인 전용 휴대폰을 통한 음성도서서비스라는 하나의 목표 아래 협업을 시작했고, 그 성과물은 2006년 5월 LG상남도서관 10주년 기념식에 맞춰 발표되었다. 책 읽어주는 도서관 프로젝트는 시각장애인들에게 큰 호응을 얻어 장애인도서관 분야에서 디지털 음성도서의 개발이 본격화되는 계기가 되었다.

"휴대폰, 컬러풀하게 만들어 주세요!"

도서관 서비스를 처음 설계할 때 제일 먼저 할 일은 이용자의 요구사항을 파악하는 것이다. 특히 책 읽어주는 도서관 프로젝트는 시각장애인을 위한 서비스인 만큼 그들이 필요로 하는 것을 제대로 파악하는 일이 중요했다. 평소에 시각장애인을 만날 일이 많지 않았던 팀원들은 적잖이 당황스러워했다. 다행히 프로젝트 초기에 서울맹학교 교사들과 학생들의 도움을 많이 받았다.

특히 '장애인이기 때문에 이렇지 않을까?' 또는 '장애인이기 때문에 이런 부분이 도움이 될 거야.'라는 생각은 실제로 그들을 만나 이야기해 보기 전까지는 그저 탁상공론에서 나온 추측에 불과했다. 대표적인 사례가 휴대폰의 색상에 대한 요구였다. 서울맹학교의 한 여학생이 시각장애인 전용 휴대폰을 다양한 색상으로 만들어 달라고 강력하게 요구했다. 음성이 지원되는 휴대폰을 포함해 장애인용 도구와 기기가 모두 검정색 일색에 투박한 외양이라 사춘기 여학생에게는 성에 안 찼던 것이다.

시각장애인 전용 휴대폰은 외관보다는 기능이 더 중요할 것이라고 당연시한 내 생각이 얼마나 자기중심적이고 잘못된 시각이었는지…. 이용자의 정보 요구를 나의 고정관념이 아닌 그들의 프레임에 맞춰야 한다는 것을 다시 한 번 체득했다.

세계가 주목한 '책 읽어주는 도서관' 서비스

도서관계에는 매년 사서, 문헌정보학 연구자, 출판물 유통 기관과 같은 도서관 관련 종사자들이 모이는 큰 축제가 있다. 국내에는 한국도서관협회에서 주최하는 전국도서관대회가 있고 세계적인 도서관 행사로는 국제도서관협회연맹(IFLA, International Federation of Library Associations and Institutions)이 주관하는 세계도서관정보대회(WLIC, World Library and Information Congress)가 있다.

세계도서관정보대회는 도서관계에서 가장 오래된 국제 행사로 매

:: 2010년 스웨덴 예테보리 세계도서관정보대회
에 참가한 필자.

년 개최지를 바꾸어 세계 각국의 도시에서 열린다. 나는 2006년 서울
에서 열린 세계도서관정보대회와 2010년 스웨덴 예테보리에서 열린
세계도서관정보대회에서 LG상남도서관을 대표해 책 읽어주는 도서관
사례를 프리컨퍼런스*와 포스터 세션**을 통해 발표했다.

2010년 스웨덴 예테보리 세계도서관정보대회에서의 발표는 이 컨
퍼런스 분과의 의장을 맡은 톤 모세이드(Tone Moseid)가 2006년 서울
세계도서관정보대회 때 우리의 발표가 인상적이었다며 초청해 주었기
에 성사되었다. 프리컨퍼런스에서는 책 읽어주는 도서관의 학술적 가
치와 함께 4년여 동안의 모바일 서비스 운영 실적을 소개하고 장애인
이용자들의 반응을 공유했다.

* 세계도서관정보대회는 본 대회 45개 세션의 주제 발표 이외에도 다양한 전문 주제와 기획 주제를 다루
기 위해서 대회가 열리기 전에 인접 지역에서 프리컨퍼런스(pre-conference)를 개최한다.
** 포스터 세션(poster session)은 지정된 지역에 준비해 온 주제 포스터를 부착하고 지정된 시간에 방
문객들에게 포스터 내용을 설명하는 방식으로 진행되는 발표다.

현장과 학생을 이어 주는 학자로서의 사서

문헌정보학은 사회과학, 인문학, 공학적 성격이 공존하는 학제적인 분야로 서지학, 자료조직, 도서관경영, 정보서비스, 정보검색, 정보시스템, 디지털도서관, 학교도서관, 기록관리 등으로 전문 분야가 나뉘어 있다. 따라서 문헌정보학을 공부하는 사람은 자신의 관심사에 따라 집중적으로 연구할 분야를 선택할 수 있다.

넓게 보면 대부분의 학문이 이론과 실제를 따로 구분하기 어려운 것처럼 문헌정보학 연구자로서의 사서는 전문 지식을 현장에 활용하는 데 도움을 줄 수 있도록 노력하고 문헌정보학의 전문 지식을 체계적으로 확장해 나가는 데 힘써야 한다. 그리고 교수로서 더욱 중요한 일은 도서관 및 관련 분야의 전문가로 성장할 인적 자원을 양성하는 일이다. 교수의 업무를 흔히 교육, 연구, 봉사라고 하는데, 최근에는 학생 취업 및 진로를 매우 강조하는 추세인지라 특히 학생들의 교육에 신경을 쓰게 된다.

나는 학생 상담을 한 학기에 적게는 50여 회 정도 하는데 학생들은 주로 사서로서의 미래에 대해 궁금증을 쏟아 낸다. 그럴 때마다 내 지난 사서로서의 삶을 되돌아보며 조언을 해 주는데 한편으로는 문헌정보학 교수로서의 내 미래가 어떻게 펼쳐질지 궁금하기도 하다.

돌아보면 나의 사서로서의 생활은 사람들이 생각하는 것만큼 조용하지 않았고, 끊임없이 변화를 해야 하는 시간이었다. 그래도 새로운 도전 이후엔 성패에 상관없이 늘 발전이 있어 왔기에, 앞으로도 사서로서 그리고 문헌정보학 교수로서 수많은 도전을 하고 잘 헤쳐 나가기를 희망해 본다.

"도서관장이 책이나 보지, 뭐가 그리 바빠?"

| 이정수 |

덕성여대에서 도서관학을 전공하고 숙명여대에서 석사, 명지대에서 박사 과정을 수료했다. 한국경제신문 편집국 조사부 기자를 거쳐 2005년부터 서대문구립이진아기념도서관 관장으로 근무하고 있다.

벌써 6월 하순, 1년의 절반이 지났다. 내년도 사업계획을 수립하고 예산을 편성해야 할 때가 다가온다. 사업계획 수립부터 예산 편성 및 조율, 확정 그리고 확정된 예산에 맞춘 사업계획 조정까지, 하반기에 펼쳐질 일들을 생각하니 벌써부터 머리가 아파 온다.

"바쁘다! 바빠!" – 도서관장의 하루

도서관장으로서 나의 하루는 아침 8시 이전에 이미 시작된다. 9시 개관 시간 전에 사무실에 도착해 제일 먼저 도서관 홈페이지의 자유게시판을 훑는다. 밤사이 올라온 민원이 없는지 확인하기 위해서다. 개관

10분 전, 직원들과 한자리에 모여 5분간 스탠딩 회의를 한다. 당일 행사, 출장 및 외출 등의 정보를 공유하고 하루의 즐거운 출발을 위해 파이팅을 외친다. 비록 5분이라는 짧은 시간이지만 무척 효율적이다. 도서관 돌아가는 상황을 공유함으로써 유사시에 대처 능력을 향상시켜 서비스에 차질이 없도록 할 수 있다.

수시로 올라오는 결재 서류를 검토해 그 근거를 확인하고 예산 낭비가 없도록 살핀 후 제때 결재하는 일은 일상이다. 결재를 미루면 실무자들의 업무 진행에 차질을 빚게 되기 때문이다.

오전에 특별한 일이 없으면 도서관 시설을 둘러보며 청결 상태를 확인하고 안전 점검을 한다. 자료실 직원들과 대화를 하는 과정에서 자연스럽게 도서관 내에서 일어나는 일을 보고받기도 한다. 칭찬보다는 잔소리를 하는 경우가 많기에 직원들은 나의 순찰을 그다지 반기지 않는다. 그러나 직원이 미처 보지 못한 것을 관장의 눈으로 볼 수 있기에 쾌적한 도서관 서비스를 위한 순찰(?)은 도서관 관장의 중요한 업무 중 하나다. 절대 게을리해서는 안 된다.

하루 동안 각양각색의 사람들이 도서관을 찾는다. '도서관 친구들'(도서관 홍보, 기금 마련, 자원 활동 등을 위한 도서관 회원들의 자발적인 모임) 회원부터 각종 강좌를 운영하는 강사 및 수강생, 출판계와 도서관계, 구청 그리고 수많은 민원인에 이르기까지 다양하다. 민원이 발생할 경우 수용할 것은 과감하게 수용하지만 그렇지 않은 경우에는 원칙을 지켜 민원인에게 이해를 당부하고 설득을 해야 한다. 쉽지는 않지만, 민원인에게 예의를 지키고 문제를 해결하기 위해 최선을 다하는 모습은 그들을 이해시키는 기본자세다.

일주일에 적어도 서너 번은 도서관 외부 회의에 참석한다. 도서관

:: 도서관을 사랑하는 회원들이 자발적으로 만든 '도서관 친구들'의 발대식에서 인사말을 하고 있는 필자.

계는 물론 지역 사회의 도서관에 대한 기대치가 커지고 도서관의 역할이 확대되면서 회의가 많아졌다. 도서관 내부 회의도 일주일에 한 번 이상은 한다. 직원들과 함께 월간업무계획, 주간업무계획과 사업의 진행 과정 등을 꼼꼼하게 챙기기 위해서다. 분관에도 자주 나가 봐야 한다. 비가 새는 곳은 없는지 시설을 돌아보고 격지에서 근무하는 직원들의 근태를 점검하고 애로 사항 등을 수렴해야 한다. 특히 매일 얼굴을 보지 않기 때문에 서로가 놓칠 수 있는 부분이 없도록 세심하게 살펴야 한다.

퇴근 후에도 약속이 많다. 도서관계, 독서 관련 단체, 출판계 및 다른 구립도서관장 등 만나야 할 사람이 많다. 약속이 없는 날에는 8시에서 9시쯤 퇴근한다. 마음은 늘 '칼퇴'를 희망하지만 직원들이 퇴근한 저녁 시간은 낮 동안의 분주함을 떨치고 새로운 사업을 구상하거나 밀린 일을 하기 안성맞춤이라 오히려 즐기는 편이다.

본관-분관 체제가 되면서 마음 놓고 쉴 수가 없다.* 더욱이 주말에는 도서관에서 벌어지는 각종 행사에 참석해야 하고 서대문구립이진아도서관의 공식 휴일인 월요일에는 구청, 시청 등에서 열리는 회의에 참석해야 하기에 쉬는 날이 별로 없다.

돌아보면 정말 고된 관장의 하루하루지만, 도서관 이용자와 직원들과 함께하기에 나는 거뜬히 버틸 수 있다.

발로 뛰는 실무형 도서관장

공공도서관 관장으로 일한 지 만 7년이 지났다. 그동안 도서관을 잘 운영하기 위해 구청과 의회 등 지역 사회의 협력을 이끌어 내며 치열하게 살아왔다. 2개의 분관을 개관했고 이동도서관** 서비스를 시작했으며 공립 작은도서관에 사서를 배치하는 등 도서관 서비스를 확대해 왔다. 물론 나 혼자 한 일이 아니라 지역 사회 구성원이 함께 이뤄 낸 성과다.

관장은 도서관을 대표하면서 도서관의 운영 방향을 정하고 조직과 시설을 책임지는 위치에 있다. 또 지역 사회에 도서관을 알리고 도서관이 제 역할을 할 수 있도록 인력 및 예산 등 제반 여건을 확보해야 한다.

아직도 관장 하면 '문 닫고 사무실에 앉아 있기만 한 사람', '신문 읽고 결재 서류에 도장 찍는 사람'을 떠올리는 경우가 많다. 바빠서 종

---

* 본관인 구립이진아도서관과 분관인 남가좌 새롬어린이도서관은 월요일에, 또 다른 분관인 홍은동 도담도서관은 금요일에 휴관한다.

** 도서관을 이용하기 어려운 여건에 있는 지역 주민을 찾아가서 도서관 서비스를 제공하는 이동식 분관 도서관. 순회문고, 순회도서관, 이동문고, 자동차문고, 자동차도서관이라고도 한다.

종걸음을 하는 내게 "도서관장이 책이나 볼 것이지 뭐가 그렇게 바빠?" 하고 묻는 사람이 있을 정도다.

그들에게 감히 한마디 하자면, 발로 뛰는 실무형 관장이 아니라면 도서관을 제대로 운영하기 어렵다. 사무실에 오도카니 앉아서는 더더욱 불가능하다. 문화와 교육에 대한 관심이 높아지면서 지역 사회에서도 도서관에 대한 기대치가 높아지고 있다. 그들의 기대에 부응하고 도서관의 사명을 다하려면 관장은 그야말로 전문성과 함께 행정력을 겸비하고 전방위로 뛰어야 한다.

공공도서관 문화, 어떻게 만들어 갈까?

"여보세요, 거기 도서관이죠? 개인 공부방도 있나요?"
"개인 공부방은 없습니다만…."
"공부방도 없는데 무슨 도서관이람?"
이진아기념도서관은 불의의 사고로 딸을 잃은 한 아버지의 기부에 의해 설립된 서대문구 최초의 구립도서관으로 2005년 9월 개관했다. 변변한 공공도서관 하나 없던 지역에 빨간 벽돌로 4층까지 올린, 앞이 탁 트인 도서관이 들어서자 주민들의 문의가 쇄도했다. 그러나 대부분 공부방을 찾는 질문이었다. 개인 공부방이 없다며 타박하던 어떤 분은 민원을 제기했고, 심지어 사무실을 찾아와 차라리 '도서 대여점'으로 간판을 바꾸라며 불만을 터뜨리기도 했다. 도서관은 독서실이 아니라 책과 사람이 만나 어울리며 지적으로 성장하는 곳이라고 교과서적으로 설득해 봐야 그들의 불만을 잠재우기에는 한참 부족했다. 이론과 현실

:: 2011년 동북아역사자료센터와 서대문구립이진아기념도서관의 협약식. 외부 기관과의 협약을 통해 다양한 자료를 확보하는 것도 관장의 중요한 소임이다.

사이의 장벽이 높다는 사실을 절감한 순간이었다.

'이용자가 원하는 도서관과 운영자가 지향하는 도서관 사이의 괴리를 어떻게 메워야 할까?'

'대한민국의 수도 서울에 독서실이 아닌 도서관다운 도서관이 늘어나야 하지 않겠나?'

도서관 운영 책임자로서의 고민은 그때부터 시작되었다.

나는 도서관과 지역 주민이 상호 작용하고 함께 발전하는 선순환 체제를 만들어 보자고 마음먹었다. 먼저 독서실과 도서관이 어떻게 다른지 주민들과 구청 공무원들에게 설명하고 언론 홍보에 팔을 걷어붙였다. 도서관 서가에 양서를 비치하고 독서회와 같은 커뮤니티 활동을 시작했다. 수준 높은 인문 강좌를 개설해 시민들이 정서적으로 그리고 지적으로 커 나갈 수 있도록 이끌었다. 시의적절한 행사도 열어서 주민들이 소소한 재미를 느낄 수 있도록 했다. 도서관에 책 이외에 다른 재밋거리도 있다는 것을 알려 주기 위한 시도였다.

또 유아부터 어르신에 이르기까지 연령별, 계층별로 참여할 수 있는 프로그램을 만들었다. '행복한 이야기 엄마', '독서로 나누는 품앗이' 등 동화구연과 독서지도 프로그램을 운영하기 위한 활동가도 양성했다. 전문적인 교육을 받은 도서관 이용자들이 정보서비스로 재능 기부를 하며 보람을 찾을 수 있도록 기회를 제공했다.

개관 후 수년에 걸친 노력은 헛되지 않았다. 도서관을 사랑하는 사람들이 늘어나면서 드디어 도서관다운 문화가 조성되기 시작하였고 지역 주민의 커뮤니티 역할도 하게 되었다. 도서관이 지역의 자랑거리가 되기 시작했다.

도서관 사업과 예산은, 어떻게?

공공도서관은 각 기초자치단체에서 건립하고 운영한다. 서대문구에는 교육청 소속 도서관 1개와 구립도서관 3개가 있다. 서울의 구립도서관은 구청에서 직접 운영하거나 위탁 운영을 하는데 서대문구는 현재 시설관리공단에 위탁 운영하고 있다.

도서관장은 도서관법에 따라 5년 주기로 도서관 중장기발전계획을 세우고 매년 사업계획서를 작성한다. 연도별 사업계획은 대체로 중장기발전계획에 따르며 상황에 따라 수정한다. 문화체육관광부가 '독서의 해'로 지정한 2012년에는 서대문구도 '책 읽는 서대문'을 모토로 장기독서 프로그램, 가족독서 프로그램 등을 역점사업으로 계획했다.

사업계획에 따라 도서관 예산을 편성하고 예산안을 구청에 제출하면 예산담당부서에서 예산액을 조정한다. 필요한 예산을 확보하기 위해 구청 공무원을 찾아가 충분히 설명하는 과정은 필수다. 구청에서 조정된 예산안은 구의회의 심의를 거쳐 확정되는데, 이때 구의원에게 예산 편성 내용을 구체적으로 보고하고 그 적절성을 이해시켜야 한다. 간혹 도서관을 잘 모르는 공무원이 야속하기도 하고 도서관의 운영에 대한 이해도가 낮은 행정 현실이 원망스러울 때도 있지만, 도서관장으로서 나는 남 탓보다는 내 할 노릇을 우선한다.

도서관 예산은 크게 인건비, 사업경비, 자료구입비, 시설비 등으로 나뉜다. 나는 도서관 예산 확보를 위해 평소 예산과 관련이 있는 공무원과 구의원에게 직간접적으로 공공도서관의 역할과 사명, 독서교육과 평생교육의 중요성을 알리는 일에 공을 들인다. 지역의 공공도서관이 구정(區政) 방향에 기여하는 기관이라는 사실을 인지시키고 자료구입비를 포함한 도서관 예산을 최대한 확보하기 위해 작전을 짜는 것도 잊지 않는다.

또 구청 공무원들과 구의원들에게 수시로 사업을 홍보하고, 행사를 개최하거나 새로운 독서 프로그램과 인문 강좌를 열 때마다 반드시 초대한다. 한번은 10개월간 40회를 진행하는 '서양 역사 고전' 강의를 알리기 위해 구의원에게 홍보 메일을 띄웠는데 2명이 강의 수강을 신청했다. 구의원들은 강좌를 들으면서 도서관의 가치를 몸으로 깨달았을 뿐 아니라 도서관에 장서 확충이 왜 필요한지 이해하게 되었다. 그 덕에 예산 확보가 훨씬 수월해졌음은 두말할 것도 없다.

차기 연도 예산이 확정되면 사업계획을 조정한다. 확정된 예산 외에 부족분을 어떻게 충당할지도 고민해야 한다. 주로 운영지원금, 각종 기관 및 단체의 공모사업 등을 통해 외부 자금을 유치해 부족분을 채운다.

올해는 '어르신 북시터' 사업을 했다. 어르신에게 동화구연법을 교육하고 서대문 관내 도서관에 파견해 아이들에게 전래동화 등을 읽어 주는 일거리를 제공하는 사업이다. 아이들에게는 할머니가 해 주는 옛날이야기를 통해 책이 주는 재미까지 알게 해 줄 수 있어서 일거양득이다. 마침 서대문구청 사회복지과에서 노인일자리사업을 공모하였다. 재빨리 사업계획서를 만들어 공모에 신청했다. 3000만 원의 사업자금을 확보해 지역 노인 20명에게 교육을 하고 일자리도 마련했다. 아이와 어르신이 서로를 배려하고 평등하게 이용하는 공공도서관의 참 의미를 알려 줄 수 있어 매우 뿌듯했다.

공공도서관 관장에겐 어떤 능력이 필요할까?

공공도서관은 겉에서 보면 그저 하나의 건물에 불과하지만 기능과 역할이 다양하다. 정보 제공과 독서 활동은 차치하고라도 장애와 비장애, 다문화와 한문화, 남녀노소가 어울려 서로 이해하고 배려하는 커뮤니티의 장이자 복합문화공간이다. 요람에서 무덤까지 자기계발과 지식정보의 부가가치를 창출할 수 있는 평생교육기관이기도 하다. 또 어린이도서관 운영을 통해 사회적 보육을 실현하고 여성의 품앗이 독서지도, 어르신 북시터와 같은 지역 일자리를 창출할 수 있는 사회적 안전망이기도 하다.

공공도서관이 제 역할을 제대로 다하기 위해서는 관장의 역량이 매우 중요하다. 관장은 사서의 전문성을 바탕으로 도서관을 대변할 수 있

:: 서대문구립이진아기념도서관 지역문고 담당자와 사서도우미 교육을 통해 지역 주민들에게 도서관을 홍보함과 동시에 운영에 직접 참여할 수 있도록 유도하고 있다.

어야 하며 행정가적 역량으로 도서관의 모습을 확장시켜 나가야 한다. 단위 도서관의 입장과 지역 사회의 요구를 조화롭게 수용하고 공공도서관의 사회적 존재 이유와 가치를 지켜 나갈 수 있어야 한다. 이를 위해 관장은 끊임없이 공부하고 시야를 넓혀야 한다. 정치, 경제, 사회, 문화에 대한 통찰력을 키워야 하며 변화에 능동적이고 적극적으로 대응해야 한다.

지방자치단체에서 직접 운영하는 경우에는 도서관 내부에서 관장을 발탁, 승진시키는 경우가 대부분이다. 그러나 우리 도서관처럼 위탁 운영하는 경우에는 외부에서 관장을 영입하는 경우가 많다. 도서관법에 공공도서관 관장을 사서직으로 보한다고 명시하고 있기에 자격 요건을 도서관 근무 경력과 사서 자격증 소지자로 정하는 경우가 많다. 그러나 도서관 근무 경력과 사서 자격증은 관장의 자격 조건에 불과할

뿐 관장의 자질은 별개의 문제다.

처음 관장이 되었을 때 지역 사회에서 공공도서관의 목표와 기능은 무엇일까를 놓고 몇날 며칠 고민한 기억이 난다. 도서관 경험이 일천했던 내가 겁도 없이 뛰어든 탓에 매 순간 드러나는 나의 결핍이 부끄럽기만 했다. 그 결핍을 메우려는 오기 하나로 나는 망망대해로 나갔지만 거대한 고래와 힘겨운 싸움을 하는 느낌을 받은 적이 한두 번이 아니었다. 공공도서관 관리자로서의 무경험을 장점으로 반전시켜 도서관을 창의적으로 운영하겠다는 의지만 불태웠던 것 같다. 단언컨대, 도서관이 지역 사회에 뿌리내리고 주민과 함께 책을 통해 지역의 변화를 이끌겠다는 열정만큼은 뜨거웠다. 언제일지는 모르겠지만, 관장으로서의 능력을 완벽하게 갖췄다는 자신감이 생기는 그날까지 나의 끊임없는 고민과 이를 극복하기 위한 자기계발은 계속될 것이다.

현행 도서관법에 따르면 공공도서관 관장은 사서직이 맡도록 되어 있다. 사서의 전문성을 갖춘 관장이 행정력과 조화를 이뤄 잘 운영하라는 의미이다. 도서관 조직은 사서직 외에 행정직, 기술직, 전산직 등 다양한 직종이 있다. 인적 구성이 다양한 조직을 일사분란하게 움직여 조직의 비전을 실현해 나가는 힘은 리더십에서 나온다.

관장의 리더십은 직원과 어떻게 파트너십을 형성하느냐에 달려 있다. 수직이 아닌 수평적 관계에서 직원이 관장을 업무 파트너로 바라볼 때 고충이 해결된다고 믿는다. 물론 이론처럼 쉬운 것만은 아니다. 한 직원의 애로 사항을 해결하려면 다른 직원에게 부담을 줄 수밖에 없는 경우가 허다하다. 특히 도서관 직원 중에는 여성이 많아 결혼 후 임신, 출산, 육아로 이어지는 업무 공백이 커질 수 있다. 법적으로는 육아휴직 시에는 대체 인력을 채용하고 복직을 해도 일과 가정이 균형을 이루도록 배려하도록 하고 있지만 어디 현실이 그러한가. 육아 부담이 큰 직원의 상황을 마음으로는 백번 이해하지만 특정인만 배려할 수 없어 늘 고민이다. 이럴수록 서로가 이해하고 조금 양보하려는 조직 문화 형성이 필요하다.

관장의 리더십과 파트너십은 내부 조직 강화를 위한 것만은 아니다. 도서관의 가치를 잘 모르는 행정 전문가인 구청 공무원과의 파트너십은 더욱 중요하다. 지역의 유관 기관 및 협력 기관, 나아가 도서관 정책부서 및 단체와의 관계도 파트너십이 우선이다. 도서관을 운영하는 데 직간접적으로 영향을 받고 도서관이 각종 협력 사업을 유치하는 데 큰 도움을 얻을 수 있기 때문이다. 하지만 구청의 산하 기관인 시설관리공단이 위탁한 우리 도서관의 입장에서는 서로 동등한 관계가 성립되기가 어렵다. 구정을 이끌어 가는 공무원들도 도서관에 대한 이해가 부족해 그들과의 파트너십도 녹록치만은 않다. 도서관을 개인 독서실쯤으로 인식하는 공무원들도 있어 예산을 협의하는 과정에서 다짜고짜 삭감하려 들거나 기회만 되면 도서구입예산을 삭감하려 들기도 한다. 관장으로서 가장 답답하고 힘이 빠지는 순간이다.

그럴 때면 도서관장들은 스스로에게 묻는다고 한다. '도서관을 모른다고 한심해 하거나 무시해 버리면 어떻게 될까? 나를 무시한다고 똑같이 되받아치면 내가 얻는 것은 무엇일까? 그들을 설득하지 않고 현실을 그대로 받아들여 수동적으로 일하는 편이 나은 건가?' 내가 얻은 답은 불평등한 상황을 극복하고 원하는 것을 얻으려면 스스로 인내하며 상대방의 생각이 바뀌도록 설득하고 또 설득해야 한다는 것이다.

국회의원과 국민의 소통을 돕는 사서가 되어라!

| 임미경 |

성균관대 문헌정보학과 석사 및 박사 과정을 수료했다. 1981년에 사서직 공채 7급으로 국회도서관에 입사해 1990년 사무관으로 승진했다. 입법조사2과장, 색인과장, 수서과장, 입법정보심의관, 정보관리국장을 거쳐 현재는 국회도서관 이사관으로서 한국도서관협회에 파견 근무 중이다.

2012년 7월 제19대 국회가 개원하였다. 국회도서관에서 근무한 지 올해로 31년째. 나는 제11대 국회를 시작으로 9번째의 새로운 고객들을 맞이하며 이곳에서 사서로서 첫발을 내딛던 때를 떠올린다.

〈미션 1〉 기혼자, 국회도서관 사서로 재취업하기

대학 졸업 후 나는 대기업 자료실에서 일했는데, '결혼과 동시에 퇴사'라는 당시의 사회 통념 탓에 원치 않는 사표를 내야 했다. 결혼 이듬해인 1981년 우연히 신문에서 '국회도서관 사서직 7급 공무원 공개경쟁 채용시험' 공고를 보게 되었다. 그리고 얼마 후 당당히 시험에 통과했다. 평소 동경했던 국회도서관 사서가 된다는 생각에 얼마나 들뜨고 행복했었는지…. 돌아보면 도서관은 일 욕심 많던 나의 존재 이유와도 같았기에 감동이 더욱 컸던 것 같다.

첫 근무 부서는 의원열람실. 국회의사당 1층에 위치한 이곳은 국회의원만이 이용할 수 있는데, 의정 활동에 필요한 국회회의록, 법령집, 의정 자료는 물론 신간 베스트셀러, 최신 정기간행물, 신문 등을 비치하여 의정 활동에 필요한 최신 정보를 제공하는 곳이다. 그런데 얼마 되지 않아 정기간행물을 관리하는 곳으로 재배치되었다. 나중에 안 사실이지만, 그 시절에만 해도 국회도서관에 기혼녀 신입 직원은 상상조차 할 수 없는 일이라 인사 담당자가 무심코 나를 열람실에 배치했다가 부랴부랴 자리를 바꿨다는 것이다. 그러나 국회도서관 사서의 꿈을 이룬 나에게 그 인사 발령은 지나가는 작은 해프닝에 불과했다.

첫아이 출산 후에는 유엔자료실에서 외국어 자료 정리와 열람봉사를 하였다. 유엔자료실은 국제연합사무국이 국회도서관을 우리나라의 유일한 기탁도서관으로 지정하고 국제연합 및 산하 국제기구의 발간 자료들을 기탁하여 별도로 만들어진 자료실이다. 보통의 자료실과 다른 점은 유엔 자료는 UNESCO, IMF 등 유엔 산하 기구의 약어를 기준으로 한 별도의 분류표가 있어서 이를 적용해야 한다는 것이다. 유엔 자료실에서 근무하는 중에 미국, 영국 의회에서 발간된 회의록을 정리할 기회가 있었는데, 이때 다양한 종류의 자료를 처음 접해 보았다. 그리고 이 일은 당시 가사와 육아로 피로했던 나에게 청량제가 되어 주었다.

이후 수서목록을 편집, 발간하는 업무도 맡았다. 새로 들어온 도서를 소개하기 위해 분류 작업을 마친 도서를 대주제로 구분해 책자로 발간하는 일인데, 매월 수서목록을 발간하고 다시 이것들을 묶어서 매년 장서목록을 펴냈다. 장서목록은 도서관의 소장 자료를 주제별로 구분해 놓은 책으로, 그 시절에는 관심 주제의 신간 정보와 소장 자료를 알 수 있는 유일한 도구였다. 또한 오랫동안 외국어 자료를 정리한 덕분인지 도서관장님의 영어 실력 테스트를 통과하여 외국 도서를 구입하는 일을 맡아 하기도 했다.

〈미션 2〉 5급 사서공무원, 도서관 업무 섭렵하기

국회도서관[*]이 설립된 지 36년이 지난 1988년 국회도서관은 드디어 독립된 건물을 갖게 되었다. 국회 기능의 활성화와 국회 운영의 민주화를 위해 국회법을 개정하면서 도서관을 다시 독립기관으로 되돌리자는 안이 의결되었고 국회도서관법도 새로 제정되었다. 국회도서관이 재도약기에 접어들었다는 신호다.

그리고 1990년 6급 공무원으로 5년 이상 근무한 사람을 대상으로 5급 일반 승진 시험에 응시할 수 있는 자격이 주어졌다. 승진 시험을 준비하는 과정은 고난의 연속이었다. 퇴근 후에는 두 아이를 돌봐야 하고 주말이면 시댁을 가야 하는 워킹맘에게 공부할 시간은 절대적으로 부

* 입법부 산하 조직인 국회도서관은 우리나라 정치권의 영향 아래에 있는 기관이다. 정치적 격랑의 시대였던 1980년대에는 '국보위입법회의도서관'으로 이름이 바뀌기도 했으며, 국회도서관법이 폐지되어 독립기관으로서의 위상을 잃고 사무처의 부속기관이 되어 제 역할을 수행하는 데 어려움을 겪기도 했다.
다행히 1987년 6월 민주화 운동 이후 민주주의의 물결이 거세게 일면서 '국민의 입법부'에 대한 기대가 높아졌고, 입법부를 보다 능률화, 효율화하는 방향으로 정책이 이루어지면서 국회도서관의 조직과 기능도 많이 바뀌게 되었다.

:: 정리과 분류계 사무실. 이곳의 사서들은 북트럭에 거의 파묻혀 있다.

족했다. 그렇다고 포기할 수는 없는 일. 시험 준비에 미진한 점이 많았지만 포기하지 않고 꾸준히 공부하여 다행히 승진의 문턱을 넘었다.

그렇게 5급 사서공무원이 되어 제일 먼저 정리과 분류계 계장으로 발령을 받았다. 분류계는 도서관에 입수되는 단행본과 학위논문을 분류하고 관리하는 부서다. 도서의 내용에 맞는 분류번호와 저자기호를 부여하는 것은 자료 수집 못지않게 중요한 업무다. 도서가 서가에 배열되는 위치를 정해 주는 것으로, 같은 주제의 자료들을 한곳에 모아 이용자가 서가에서 자신이 필요로 하는 주제의 다양한 자료들을 발견할 수 있는 기쁨을 안겨 주는 일이기 때문이다.

1990년대 디지털 시대가 시작되면서 국회도서관의 업무도 크게 바뀌었다. 종이 카드로 작성했던 목록은 온라인으로 바뀌어 컴퓨터로 검색할 수 있게 되었다. 이와 관련해 책마다 분류번호를 정해 주고 검색어로 활용될 수 있는 키워드를 서명과 목차에서 추출하는 일을 국회도서관이 최초로 시도하게 되었다. 새로 시작하는 일은 늘 부담이 크다. 일이 늘어나면서 야근이 잦아졌지만 팀워크를 발휘한 덕분에 부담과 짜증보다는 즐거움을 더 많이 느끼며 일할 수 있었다.

다음으로 근무한 곳은 수서과의 국제협력계였다. 의회, 정부기관, 연구기관, 대학교 등 전 세계 90개국 320여 개 기관과의 협력 관계를 통해 돈으로 살 수 없는 자료를 수집하는 일을 담당했다. 주된 업무는 자료 교환을 요청하기 위해 기관장에게 서한을 발송해 답신이 오면 자료 교환 관계를 맺는 것이다. 국회도서관은 미국 의회도서관, 일본 국립국회도서관과 가장 활발하게 자료 교환을 하였다. 한국을 알릴 수 있는 정부간행물과 한국학 관련 자료와 외국 의회, 정부기관, 연구기관 등의 발간 자료를 상호 교환하는 일은 한국의 위상과 국력을 자료로 보여 주는 일이라 자부심이 컸다.

국제협력계 자료 교환 업무에서 명심해야 할 것은 우리가 보내는 만큼의 자료를 받아야 한다는 것. 자료의 연간 입수 및 발송 실적이 수치로 나타나기 때문이다. 따라서 계장은 목표를 달성하기 위해 직원들을 믿고 독려하는 한편 직원들의 실수를 미연에 방지해야 한다.

〈미션 3〉 학위논문실의 만족도 높이기

열람과 열람계장으로 발령받았을 때 일이다. 나는 학위논문자료실을 맡아 학위논문의 배열과 이동, 서고 및 열람에 관한 사항과 열람실 운영을 책임졌다. 새로 입수되는 학위논문을 배열하고 반납된 자료를 정리하는 일의 반복이었다. 원래는 이용자가 들어오기 전에 배열을 끝내야 하지만 논문이 많은 날은 오전 내내 배열에만 매달려야 했다. 지금이야 온라인으로 검색해 원문까지 곧바로 인쇄할 수 있지만 당시에는 교사, 대학원생, 연구자 들이 직접 열람을 하거나 복사하는 방법밖에 없었기에 열람실은 언제나 이용자들로 북적거렸다. 이용률로만 따진다면 국회도서관 최고의 인기 열람실이었다.

해가 갈수록 학위논문의 수가 기하급수적으로 늘어났고 직원들은 지쳐 가기 시작했다. 때마침 국립중앙도서관이 학위논문실을 이전하면서 이용이 불가하게 되어 평소의 2~3배나 되는 이용자들이 한꺼번에 국회도서관으로 몰려왔다. 마치 인기 품목을 세일하는 백화점처럼 열람실은 이용자들로 꽉 찼다. 그러면서 서가에서 책을 찾지 못해 불만을 토로하는 이용자들이 늘었고 불평과 불만은 결국 민원으로 이어졌다. 직장인은 '내일 출근 전에 봐야 한다'고 사정하고, 미처 복사를 다 하지 못한 이용자는 아예 책을 반납하지 않았다. 자연히 사서들의 퇴근 시간이 늦어졌다. 대책이 필요했다. 서가에 배열 못한 논문은 북트럭에 배열하여 금방 다시 이용할 수 있도록 하는 방식을 써 보기로 했다. 그리고 아르바이트생을 동원했다.

〈미션 4〉 학위논문 원문 DB 구축하기

이렇게 힘들던 시절의 학위논문실에서 전자도서관 구축이라는 역사적인 프로젝트가 시작되었다. IMF로 인한 국가적인 경제 위기는 사회 각 분야의 구조조정으로 이어졌고 정부는 쏟아지는 실업자를 구제하기 위해 정보화공공근로사업을 시작했다. 바로 국가DB구축사업이

다. 국회도서관 소장 자료의 DB도 그 사업의 일환으로 진행되었다.

국회도서관은 정보화촉진기금 50억 원을 배정받아 1998년 10월부터 7개월간 12만 명의 인력이 원문 DB를 구축하였다. 학위논문을 디지털화하는 일은 대부분 수작업인 탓에 인력이 많이 필요하였다.

사업의 규모가 큰 만큼 나의 책임도 커졌다. 자료 반출과 반입 시 출입 관리, 원문의 스캔 상태 점검, 원문 검증 및 수정 등 외부인이 수행하는 일련의 작업을 감독하고 스캐닝 작업 후에 논문이 원상태로 돌아오는 것까지를 확인해야 했다. 그중에서도 원문을 담아 놓은 CD를 일일이 검수하여 오류를 잡아내는 등의 최종 점검은 우리 열람실 사서들이었기에 가능했다. 사서들은 배열 및 열람 업무 중에도 틈을 내서 이 일을 했고 퇴근 후 야근 작업도 마다하지 않았다. 허리, 목, 손목 등에 무리가 와서 고생하는 이들이 속출했다. 급기야 나는 열람과의 전

사서들에게 도움을 청했고 최종 OK는 내가 책임을 졌다.

현재 매일 3만 명 이상이 이용하는 국회전자도서관은 사서들의 이같은 수고로 이뤄진 것이다. 원문 DB 구축으로 국회도서관 소장 자료에 대한 원거리 검색은 물론 컴퓨터로 원문까지 볼 수 있게 됨으로써 도서관은 공간을 절약하고 서비스의 질은 한 차원 업그레이드됐다.

〈미션 5〉 색인과장으로, 수서과장으로 제 역할 다하기

1999년에 4급 서기관으로 승진한 나는 연속간행물과장, 입법조사2과장, 색인과장, 수서과장의 임무를 수행하였는데 2003년에는 색인과장으로 발령받았다. 색인과장은 국내 정기간행물 중에서 의정 활동에 필요하거나 학술적 가치가 있는 기사를 선정하여 색인하고, 전국 대학원의 현황을 파악해 학위 수여자 명단과 목록을 수집한 후 학위정보를 입력하는 업무를 총괄하는 자리다. 색인과 과장으로 있으며 나는 1964년 이후 발간된 정기간행물을 찾을 수 있는 대한민국 최초의 국가서지 '정기간행물 기사색인'과 1945년 이후 발간된 논문이 수록된 '한국 박사 및 석사학위논문 총목록'을 DB로 구축하였다. 이 작업은 시대를 거쳐 생산된 지식정보를 총망라하는 중요한 일이다. 일의 능률을 올리기 위해 색인과 사서들은 기사 선정, 키워드 부여 등의 색인 작성 업무를 수행하고 단순 반복되는 업무는 외주로 처리하였다.

다음으로 맡은 수서과장은 장서개발정책을 수립하고 자료 수집의 기본 지침을 정하여 장서를 구성하고 국내외 정치, 경제, 환경 등에 관련된 자료를 수집하기 위해 매년 중점 수서 분야를 정하는 자리다. 자료 구입을 잘하려면 무엇보다도 자료 선정 업무가 중요해 다양한 분야의 전문가가 참여하는 국회도서관자료선정위원회를 매월 한 차례씩 열었다. 이 외에도 외부 박사급 전문 인력과 국회 내부 각 상임위원회, 의원실 인력 등 약 100인이 참여하는 자료추천위원단을 구성하여 전문성을 높였다.

국회도서관의 자료 수집 활동은 납본, 구입, 기증, 교환, 기탁 등을 통해 이루어진다. 국내에서 출판된 도서와 정기간행물은 국회도서관법에 따라 납본을 받는다. 외국의 도서, 정기간행물 등은 주로 구입을 통해 수집하고 외국의 주요 기관 발간 자료는 교환 및 기증을 통해 그리고 국제기구의 자료는 기탁을 받아 수집한다. 또 매년 발간되는 연감·백서는 발간 시점을 놓치면 수집이 어려우므로 연감·백서 수서시스템을 통해 적시에 수집하여 결호가 없도록 하였다.

자료 수집 업무 개선도 중요하지만 수서과장은 중점 사업을 개발하여 도서관 조직의 발전에도 기여해야 한다. 나에게 주어진 첫 미션은 예산 확충이었다. 예산은 모든 사업의 기본이다. 3년간 동결된 자료구입예산을 확충하기 위해서는 새로운 사업을 기획해야만 했다. 신사업의 제목은 '국회도서관 60주년에 500만 권 장서 확충'.

"국회도서관의 장서 확충은 시대적 사명입니다. 더불어 의장님의 업적으로 길이 남을 것입니다."

꼼꼼하게 프레젠테이션을 준비해 국회의장실을 찾아가 설득 끝에 결재를 받아 냈다. 그리고 기획예산처를 찾아가 "급변하는 시대 환경에서 국회의원의 입법 활동을 지원하려면 다양한 자료를 갖추어야 합니다. 도서관의 전문성이 더욱 필요한 시대이지요. 의장님도 허락하신 일입니다." 하며 사업의 당위성을 설명하였다.

이후 도서구입예산은 기본 총액 대비 출판 가격 상승률을 감안해 매년 증액되고 있다.

〈미션 6〉 정보에 정통한 사서, 새로운 정보서비스 제공하기

사서는 자료에 정통해야 하고 정보를 중개할 수 있어야 한다. 3급 부이사관으로 승진 후 2008년 입법정보실의 입법정보심의관으로 일하게 되었다. 입법정보서비스는 국회의원에게 입법 및 정책 심의 활동에 필요한 사실정보를 제공하는 서비스다. 특히 신속성이 생명인 탓에 직원들의 야근은 계속되고 정보서비스에 대한 평가는 곧바로 날아와 사무실은 늘 긴장의 연속이었다.

유레카! 그러던 어느 날 외국의 정책 자료를 신속하게 소개하면 도움이 될 것이라는 생각이 번뜩 떠올랐다. 나는 곧장 영어와 일어에 능통한 사서들을 동원해 미국 의회도서관 입법조사국, 일본 국립국회도서관, 세계의 싱크탱크에서 발간하는 정책 자료 등을 요약하여 제공하기 시작했다. 「최신 해외정책보고서」는 이렇게 탄생하였다. 보고서의 인기는 날로 높아졌고 원문을 봐야겠다며 번역 의뢰를 하는 의원들이 늘어났다. 국익을 창출하는 국회의원을 지원하는 국회도서관 사서로서 성취감과 보람이 특별했다.

그러던 중 유럽발 금융위기로 경제 위기의 그림자가 드리워지면서 입법부 조직 차원의 경제위기대응TF팀이 구성되었다. 나는 국회도서관의 경제위기대응TF팀을 맡아 주 1회 「경제위기대응 최신 외국동향」을 발간하였다. 도서관 업무 경험이 많고 실력이 있는 직원을 선발하여

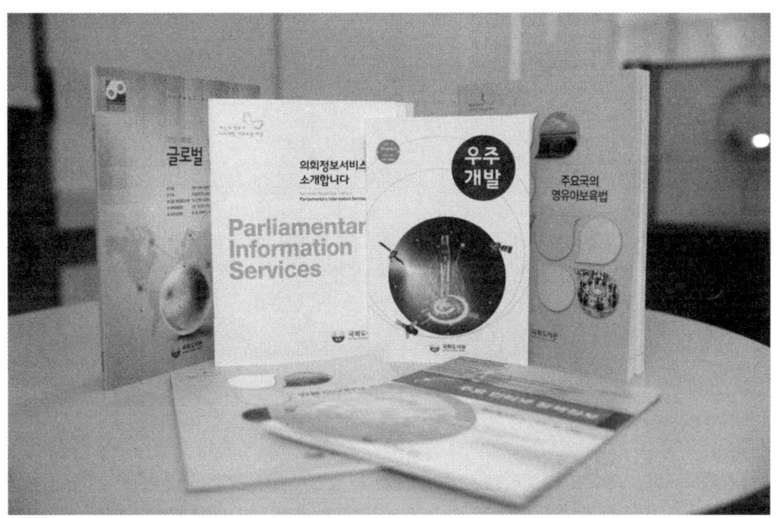

:: 국회의원들의 의정 활동을 돕기 위해 국회도서관에서 발간하는 각종 간행물들.

외국의 경제위기대응정책, 경제위기극복정책 사례, 경제 현황 등을 요약하여 국내외의 경제 동향 자료를 제공하였다. 이처럼 도서관 사서는 변화하는 환경에 필요한 자료를 수집, 정리, 가공하여 제공할 수 있어야 하며, 관리자는 사서들이 다양한 능력을 키울 수 있도록 적극 지원해야만 한다.

〈미션 7〉 '지식과 정보가 자유로운 세상' 만들기

2010년에 나는 정보관리국장이 되었다. 정보관리국은 국회도서관의 디지털화 정책에 관한 기획 업무와 실무를 담당한다. 국장은 도서관 정보화 및 전자도서관 정책에 관한 사항과 전자도서관 구축 및 운영에 관한 사항 등을 책임진다.

:: 부산광역시 남구–국회도서관 학술정보상호협력협정식에 참가한 필자.

나는 도서관 조직 구성원 모두가 국회전자도서관에 관심을 갖고 디지털도서관 환경 변화에 대응하기 위해 디지털도서관콘텐츠개발TF팀을 구성했다. 여기에는 사서직, 전산직, 행정직 담당자를 골고루 참여시켜 업무별 담당자의 균형을 꾀했다. 디지털도서관콘텐츠개발TF팀은 나와 함께 국내외 디지털도서관 연구, 사례, 응용기술 등을 조사하여 디지털도서관 발전 방안을 수립하였다.

이를 실현하기 위해 나는 국회의원의 의정 활동에 관련된 모든 자료를 한곳에서 볼 수 있는 국회의원정책자료DB구축사업을 우선 사업으로 정하였다. 그리고 업무개발부서와 기술지원부서 직원을 실무팀으로 구성하여 시스템을 만들었다. 현재 이 시스템은 국회의원 의정 활동 정보를 알려 주어 국회의원과 국민 사이의 거리를 좁혀 주는 효과가 큰 시스템으로 자리매김하였다. 그 외에도 모바일서비스시스템개발TF팀을 구성하여 국회전자도서관의 서비스를 모바일로 제공하는 서비스를 현실화했다.

정보관리국의 중요한 사업 중 하나는 국내외 도서관, 연구기관, 대학도서관, 전문도서관 등과 협력하는 일이다. 학술정보상호협력협정 아래 기관마다 ID를 부여하여 컴퓨터를 통해 단행본, 학위논문, 정기간행물 등 1억 4000만여 건의 원문을 이용할 수 있도록 하였다. 국회도서관의 비전은 '지식과 정보가 나비처럼 자유로운 세상'으로, 지식과 정보를 공유하여 결핍을 느끼는 이가 없도록 하는 것이다. 이를 위해 나는 소외지역과 소외계층도 국회전자도서관의 지식정보자원을 이용할 수 있도록 지방에 출장을 가서 협정을 체결하기도 한다. 이렇게 협정을 맺은 기관이 2012년 현재 1300여 개에 이르고, 이 기관들이 한국학술정보협의회를 구성하여 매년 정기적으로 총회 및 세미나를 개최하여 정보를 상호 교환, 공유하고 있다.

마지막 미션

돌아보면, 도서관이 나와 함께 변화해 온 그 모든 것들이 즐거운 기억으로 남아 있다.

이제 국회 내의 최고위직인 2급 여자 사서공무원으로서 나에게 남은 과제는 국회도서관의 풍부한 자원을 활용하여 국민을 대표하는 국회의원이 국가적 현안에 적합한 정책과 입법을 생산해 내도록 지원하는 것이다. 이를 위해 먼저 사서 후배들을 국회의원이 소속되어 있는 상임위원회 조직에 참여시키는 일에 힘을 쏟을 생각이다. 법안과 정책의 계획 단계에서부터 시행되기까지의 과정에 사서가 동참하여 이때 생산되는 정보와 자료를 추적하고 수집한 다음 그 자료를 집대성하여 하나의 시스템을 만들어 서비스하기 위해서다. 이로써 후배 사서들의 전문성이 강화되어 국회도서관이 국회와 국민들 사이의 교량 역할을 담당할 수 있을 것이며 더 나은 미래를 창조하리라고 믿는다.

끝으로 도서관을 아끼고 사랑하는 한 사람의 사서로서 "도서관은 보다 큰 세계로 연결해 주는 창으로, 미국이 더욱 발전하도록 돕는 중요한 아이디어를 창안하고 심오한 개념을 찾아내는 장소이다."(오바마 대통령, 2011, ALA 연례회의)와 같은 생각을 가진 대통령이 한국에서도 탄생되기를 항상 바라는 바이다.

4장

사서 정보 업그레이드

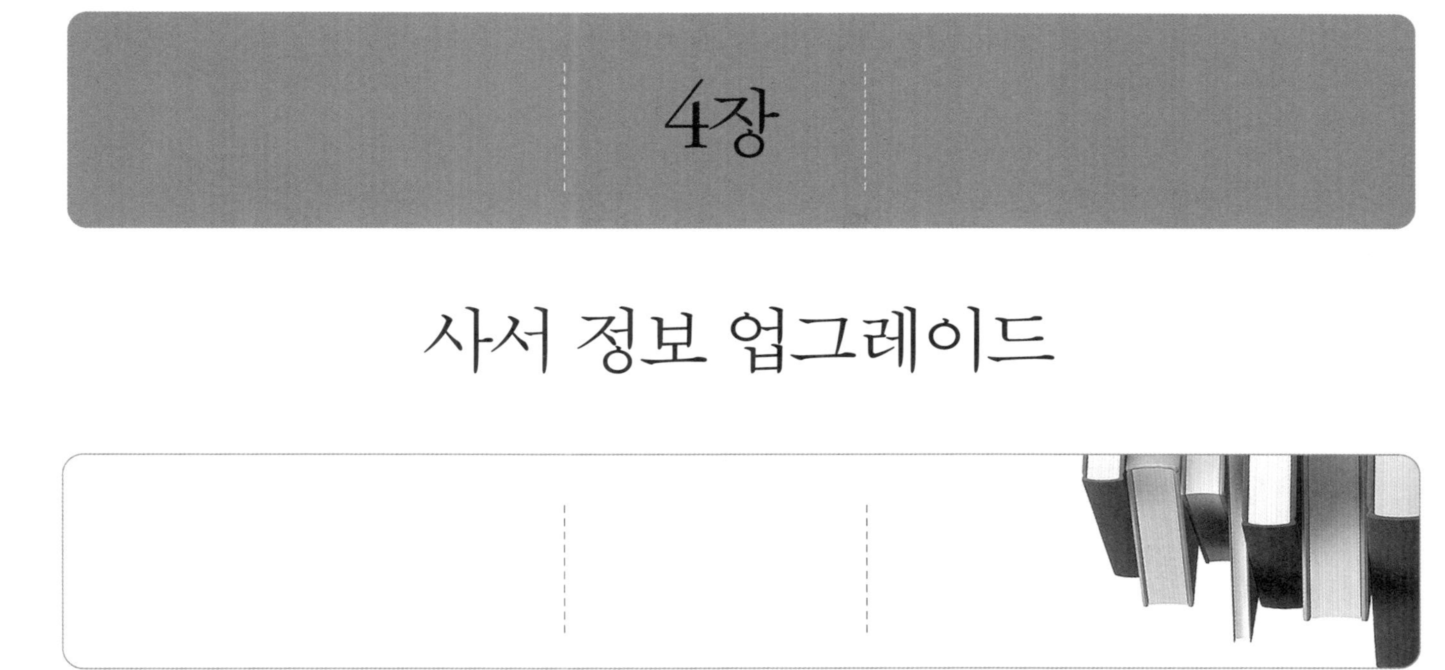

사서는 진화한다

| 장선화 |

대학 4학년 때 미국 뉴욕의 롱아일랜드 대학에서 교환학생으로 공부하고 동 대학교에서 문헌정보학 석사학위를 받았으며 2004년 연세대에서 문헌정보학과 박사학위를 취득했다. 1991년부터 삼성종합기술원에서 사서로 근무했으며, 1999년 서울경제신문에 입사해 12년의 취재기자를 거쳐 현재 동 신문사 부설 백상경제연구원에서 연구위원으로 근무하고 있다.

격변이다. 20세기 후반 디지털 문명이 엄습한 지 30여 년 만에 세상이 뒤집어지고 있다. 한 가지 학문이나 기술에만 매진하여 경력을 쌓고 전문가로 명성을 얻을 수 있는 시대는 지났다. 국경과 언어의 경계가 모호해지고 학제 간 경계도 허물어지면서 융합과 복합을 통한 새로운 사회 질서의 도래를 앞둔 이른바 혼돈기다. 전문가도 자신의 전문성을 의심하면서 끊임없이 연구하고 공부해야만 살아남을 수 있다.

모든 정보는 인터넷에 다 있다?

우리나라에서 전문가를 자처하는 대부분의 사람들은 자신들이 공부하고 연구하는 데 필요한 전문 정보가 인터넷에 널려 있다고 여긴다. 인터넷에 한번 빠져 본 사람이라면 알겠지만, 정보를 찾아 헤매는 과정은 허상을 좇는 시간과의 한판 싸움과 같다. 늦은 저녁 조용한 연구실에서 혹은 집에서 마음먹고 자신의 전문 분야와 관련된 정보를 찾기 위해 인터넷에 접속한다고 치자. 몇 분 지나지 않아 초심을 잊어버린 채하이퍼링크의 유혹에 이끌려 자기도 모르는 사이 연예인의 일상이나시답잖은 가십 기사를 클릭하는 나를 발견하게 된다.

학술정보를 제공하는 구글 스칼러에 접속했다고 능사는 아니다. 키워드 몇 가지를 넣었을 뿐인데 엄청나게 쏟아지는 데이터의 홍수에 떠밀려 자신이 진정 원하는 정보를 발견했는지조차 알 수가 없을 지경에이른다. 그때 느끼는 허탈함은 정보 조사에 필요한 시간을 줄이는 결과를 초래하고, 결국 부실한 정보만 자신의 손에 들어오게 된다. 이는 곧연구의 부실로 이어질 수도 있다.

효과적으로 전문 지식과 정보를 얻으려면 이제 정보를 입수하는 방법도 효율적으로 바꿔야 한다. 인터넷은 아예 가십 기사를 즐기거나 게임을 하는 친구들을 만나는 곳으로 정하고, 연구개발 혹은 논문 작성등에 필요한 정보는 전문가의 도움을 받자. 그 전문가가 바로 사서다. 사서와 협력하는 것이야말로 정보를 더 효율적으로 활용해 자신의 식견과 지식에 깊이를 더할 수 있는 21세기형 전문가의 생존법이다.

사서는 전문가들에게만 유익한 존재가 아니다. 공공도서관의 사서는 일반 시민들이 스스로 해결하지 못해 골머리를 앓고 있는 문제를 해결하는 데 필요한 자료를 제공해 줄 수 있다. 아이의 진로에 대한 고민, 퇴직한 중장년층의 창업 준비, 부부관계 개선, 귀농 준비 등등이 대표적인 사례다. 학교도서관 사서는 학생들의 자기주도학습을 이끄는 교사 역할을 하고 국회도서관의 사서는 우리나라 국회의원의 의정 활동 수준을 한 단계 끌어올린다.

대출대에 오도카니 앉아서 이용자들에게 책을 대출해 주고 반납된 책을 다시 제자리에 꽂는 사람이 사서가 아니다. 각 분야의 전문가들이 세계 무대에서 자신의 창의성과 실력과 연구를 검증받는 데 필요한 지적 탐구의 동반자이며, 일반인들이 지적 호기심을 채울 수 있도록 방향을 알려 주는 안내자다.

안타깝게도 국내에서는 아직 사서의 일에 대한 가치를 제대로 아는 사람들이 많지 않은 것 같다. 대학도서관만 봐도 그렇다. 우리나라의 명문 대학들이 닮고 싶어 하는 하버드, 예일 등 이른바 미국의 아이비리그 대학들은 70여 개의 대학도서관을 캠퍼스 내에서 운영하고 있다. 각 단과대학별로 전문도서관을 운영하며 전문적인 정보를 연구자들에게 제공하고 있는 것이다. 우리나라 최고의 대학인 서울대 도서관도 여기에 미치지 못한다. 세계 10위권 내에 들어가는 대학이 우리나라에 없는 원인을 도서관의 비전문성에서 찾을 수 있지 않을까. 수적인 열세는 차치하고라도 서비스의 질에도 차이가 있다. 한 나라의 미래가 교육의 질에서 비롯되듯 교육의 질은 도서관의 장서 규모와 서비스의 질에서 비롯된다.

진화하는 사서

전 세계 도서관의 책 1000만 권을 스캐닝해서 디지털도서관을 만드는 '구글 북스 라이브러리 프로젝트'가 완료되고(2004년에 시작됐다)

나노 기술의 발전으로 접는 모니터가 상용화되어 영화 〈마이너리티 리포트〉에 나왔던 장면들이 현실화되면, 사서라는 직업은 역사의 뒤안길로 사라질 것이라고 많은 이들이 섣부른 예단을 한다. 누구나 정보를 찾을 수 있는데 굳이 사서의 도움을 받을 필요가 있을까 하는 의문에서 시작된 발상이다.

그러나 인간이 지식을 습득하고 체화해 이를 근거로 창의력을 발휘하는 일련의 인지 과정은 디지털 시대에도 변하지 않는다. SNS나 블로그 등을 통해 단편적인 지식을 습득한다고 해서 고도의 창의력이 나오지 않는다는 것은 이미 전문가에 의해 검증됐다. 미국 터프츠대학의 매리언 울프(Maryanne Wolf) 교수는 자신의 저서 『책 읽는 뇌(Prust and the squid)』에서 책을 읽는 동안 사람의 뇌에서는 상상을 할 때와 같은 기저가 작동한다고 했다. 책에 빠져들면 인간의 뇌가 상상에 빠지고 상상에 빠지면 새로운 생각을 하게 된다.

한편 새로운 이론을 개발하고 첨단 기술을 개발하기 위해서는 선행연구 과정을 꼼꼼하게 익히고 그 위에 새로운 이론을 쌓아 올려야 한다. 선행연구의 과정을 충실히 하지 않는다면 최종 연구 결과의 독창성이나 근거를 확신하기 어렵다. 혹은 선행 특허 조사를 하지 않은 채 연구를 수행하여 기껏 개발한 연구 결과가 기존 특허에 걸려 세상 빛을 보지도 못하고 문서로만 남게 되는 우를 범할 수도 있다.

아날로그 시대보다 더 많은 데이터가 쏟아져 나온다. 정보생산권이 이용자에게로 넘어간 후 블로그, SNS 등을 통해 전 세계적으로 1초에 수억 건의 데이터가 생산되고 있다. 이른바 빅데이터 시대다. 데이터를 분석해 이용자들의 마음까지 파고드는 기술이 연구되고 있는 요즈음, 사서의 역할은 시대에 맞게 바뀌어야 한다.

더불어 사서의 업무는 더욱 세분화될 것이다. 유구한 역사를 거쳐 오면서 생산된 고문헌을 다루는 사서는 보존과 이용이라는 두 마리 토끼를 잡기 위해 분발해야 할 것이고, 공공도서관은 공공재로서의 도서관을 더 풍성하고 견고하게 강화해야 한다. 더불어 디지털 시대에 필요한 디지털정보의 활용 면에서도 사서의 역할은 특화되어 디지털 관련 전문 지식을 습득하고 그에 따라 새로운 정보서비스를 끊임없이 개발해야 한다.

인간에게 물은 생존을 위해 없어서는 안 될 요소이지만 홍수 등 큰물은 재앙이 되어 엄청난 피해를 준다. 마찬가지로 21세기에 정보는 일상을 영위하는 데 없어서는 안 될 요소이지만 범람하는 정보는 24시간이라는 정해진 하루를 살아가는 인간을 더욱 피폐하게 만든다. 그렇다면 적절하게 정보를 활용할 수 있도록 도와주는 사서의 역할은 21세기에도 중요한 자리를 차지할 것이다.

희귀본을 소장하고 있는 하버드대학 휴턴도서관의 사서 매튜 배틀스(Matthew Battles)는 그의 책 『도서관, 그 소란스러운 역사(Library: An unquiet history)』에서 종이와 잉크에서 픽셀과 비트로 형식이 바뀌었지만 도서관은 여전히 말을 담고 있는 책을 관리하면서 과학기술, 변화의 힘, 시간과 맞서 싸워 왔으며 변화는 끝없이 순환하는 재생 과정의 일부라고 했다. 또 디지털 시대의 사서도 신의 계시를 수탁 관리하던 중세의 조상들과 별반 다르지 않다고 했다. 이용자들이 필요로 하는 정보를 수집하고 이를 관리해 제공하는 사서의 미션은 변하지 않는다는 말이다. 다만 시대에 따라 정보를 수집하고 관리하고 제공하는 형식과 방식이 바뀔 뿐이다.

사서의 전망은 밝다

그렇다면 직업인으로서 사서의 미래는 어떨까? 과거처럼 '수서와 편목 그리고 목록작업에만 능숙하면 전문적인 사서'라고 할 수 있는 시대는 지났다. 물론 수서와 편목, 목록작업이 중요하지 않다는 말이 아니다. 시대의 변화에 발맞춰 사서의 역할을 부각시켜 보자는 의미다. 정보의 형태도 아날로그인 책이나 저널 등에서 전자책, 전자저널 등 디지털 형태로 바뀌고 있고 단말기의 발전 속도도 빨라지면서 조만간 디지털정보는 종이책보다 이용률이 높아질 수도 있다. 단말기의 발전 속도에 빠르게 적응하는 디지털 네이티브라면 이미 종이책보다 단말기를 통한 정보 입수가 더 편리하다고 말할지도 모르겠다.

사서의 주요 업무 중에 정보서비스 부문이 앞으로는 더욱 부각될 것이다. 사서는 이용자가 원하는 정보의 형태에 상관없이 정보의 정확도를 높일 수 있어야 한다. 이를 위해서는 모바일 기술, 데이터베이스 구축 기술 등 IT기술에 대한 기본적인 지식을 갖추고 디지털도서관을 마치 제 집 드나들듯 하며 갈고리로 정보를 긁어모아 이용자들에게 적확하게 제공할 수 있어야 한다. 이것이 바로 전문가로서의 사서의 미래다. 더불어 수집한 정보를 분석하는 능력을 갖춘다면 어떤 조직에 있든 사서의 역할은 더욱 강화될 것이다.

한편 학제 간 융복합의 시대인 21세기다. 문헌정보학도 예외일 수는 없다. 애초부터 문헌정보학은 융복합의 성격이 짙어 학과를 대변하는 단어 중에 intermediary, 즉 '중개'가 빠지지 않았다. 출판사와 DB 유통사와 정보를 중개하면서 정보를 더욱 알차게 수집하고 이용자에게 더 나은 정보를 제공하는 일이 사서의 미션이라는 의미다. 급변하는 시대에 사서와 문헌정보학 관계자들은 더욱더 본연의 성격을 부각시켜야 할 것이다.

다만 한 가지 안타까운 것은, 세계적으로 저명한 사서는 아직 국내에서 찾아보기 어렵다는 것이다. 대신 한국인으로서 세계 각지에서 활동하는 사서들은 많다. 지난 2011년 세상을 떠난 박병선 박사가 대표적이다. 1967년부터 프랑스국립도서관 사서로 일했던 그는 외규장각 도서의 존재를 확인하고 그것을 국내로 반환하는 데 큰 공을 세웠다. 또 1972년에는 『직지심체요절』의 존재를 우리나라에 알리기도 했다. 하버드대학 하버드옌칭도서관 한국관에서 장서를 개발했던 김성하, 윤충남 사서도 해외에서 활동한 대표적인 한국 사서다.

사서의 전문성은 가만히 앉아 있기만 해서는 절대 생겨나지 않는다. 이제 사서는 스스로의 전문성을 외부에 알리며 자신의 전문 분야에 대해 부단히 연구해야만 한다. 그 결과 이 책에 등장하는 이용훈 서울도서관 관장처럼 도서관문화비평가가 될 수도 있고, 임미경 이사관처럼 고위 행정가가 될 수도 있고, 임근혜 사무관처럼 아키비스트가 될 수도 있고, 이재준 장서각 사서처럼 고문헌 전문가가 될 수도 있고, 강미경 하버드옌칭도서관 사서처럼 한국학 장서개발자가 될 수도 있다. 공통점은 모두 전문가라는 것. 전문가로서의 사서의 역할은 앞으로 더욱 중요해질 것이다.

사서는 우리 가까이에 있는 '책 의사'

도서관은 사람이 모이는 곳이다. 그리고 사서는 책을 매개로 도서관을 찾는 이용자들에게 정보서비스를 하면서 동시에 그들과 의사소통을 한다. 때로는 상담사가 되어 인터넷에 빠져 섬처럼 고립된 사람에게 다양한 정보서비스를 제공해 세상과 소통할 수 있도록 도와주기도 하고 심리학과 연계해서 도서관 이용자를 위한 상담서비스를 개발하거나 경영학과 연계해서 마케팅 노하우를 연구하기도 한다.

또 의사가 환자를 치료하듯 사서는 책을 통해 사람들을 치유하는 '책 의사' 역할을 하기도 한다. 왕따 혹은 학교 폭력 등으로 괴로워하는 학생들에게 책을 통해 자신을 발견하는 방법을 알려 주고, 실직으로 앞길이 막막한 중장년에게 새 일을 준비할 수 있는 책을 권해 주고, 꾸준히 자기계발을 하는 직장인에게 비타민 같은 정보를 추천해 주고, 스스로 인생을 헛되이 보내고 있다고 우울해하는 전업주부에게 인생의 의미를 찾는 법을 알려 줄 수도 있다.

미래는 사람이 주인인 사회다. 더 많은 사람들이 행복해지는 방법을 도서관에서 찾을 수 있도록 도서관은 끊임없이 변신해야 한다. 그리고 한 가지 더 덧붙이자면, 사서는 서비스업 종사자라는 마음 자세를 잊어서는 안 된다. 도서관의 존재는 사회 구성원을 위해 정서적, 지적 서비스를 하는 곳이라는 비전을 굳건히 하며, 그것을 근거로 하여 이용자들의 삶에 도움이 되는 서비스를 해야 한다. 도서관 서비스로 이용자들의 삶이 바뀌고 나아가 사회가 바뀔 수 있도록 해야 한다.

사서, 아는 만큼 보인다

| 장선화 |

대학 4학년 때 미국 뉴욕의 롱아일랜드 대학에서 교환학생으로 공부하고 동 대학교에서 문헌정보학 석사학위를 받았으며 2004년 연세대에서 문헌정보학과 박사학위를 취득했다. 1991년부터 삼성종합기술원에서 사서로 근무했으며, 1999년 서울경제신문에 입사해 12년의 취재기자를 거쳐 현재 동 신문사 부설 백상경제연구원에서 연구위원으로 근무하고 있다.

1. 사서는 무슨 일을 하나요?

일의 영역을 크게 두 가지로 나눌 수 있습니다. 도서관 운영 및 관리와 정보서비스입니다. 도서관 운영 및 관리에는 자료의 구매(수서)와 정리(편목과 분류), 열람(대출과 반납, 정보서비스 등) 업무가 있습니다. 구매는 매체의 형태에 따라 전자정보원과 서책으로 구분해 이루어지며, 서책은 다시 단행본과 비도서로 나눠서 도서관의 성격에 맞게 구입합니다. 정리는 자료의 유형별, 매체별, 언어별로 편목과 분류 그리고 목록작업을 거치게 됩니다. 서가에 정리할 때 찾기 쉽도록 책의 정보를 규칙에 따라 추출하고(편목), KDC(한국십진분류법) 등의 규칙에 따라 분류한 후, 이 정보를 규칙에 따라 입력하는(cataloging) 과정을 거치게 됩니다.

이 같은 과정을 거쳐 책을 서가에 꽂으므로 비슷한 주제의 책이 한 자리에 모이게 됩니다. 최근에는 전자정보가 늘어나면서 이를 정리하는 기법들이 새로 추가되고 있습니다.

정보서비스는 참고봉사, 독서 프로그램 개발 등 이용자들을 위한 서비스입니다. 참고봉사는 도서관 이용자가 필요로 하는 정보를 간추려서 제공하는 형식으로 이루어집니다. 이때 제공되는 정보는 인터넷에서 검색할 수 있는 수준의 정보가 아니라 전문적이면서 고도화된 정보입니다. 의사가 환자에게 문진 후 자신의 경험치를 토대로 진단을 하고 처방을 내리는 것처럼 사서는 정보를 구하는 데 어려움을 겪는 사람과 대화를 통해 그에게 필요한 정보를 파악한 다음 사서의 전문성을 동원해 정보를 찾아서 제공합니다. 경우에 따라서는 우울한 사람에게 책 처방을 내리거나 인간관계에서 마음을 다친 사람에게 위로가 되는 책을 권할 수도 있어야 합니다. 이런 점에서는 사서를 '책 의사'라고 해도 무방할 것 같습니다. 아울러 관종의 성격에 따라 이용자들을 위한 인문·교양 강좌나 글쓰기 강좌, 독서 프로그램 등 이용자들이 책과 친해질 수 있는 행사를 기획하고 실제로 진행해야 합니다.

2. 사서가 되려면 대학에서 특정 분야를 전공해야 하나요?

꼭 그렇지는 않습니다. 사서가 되는 방법은 여러 가지입니다. 다만 우리나라에서는 사서 자격증이 있으면 사서가 되는 과정이 훨씬 수월합니다. 사서 자격증은 도서관법에 근거해 1급 정사서, 2급 정사서, 준사서로 구분하고 있습니다. 1급 정사서는 문헌정보학 또는 도서관학 박사학위를 받은 자 그리고 이에 준하는 경력자가 취득할 수 있습니다. 2급 정사서는 문헌정보학 학사학위를 받은 자 그리고 이에 준하는 경력을 가진 자면 취득할 수 있습니다. 준사서는 문헌정보학을 전공하지 않아도 지정 교육기관에서 일정한 교육을 이수하면 취득할 수 있습니다. 지정 교육기관으로 대표적인 곳은 사서교육원인데 성균관대학교, 계명대학교, 부산여자대학교 등에 있습니다.

만약 주제전문사서(주제전담사서)가 되고 싶다면 문헌정보학 외에 특정 분야를 전공하면 도움이 됩니다. 특히 연구소나 기업의 도서관에 입사하고 싶다면 그 분야 학문을 부전공 혹은 복수 전공하여 전문성을 높일 수 있습니다. 이용자의 요구를 파악하는 데 훨씬 수월할 뿐 아니라 이용자의 입장을 이해할 수 있기 때문입니다. 최근에는 대학도서관에서도 주제전문서비스를 강화하고 있는 추세이기 때문에 문헌정보학과 외에 특정 학문을 전공한다면 도움이 됩니다.

3. 문헌정보학과에서는 어떤 공부를 하나요?

도서관 관리에 필요한 수서, 정리, 열람을 위한 규칙을 공부하고, 이용자들에게 더 나은 서비스를 하는 데 필요한 정보서비스 기법을 배웁니다. 과목으로는 서지학, 자료조직, 도서관경영, 정보서비스, 정보검색, 정보시스템, 디지털도서관, 학교도서관 등 다양한 교과목이 있습니다.

만약 문헌정보학과에 입학한다면 졸업 후 어디에서 일하고 싶은지 미리 생각해 본 다음 자신의 관심 분야를 집중적으로 공부하기를 권합니다. 그렇지 않으면 각 교과목의 지식이 하나의 지식체로 완성되기 어려울뿐더러 단편적인 지식으로 남게 되어 학과목에 대한 흥미를 잃어버릴 수도 있습니다. 공부에 왕도는 없지만, 특정 교과목을 공부할 때마다 이 교과목이 문헌정보학이라는 전체적인 맥락에서 어떤 의미가 있는지를 먼저 따져 보고 계획적으로 공부하면 졸업 후 자신이 원하는 일을 할 수가 있을 것입니다. 더불어 도서관의 역사와 건축에 대한 기본 지식은 물론 도서관 서비스의 품질을 높이기 위한 다양한 마케팅 기법과 경영 노하우도 배움의 영역에 포함됩니다. 최근에는 전자 형식의 자료들이 급속하게 늘고 있어서 이를 다루는 지식도 배웁니다.

4. 문헌정보학과 학생은 부전공이나 복수 전공이 꼭 필요한가요? 한다면 어떤 전공이 좋은가요?

청년실업이 사회적인 이슈가 되면서 취업을 위해 대학생들이 스펙 쌓기에 열을 올리고 있습니다. 취업을 위한 스펙이 중요해지다 보니 복수 전공의 이수 여부는 대학생들의 많은 고민거리 중 하나가 되었지요. 복수 전공은 철저히 학생 본인의 선택입니다. 문헌정보학 이외에도 다른 전공에 지적인 호기심이 있을 경우 자연스럽게 선택을 하는 것이지 복수 전공이 필수 요소는 아닙니다. 복수 전공을 하지 않은 것이 문헌정보학과 졸업생에게 약점이 되는 일은 없습니다.

다만 문헌정보학 학업에 도움이 될 복수 전공이라면 중국어, 일본어, 프랑스어 등 어학 계열의 전공을 추천합니다. 사서의 경우 정보 전문가로서 다양한 언어의 정보를 다루기 때문에 외국어 실력은 강점이 됩니다.

5. 사서가 되려면 어떤 자질이 필요한가요?

초보 사서의 경우에는 도서관의 기본 운영에 필요한 전문성을 갖춰야 합니다. 대출과 반납, 편목, 목록작업 등을 원활하게 할 수 있어야 자료를 제대로 관리할 수 있습니다. 중견 사서는 대개 도서관 혹은 소속 기관의 이용자를 대상으로 한 서비스 프로그램을 개발하고 기획하는 일을 하기에 새로운 아이디어를 찾고 또 이를 실현할 수 있는 추진력이 필요합니다.

사서가 관리직으로 승진을 하게 되면 조직을 관리하는 능력이 추가로 필요합니다. 무엇보다도 이 시기가 되면 의사소통 기술이 제일 중요해질 것입니다. 내부 조직원과의 원활한 소통은 도서관 업무에 빈틈이 없도록 해 주고, 외부 인력과의 원활한 소통은 예산을 확보하거나 도서관의 인지도를 높이는 데 용이합니다. 좋은 관리자는 도서관을 일할 맛나는 직장으로 만드는 데 가장 큰 역할을 하지요.

6. 우리나라에는 공공도서관 외에 또 어떤 도서관이 있나요?

주변에서 흔히 볼 수 있는 공공도서관 외에도 국가도서관, 전문도서관, 대학도서관, 학교도서관 등이 있습니다. 도서관에 소장된 자료와 이용자에 따라 여러 종류의 도서관으로 구분됩니다. 관종에 따라 사서의 업무도 많이 다릅니다. 국가도서관에는 국회도서관, 국립중앙도서관, 법원도서관이 있고 공공도서관에는 각 지자체가 운영하는 시립도서관, 구립도서관, 장애인도서관, 병영도서관, 교도소도서관 등이 있습니다. 또 대학도서관은 대학 내 도서관으로 학술도서관의 역할을 합니다. 우리나라에는 2011년 기준으로 1만 937개의 대학도서관이 있습니다. 대학도서관은 교수와 학생이 필요로 하는 정보를 제공하고 그들을 위한 정보 활용 교육을 하지요. 최근에는 초·중·고등학교 내에 학교도서관을 따로 두어 학생들을 위한 독서교육 등을 활성화하고 있습니다. 그 밖에 의학도서관, 기업도서관 등의 전문도서관이 있는데, 특정 주제의 정보를 집중적으로 제공하기 위한 도서관이기에 주제전문사서의 역량이 중요합니다.

7. 학교도서관 사서가 되려면 어떻게 해야 하나요?

먼저 사서교사가 되어야 합니다. 대학에서 교직과목을 이수하고 2급 정사서 자격증을 취득해야 정식 사서교사가 될 수 있지요. 비정규직이라도 이 같은 자격증을 취득하고 경력을 쌓아야만 정식 사서교사로 지원할 수 있습니다.

8. 사서교사는 일반 교사들과 다른가요? 어떤 차이가 있나요?

승진이나 처우 등을 기준으로 본다면 사서교사는 교과교사와 차이가 없습니다. 하는 일이 다를 뿐입니다. 국어교사와 영어교사가 다르듯이 말입니다.

교과교사는 학기별로 해당 과목의 수업을 진행하고 때로는 담임을 맡아 학생들에게 진학지도를 한다면, 사서교사는 학교도서관을 운영하고 수업에 필요한 자료를 제공하며 도서반 학생들을 지도합니다. 담임을 맡아 학생들을 가르치지는 않지만, 때로는 학생들의 대학 진학을 위해 추천서를 써 주는 등 진학 상담을 하기도 합니다.

초등, 중등, 고등으로 구분된 학제에 따라 학교도서관의 성격도 다소 차이가 있습니다. 초등학교의 경우는 아동서가 주를 이루고 중학교는 청소년을 위한 양서와 학교 수업에 관련된 책이 많으며 고등학교는 본격적으로 독서의 깊이를 더해 가는 시기이기에 학제에 따라 장서 구축의 내용과 성격이 달라집니다.

사서교사는 학교의 교사 자격으로 채용됩니다. 교사로서 사서의 역할을 하되, 교과목을 지원할 경우에는 주제전문사서가 되기도 하고 독서 프로그램을 개발할 때는 기획자가 되기도 하며 도서관을 운영할 때는 관장의 역할도 합니다.

9. 기업도서관에 입사하는 과정은 어떤지요?

일반 직군과 동일합니다. 사서직이라고 해서 별도의 직군으로 구분해서 채용하지는 않습니다. 대부분 기업의 정규채용 시 다른 지원자들과 함께 입사한 후 신입 사원 교육을 마치고 도서관에 배치를 받습니다. 도서관에 공석이 생길 때 혹은 도서관을 처음 개관할 때 등 특수한 경우에는 특별채용을 하기도 합니다.

기업도서관의 사서는 기본적으로 사서의 전문성도 있어야 하지만, 그와 더불어 입사하려는 기업에 대한 제반 지식도 갖추고 있어야 합니다. 식음료 회사라면 관련 분야의 학술정보부터 시장 동향에 이르는 정보를 알아야 하고, 조선 회사라면 선박 건조 기술, 관련 학술정보 그리고 세계경제의 동향을 파악해야 합니다. 나아가 최고경영자 등 의사결정권자들을 위한 정보서비스를 제공할 수 있다면 도서관의 위상을 높이는 데 큰 도움이 될 것입니다.

기업도서관 사서는 우리나라 기업들이 새로운 시대의 리더로 성장하기 위해 새로운 기술을 자체 개발하고 홍보, 마케팅 등을 하는 데 필요한 정보서비스를 해야 하기 때문에 기술과 경영 두 가지 모두에 늘 촉을 세우고 있어야 합니다.

10. 국회도서관, 국립중앙도서관 등 공공도서관의 사서가 되려면 어떻게 해야 하나요?

사서공무원은 공채와 특채로 나뉘며 대부분 공석이 생겨야 임용합니다. 연령 제한이 있고 2급 정사서 이상 자격증을 소지해야 합니다. 시험은 1차 필기, 2차 면접으로 이루어집니다. 먼저 토익, 토플 등 영어 시험과 행정법, 자료조직론, 도서관경영론 등의 필기시험을 통과해야 면접을 볼 수 있습니다.

각 도서관마다 채용 시기가 달라서 관련 기관에 의뢰해 수시로 채용 정보를 입수해야 합니다. 공공도서관 사서는 지방직 및 교육청 소속 공무원이며 국립중앙도서관, 국회도서관, 법원도서관 등 국립도서관 사서와 학교도서관 사서교사도 공무원입니다. 당연히 공무원 시험 준비를 해야 하며 경쟁이 치열한 편이지만, 시험 자격이 사서 자격증 소지자로 제한되어 있으므로 행정직 등 다른 직렬보다는 경쟁률이 낮은 편입니다.

덧붙여 한 가지 조언을 드리자면, 보통 공무원 입시 준비를 위해 1년에서 길게는 2~3년에 이르기까지 시험공부에만 전념하는 학생들이 많은데, 사서공무원이 목표일지라도 졸업 후에는 최소 1년 이상 도서관에서 근무해 본 뒤 여유를 갖고 준비하는 게 좋습니다. 경력자를 우대하기에 차근차근 경력을 쌓아 가는 것도 큰 도움이 됩니다. 물론 5시간 공부한 사람보다 10시간 공부한 사람이 합격할 확률이 높겠지만, 실제로 합격자들의 면모를 보면 의외로 도서관 재직 중에 주경야독하거나 다른 분야에서 일하다가 30대 이후에 시험을 준비하여 합격한 사람들이 다수 존재합니다.

11. 신입 사서의 초봉과 경력 직원의 보수, 수입은 어느 정도인가요?

어디서 근무하느냐에 따라 다릅니다. 사서공무원인 경우에는 9급, 7급 등 해당 직급에 따라 급여가 정해집니다. 2012년 기준으로 9급 공무원은 연봉이 약 2500만 원 정도이며 7급 공무원은 약 4500만 원 수준입니다. 사서교사는 해당 학교의 일반 교사와 연봉 등 처우 조건이 같습니다. 기업도서관의 사서는 다른 동기 사원과 연봉이 같습니다. 승진 과정도 일반직과 같다고 보면 됩니다.

12. 도서관 사서의 노동 강도는 어떤가요?

겉으로 봐서는 노동 강도가 약해 보입니다. 하지만 사서는 육체노동과 정신노동을 겸한 직종이라고 할 수 있습니다. 자료의 대출과 정리는 기본이고 주기적으로 실시하는 장서점검 등을 위해 무거운 책을 나르는 일이 많습니다. 특히 고서는 1책이 20킬로그램이 넘기도 한다니까 힘이 필요한 일이라고 생각이 듭니다만, 다양한 기구를 이용한다면 충분히 해결해 낼 수 있겠지요.

여기에 새로운 프로그램을 기획하기 위해 도서관 이용자의 수요 조사, 최근 트렌드에 맞는 이벤트 기획 등 정신노동도 곁들여집니다. 대학도서관 혹은 기업도서관의 주제전문사서라면 해당 분야의 전문 지식을 갖추고 이용자들의 연구 동반자 또는 프로젝트 동반자가 되어야 하기 때문에 정신노동 강도가 상당하다고 할 수 있습니다.

13. 직업인으로서 사서의 매력은 무엇이고 언제 가장 큰 보람을 느끼나요?

사서의 일은 기본적으로 서비스입니다. 새로 개발한 도서관 서비스에 대해 이용자들의 반응이 좋을 때, 전문적인 정보서비스를 받은 이용자들이 감사의 인사를 전해 올 때 사서들은 보람을 느낀다고 합니다. 더불어 도서관의 최신 트렌드에 대한 지식을 업그레이드하고 주변 사서들과 정보를 교환하면서 전문가로 성장해 나갈 때 보람을 느끼는 건 기본이겠지요. 매년 열리는 도서관대회를 비롯해 국립중앙도서관, 교육학술정보원 등이 주최하는 행사나 세미나에 적극 참가하고 해외에서 열리는 컨퍼런스 등에 참여하면서 도서관계의 변화를 감지하고 선도한다면 이 분야에서 더 빨리 전문가로 인정받을 수도 있을 겁니다.

14. 사서는 어떨 때 가장 힘이 듭니까?

무엇보다 힘든 때는 애써 서비스를 개발해서 제공했는데 이용자가 아무 반응이 없을 때일 것입니다. 이런 경우에는 그 원인을 명확하게 따져야 합니다. 이용자에게 필요 없는 도서관이라면 이내 사라질 위기에 처할 수도 있으니까요. 기업도서관 등 도서관이 어떤 조직의 지원 부서라면 의사결정권자와의 의사소통이 무엇보다도 중요합니다. 그들에게 도서관의 위상을 인식시키지 못한다면 조직의 존재 자체가 위협을 받을 수도 있습니다.

이용자의 정보 요구 수준을 이해하지 못해 그들의 만족도가 떨어질 때도 힘들 수 있습니다. 이럴 때는 스스로 공부를 해서 사서로서 전문성을 높여야겠지요. 또 도서관에 대한 인식이 부족해서 도서관에서 개인 공부방을 찾는다거나 도서관과 독서실을 혼동하는 분들을 만나면 힘이 빠진다고 합니다. 미국이나 유럽과 달리 아직은 도서관의 역할에 대한 사회적인 공감대가 부족한 탓에 벌어지는 해프닝이니 그들과 끊임없이 대화하면서 도서관의 역할과 가치를 알려야 합니다.

15. 역사적으로 유명한 사람들 중에도 사서가 있나요?

많습니다. 제일 먼저 카사노바(Giovanni Giacomo Casanova)가 떠오르네요. 바람둥이의 트레이드마크와도 같은 카사노바는 육체적으로 남성미가 있기는커녕 되레 쇠약한 편이었다고 합니다. 보헤미아의 둑스성에서 도서관 사서로 일하며 책을 많이 읽어서 매력적인 글귀를 담은 편지로 여심을 사로잡았다고 하는군요. 실제로 40여 편의 작품을 남기기도 했습니다. 미국의 3대 대통령 토머스 제퍼슨(Thomas Jefferson)과 철강왕 앤드류 카네기(Andrew Carnegie), 시인 헨리 롱펠로(Henry Wadsworth Longfellow), 도서분류체계를 만든 존 듀이(John Dewey) 등도 한때 사서였습니다. 특히 철강왕 카네기는 미국에 공공도서관을 세우고 그 기틀을 잡는 데 필요한 자금을 기부한 사업가로도 유명합니다. 미국 공공도서관의 역사는 철강왕 카네기에 의해 씌어졌다고 할 수 있죠.

유명 작가 중에는 대문호 괴테(Johann Wolfgang von Goethe)를 비롯해 아르헨티나 출신의 호르헤 루이스 보르헤스(Jorge Luis Borges)가 있습니다. 보르헤스는 시력을 잃었지만 사서로 일했으며 후에 아르헨티나 국립도서관장까지 지냈답니다. 러시아의 작가 솔제니친(Aleksandr Isayevich Solzhenitsyn)도 강제노동수용소에서 도서관 사서로 일한 바 있습니다. 중국의 마오쩌둥(毛澤東)도 사서 출신입니다. 마오쩌둥은 사범대 졸업 후 베이징대학 도서관에서 보조 사서로 일하면서 공산주의 이론을 닦았습니다. 교황 중에는 마르셀루스 2세(Marcellus II)가 사서 출신이었습니다. 교황 베네딕토 16세(Benedictus XVI)도 바티칸 비밀문서를 관리하는 사서가 되고 싶어 했지만 그의 부탁은 받아들여지지 않았다네요.

유명한 사람 중에 이렇게 사서가 많은 이유는 근대 이전까지 도서관은 권력자의 싱크탱크로서 권력 유지에 필요한 지식을 서비스하기 위해 존재했기 때문이라고 합니다. 따라서 책을 관리하는 사서도 매우 특별한 계층이었다고 할 수 있겠지요.

16. 보통 도서관에는 여성 사서가 많은데, 특별히 이유가 있나요? 성별에 따라 유리한 점이 있을까요?

일을 하는 데 있어 남녀 차별은 없습니다. 10명 중 7명이 여자일 정도로 사서는 여초(女超) 현상이 심한 직업군이지만 특별히 여자에게 유리한 직업은 아닙니다.

다른 직업군과 마찬가지로 여자와 남자를 떠나 일에 대한 열정이 우선입니다. 도서관 이용자를 위해 얼마나 열정적으로 일할 수 있는가, 사서의 일을 얼마나 좋아하는가 하는 것이 더 중요합니다. 사서는 서비스 혹은 지원 업무가 많기에 사람을 좋아하고 그들과 원활히 소통하는 능력만 있다면 남녀 누구에게나 기회는 열려 있습니다. 아울러 스스로 일에 대한 전문성을 강화하고 주변 사람들을 꾸준히 설득해 나가다 보면 분명 사서로서 그 조직에서 빛을 발할 수 있습니다.

17. 미국 등으로 유학을 가면 어떤 점이 좋을까요?

일단 교수가 되기로 마음을 먹었다면 유학 유무가 임용 시 프리미엄이 될 수 있습니다. 미국으로 유학을 간다면 미국도서관협회가 순위를 매기는 상위권 대학으로 입학하는 것이 좋습니다. 그 학교들이 문헌정보학과로서는 국내에서도 알아주는 명문이니까요.

하지만 일반사서나 전문사서로 일하겠다면 굳이 유학을 다녀오지 않아도 좋습니다. 그 시간에 다른 공부를 하는 게 좋은 사서로 성장하는 데 도움이 될 테니까요. 문헌정보학은 응용학문의 성격이 강해 현장 감각을 키우는 게 중요합니다. 교수가 되어도 도서관 현장 경험이 있다면 실력 있는 사서를 양성하는 데 도움이 되지 않을까요.

18. 사서는 몇 살까지 일을 합니까?

도서관의 종류에 따라 다릅니다. 공무원과 일반 기업의 정년 기준이 다르기 때문입니다. 공무원은 만 60세까지, 기업은 55세까지입니다. 하지만 사서는 정년이 지나서도 일할 수 있습니다. 도서관 운영에 대한 지식을 갖추고 사서로서의 기본자세를 잃지 않는다면 할 일은 많습니다. 사서로 정년퇴직을 한 후 동화구연기법을 익혀 아이들에게 책을 읽어 주는 자상한 할머니, 할아버지 사서가 될 수 있고, 기업도서관 사서로 근무한 경력이 있다면 퇴직 후에 마케팅 관련 정보를 제공하는 전문사서로 봉사할 수 있습니다.

전국 문헌정보학과 대학 일람표

지역	학교	학과(전공)	주소	전화번호
경기	강남대학교	인문학부 문헌정보학과	경기도 용인시 기흥구 강남로 40(구갈동)	031-280-3638
	경기대학교	인문대학 문헌정보학과	경기도 수원시 영통구 광교산로 154-42	031-249-9165
	대림대학교	인문사회계열 문헌정보과	경기도 안양시 동안구 임곡로 29	031-467-4960
	대진대학교	인문과학대학 문헌정보학과	경기도 포천시 호국로 1007	031-539-1630
	동원대학교	복지계열 아동문헌정보과	경기도 광주시 곤지암읍 경충대로 26	031-760-0459
경남	창원문성대학	인문사회계열 문헌정보과	경남 창원시 의창구 충혼로 91(두대동)	055-279-5142
경북	경일대학교	인문사회계열 문헌정보학과	경북 경산시 하양읍 가마실길 50	053-850-7425
	대구대학교	사회과학대학 문헌정보학과	경북 경산시 진량읍 대구대로 201	053-850-6530
	대구가톨릭대학교	사회과학대학 도서관학과	경북 경산시 하양읍 하양로 13-13	053-850-6350
광주	광주대학교	인문사회대학 문헌정보학과	광주광역시 남구 효덕로 277	062-670-2643

지역	학교	학과(전공)	주소	전화번호
	전남대학교	사회과학대학 문헌정보학과	광주광역시 북구 용봉로 77(용봉동)	062-530-2660
대구	경북대학교	사회과학대학 문헌정보학과	대구광역시 북구 대학로 80	053-950-5236
	계명대학교	사회과학대학 문헌정보학과	대구광역시 달서구 달구벌대로 2800	053-580-5414
대전	충남대학교	사회과학대학 문헌정보학과	대전광역시 유성구 대학로 79(궁동 220)	042-821-6351
	한남대학교	문과대학 문헌정보학과	대전광역시 대덕구 한남로 70 (오정동 133번지)	042-629-7353
부산	경성대학교	문과대학 문헌정보학과	부산광역시 남구 수영로 309(대연동)	051-663-4314
	동의대학교	인문대학 문헌정보학과	부산광역시 부산진구 엄광로 176 (가야동 산24)	051-890-1302
	부산대학교	사회과학대학 문헌정보학과	부산광역시 금정구 부산대학로 63번길 2 (장전동)	051-510-1562
	부산여자대학교	보건복지학부 │ 보건계열 보건의료문헌정보과	부산광역시 부산진구 진남로 506(양정동)	051-850-3046
	신라대학교	인문사회과학대학 문헌정보학과	부산광역시 사상구 백양대로 700번길 140 (괘법동)	051-999-5276
서울	덕성여자대학교	사회과학대학 │ 사회과학부 문헌정보학 전공	서울특별시 도봉구 삼양로 144길 33	02-901-8291
	동덕여자대학교	사회과학대학 문헌정보학과	서울특별시 성북구 화랑로 13길 60 (하월곡동 23-1)	02-940-4450
	명지대학교	인문대학 문헌정보학과	서울특별시 서대문구 거북골로 34	02-300-0580
	상명대학교	인문사회과학대학 문헌정보학과	서울특별시 종로구 홍지문2길(홍지동) 20	02-2287-5064
	서울여자대학교	사회과학대학 문헌정보학과	서울특별시 노원구 화랑로 623 (공릉2동 126)	02-970-5541

지역	학교	학과(전공)	주소	전화번호
	성균관대학교	인문과학계열 | 문과대학 문헌정보학과	서울특별시 종로구 성균관로 25-2	02-760-0325
	숙명여자대학교	문과대학 문헌정보학과	서울특별시 용산구 청파로 47길 100 (청파동 2가)	02-710-9373
	숭의여자대학교	인문사회계열 문헌정보과	서울특별시 중구 소파로 2길 10(예장동)	02-3708-9000
	연세대학교	문과대학 | 인문학부 문헌정보학 전공	서울특별시 서대문구 연세로 50	02-2123-2405
	이화여자대학교	사회과학대학 | 사회과학부 문헌정보학 전공	서울특별시 서대문구 이화여대길 52(82-2)	02-3277-2226
	중앙대학교	인문사회계열 | 사회과학대학 문헌정보학과	서울특별시 동작구 흑석로 84	02-820-5144
	한성대학교	인문대학 지식정보학부 문헌정보학 전공	서울특별시 성북구 삼선교로 16길 116 (삼선동2가)	02-760-4087
인천	인천대학교	사회과학대학 문헌정보학과	인천광역시 연수구 아카데미로 119(송도동)	032-835-8750
전북	전북대학교	인문대학 문헌정보학과	전북 전주시 덕진구 백제대로 567	063-270-3253
	전주대학교	사회과학대학 | 사회과학부 문헌정보학 전공	전북 전주시 완산구 천잠로 303	063-220-2235
충남	공주대학교	사범대학 문헌정보학과	충남 공주시 공주대학로 56(신관동 182)	041-850-8250
	나사렛대학교	점자문헌정보학과	충남 천안시 서북구 월봉로 48 (쌍용동 456)	041-570-1806
	중부대학교	사회과학대학 문헌정보학과	충남 금산군 추부면 대학로 101	041-750-6368
충북	건국대학교	인문과학대학 | 인문학부 문헌정보학과	충북 충주시 충원대로 268(단월동)	043-840-3364
	청주대학교	인문대학 문헌정보학과 전공	충북 청주시 상당구 대성로 298(내덕동)	043-229-8402